建筑业增值税管理与会计实务

（第2版）

何广涛◎著

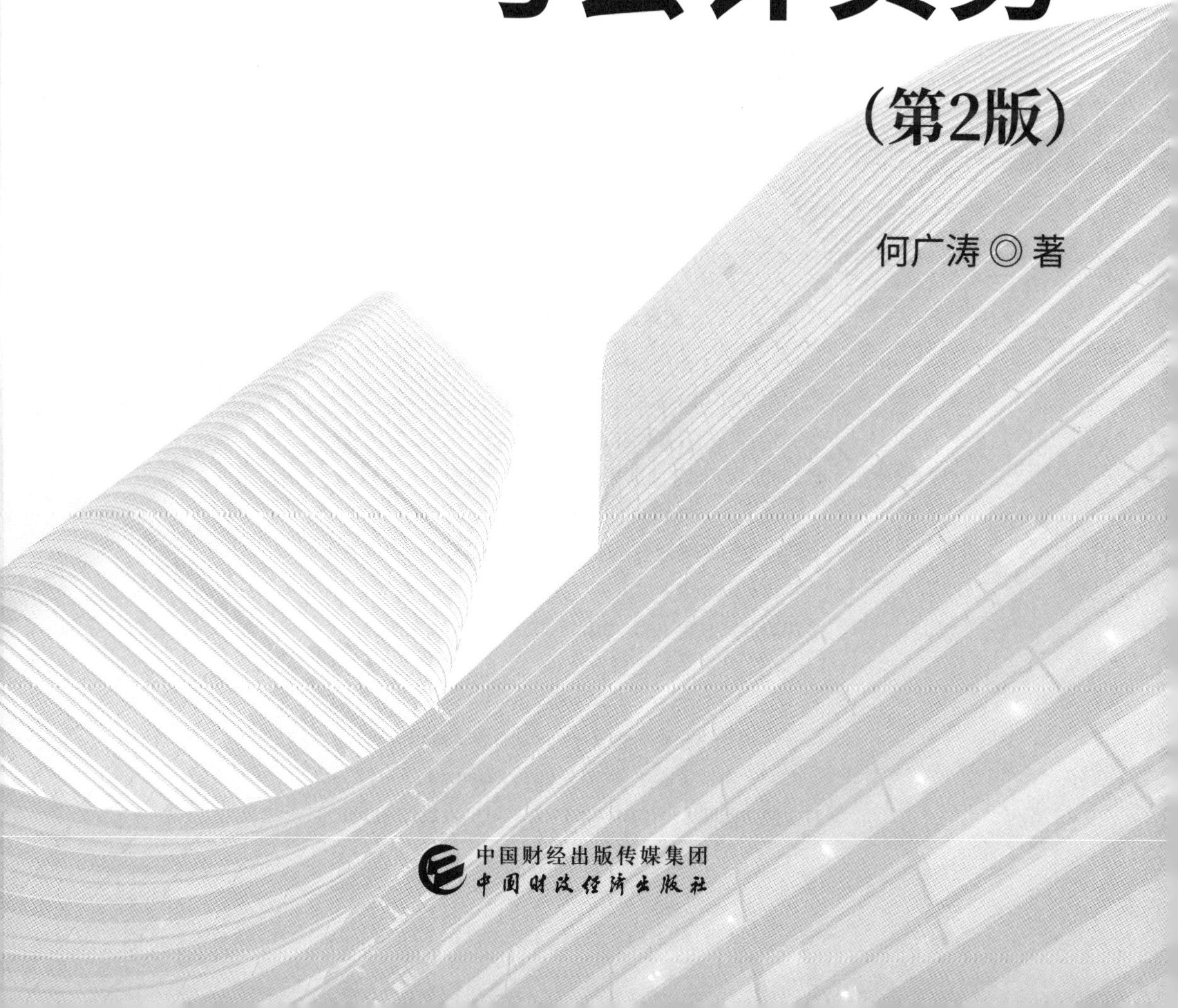

中国财经出版传媒集团
中国财政经济出版社

图书在版编目（CIP）数据

建筑业增值税管理与会计实务/何广涛著．--2版．
--北京：中国财政经济出版社，2020.3（2022.12重印）
ISBN 978-7-5095-9606-7

Ⅰ.①建… Ⅱ.①何… Ⅲ.①建筑企业－增值税－税收管理－中国②建筑企业－增值税－税务会计－会计实务－中国 Ⅳ.①F812.423

中国版本图书馆CIP数据核字（2020）第029253号

责任编辑：尉　敏　　　　封面设计：陈宇琰

中国财政经济出版社 出版

URL：http：//www.cfeph.cn
E-mail：cfeph@cfemg.cn

社址：北京市海淀区阜成路甲28号　邮政编码：100142
营销中心电话：010-88191537
北京时捷印刷有限公司印刷印装　各地新华书店经销
710×1000毫米　16开　21.5印张　336 000字
2020年3月第2版　2022年12月北京第2次印刷
定价：79.00元
ISBN 978-7-5095-9606-7
（图书出现印装问题，本社负责调换）
本社质量投诉电话：010-88190744
打击盗版举报热线：010-88191661　QQ：2242791300

序　一

会计是一种管理活动。在企业管理实践中，税务工作与会计工作具有天然的联系。因此，税制改革不可避免地影响到会计实践。长期以来，我国学术界对涉税会计的研究多从财务会计的角度展开，且主要针对理论层面，具体的实操成果不多，与行业实际紧密结合的就更为少见。

何广涛博士的著作《建筑业增值税管理与会计实务》，兼具理论高度和实操深度，既涉及财务会计的核算与披露，又融汇了较多的管理会计内容，是一本不可多得的好著作。本书的亮点有：

首先，本书的内容来源实务、立足实务，具备较高的实操性。书中关于建筑业企业增值税政策的把握准确，解析透彻；关于建造合同核算与增值税政策的协调科学合理，水到渠成；关于项目部、公司总部会计处理的分工以及增值税的内部结转与建筑业的管理模式严密结合，财务人员可以直接运用。

其次，本书在接地气的同时，也有一定的理论高度。如第三章关于建筑业增值税管理新思维的论述，构建了增值税管理的新时空观，所提出的空间与时间管理观念和价税分离理念等，都令人耳目一新，体现了作者较强的政策把握能力和较高的理论创新能力。

再次，本书较好地融合了财务会计和管理会计的内容，既阐述了涉税经济业务事项的会计处理，又有投招标定价决策、涉税风险管理、业绩评价指标的选择等管理会计的内容，不仅适合财务人员工作所需，对建筑业其他管理人员也有所裨益。

最后，本书还对建筑业企业的部分新生业务进行了有益的探索，其中关于 BT、BOT 等 PPP 模式税会的处理，具备较强的前瞻性。

何广涛博士是阎达五教授和我共同指导的博士生，他在求学期间就展现出勤学好思、善于原创的特点。他当年的博士学位论文《基于价值链战略的成本管理研究》，即体现了阎达五教授生前提出的“价值链会计”的思想，现在出版的这本著作，又从具体行业实践的角度丰富了阎达五教授的思想体系。作为他的导师，我感到十分欣慰，衷心希望何广涛博士能够在新的工作岗位取得更多的成果。

是为序。

中国会计学会副会长　戴德明

序　二

（一）

何广涛博士邀我为他的《建筑业增值税管理与会计实务》一书作序，既感到难当，又喜为其劳。

说感到难当，是因为自从我与其相识起，他的理论功底和实践经验积累就一直让我这个忘年交羡慕不已；况且，他的恩师、知名教授戴德明已为其著作进行了恰到好处的评述，我确感无以复加。

说喜为其劳，是因为自我担任中国建设会计学会第六届和第七届理事会会长以来，就一直力主学会要更多发现、推出中青年优秀财会（财税）人才和领军人物。现在，这个主张可以在喜为其劳中得到进一步体现了。

（二）

建筑业是重要的物质生产部门，是国民经济的支柱产业。一方面，它吸纳社会劳动力的作用十分重要，且与上下游产业链的联系十分广泛，从而带动上下游产业发展的作用也十分突出；另一方面，受经济社会发展中相关市场环境条件的影响十分明显。正因为有以上这一原因，在我国增值税“试点”“扩围”“转型”的较长历史时期，建筑业一直没有正式全面推行增值税制度。

2016 年 5 月 1 日全面实施“营改增”。相对于其他行业，建筑业受到的影响更大，也更加引起社会广泛关注。为了推动建筑业营改增健康发展，2012

年初开始，中国建设会计学会接受委托，与有关方面一起，组织调查研究，提出政策建议、制定《关于做好建筑业企业内部营改增准备工作的指导意见》，发现、总结和推出一些典型经验和样板。这其中，何广涛博士作为中国建设会计学会专家库的专家，也是我倚重的智囊参谋之一，通过参与研讨和微信公众号“何博士说税”等形式，在提出政策建议、解释过渡政策、讲授操作实务等方面都付出了很大努力，做了大量工作。

我特别清楚地记得，2015年年末，我们一起赴德、法两国学习调研增值税问题。当时，他对销项税计取和进项税扣除的财税意义之解析，让我又一次感受到他基础理论的坚实与聪慧善思的洞察力。

（三）

对于何广涛博士的这部著作，我虽是早有所料，但也有始料未及之处。原来，我多次建议其尽快成书的，只是限于增值税会计核算的详细具体业务处理实务。而今天他实际献给读者的，却是一部较为系统的建筑业企业财税管理与会计实务的教材读本。正如其恩师戴德明教授所评述的，“兼具理论高度和实操深度”。相信本书对建筑业企业增值税管理和会计实务的影响，时间会更长，作用会更大。

祝愿作者初心不改，未来有更大发展和进步！

住房和城乡建设部计财司原司长　秦玉文

第2版前言

本书自2018年3月出版以来，多次加印，受到广大读者的欢迎和好评。近两年，随着我国增值税改革和会计改革的深化，建筑业企业的有关税收政策和会计制度都发生了很大变化，为了使本书能够与时俱进，更好地贴近建筑安装企业的实践，笔者在保持全书框架不变的基础上，对本书进行了较大幅度的修订。

一是吸收了2018年和2019年两次增值税税率简并内容。

二是增加了与建筑业有关的最新税收政策，如纳税人销售机器设备同时提供安装服务的税务处理、小微企业普惠性税收减免、旅客运输服务进项税额抵扣、增值税留抵退税、建筑服务分包款差额扣除、取消增值税扣税凭证勾选确认期限等。

三是重写了第四章，增加了新收入准则和小企业会计准则的相关内容，涵盖了《企业会计准则》《企业会计制度》和《小企业会计准则》等不同序列会计制度的账务处理方法，适用范围更广。

四是改写了第五章至第七章的部分内容，增加了新收入准则和小企业会计准则与增值税处理衔接的内容，增写了部分案例。

五是根据最新建筑行业法规，对相关内容进行了更新。

六是订正了原书的部分错字和表述不严谨之处。

经过修订以后，本书内容更加全面，政策更新及时，可以适用于不同规模、不同会计制度的建筑安装企业。

全书共分八章：

第一章为总论，主要介绍建筑业的行业特点，建筑业企业的经营特点和流程，建筑业企业现行适用的三大序列的会计制度，为后续章节奠定行业基础和制度基础。

第二章从增值税的基本原理出发，对最新发布的建筑业企业增值税政策规定进行了解析，相关政策截止到2020年2月底。本章是全书内容的政策依据。

第三章是笔者对建筑业增值税改革思考的心得，从三个维度构建了建筑业增值税管理新思维，即价税分离理念、空间管理观念和时间管理观念，本章是全书内容的理论框架。

第四章介绍了建筑业企业收入成本确认的基本模式，分别介绍了《企业会计制度》《企业会计准则》《小企业会计准则》下的建筑企业收入成本确认模式。

第五章以《增值税会计处理规定》（财会〔2016〕22号）和《关于〈增值税会计处理规定〉有关问题的解读》为依据，结合建筑业企业的经营特点和会计核算组织形式，对建筑业企业不同计税方法下的会计科目设置以及账务处理流程进行了阐述，提出了建筑业企业增值税会计处理要解决的三个核心问题。

第六章和第七章分别从项目部和公司总部两个层面对增值税会计操作实务进行了详尽介绍，包括老项目税制转换、合同收入、合同成本、进项业务、销项业务、工程质保金等全流程业务的涉税处理。

第八章为建筑业企业常见的特殊业务的处理方式，包括以物抵债、PPP模式、EPC模式、园林绿化等业务的税会处理。考虑到自2018年以来，我国增值税税率已经发生过两次调整，本章单列一节对税率调整的税会处理进行了阐述。

衷心感谢我的导师——中国会计学会副会长、中国会计名家、中国人民大学博士生导师戴德明教授，六年研究生求学期间得到了导师的谆谆教诲，工作的关键时刻也总能从导师那里获得高屋建瓴的指导。戴老师为本书所作的序言，又为拙著增色不少。学生有幸，幸何如之！

衷心感谢住房和城乡建设部计财司原司长、中国建设会计学会首席专家秦玉文先生热情洋溢的序言。在本书写作过程中，秦先生多次过问，初稿写出后又提出诸多宝贵意见。

衷心感谢中国建设会计学会王春龙秘书长的认可和信任，使我得以参与学会的多项活动。

住房和城乡建设部《建筑业营改增工程造价及计价体系研究》课题第一完成人、上海市建筑建材业市场管理总站钱承浩高级工程师关于增值税下“价税分离”工程计价依据体系的思想让我醍醐灌顶；与北京市建设工程造价管理处刘志超高级经济师、广西建设工程造价站副站长庞宗琨高级工程师睿智的交谈使我更进一步加深了对工程造价的理解。衷心地感谢三位造价人，没有他们的无私分享，本书的内容将是不完整的。

衷心感谢翟纯垲、秦文娇两位老师在本书修订中提出的宝贵建议！衷心感谢广大热心读者的宝贵意见！

最后还要感谢中国财政经济出版社编辑尉敏老师的辛勤劳动。

由于本人能力所限，书中难免有错误或不当之处，欢迎指正，作者个人微信号：heboshishuoshui，电子邮箱：7210392@qq. com。

何广涛

2020 年 3 月 9 日

目 录

第一章

总　　论

本章主要介绍建筑业的行业特点，建筑业企业的经营特点和流程，以及建筑业企业会计制度的演变，为后续章节奠定基础。

第一节　建筑业及其行业特点

物资资料的生产是人类社会存在和发展的基础。在人类社会由农耕时代向工业时代、信息时代演变的进程中，经济的发展和增长扮演着不可替代的角色。一国财富的增长，社会形态的演变，既离不开各国经济之间的互通有无，也离不开各国国民经济各部门间的协作生产。

建筑业，作为不动产这一特殊生产和生活资料的生产者，在国民经济中的重要性是不言而喻的。从蜿蜒盘旋万里的中国长城到巍然屹立千年的埃及金字塔，从雄伟壮丽的三峡大坝到鬼斧神工的雪域天路，从别具一格的鸟巢工程到气势恢宏的埃菲尔铁塔，从国际都市四通八达的轨道交通到人民群众安居乐业的各式住宅，都是建筑业对人类社会的卓著贡献。

《国务院办公厅关于促进建筑业持续健康发展的意见》（国办发〔2017〕

19号）指出，建筑业是国民经济的支柱产业。改革开放以来，我国建筑业快速发展，建造能力不断增强，产业规模不断扩大，吸纳了大量农村转移劳动力，带动了大量关联产业，对经济社会发展、城乡建设和民生改善作出了重要贡献。

一、建筑业的产业方位

（一）建筑业对经济总量贡献巨大

统计数据显示，自2011年我国建筑业总产值跃上10万亿元大关以来，近三年均保持在20万亿元以上，产业体量巨大，近五年建筑业总产值情况如表1-1所示。

表1-1　　2014—2018年我国建筑业产值情况

年度	2019	2018	2017	2016	2015
建筑业总产值（亿元）	248446.00	235 085.53	213 943.56	193 566.78	180 757.47

资料来源：根据国家统计局等网站数据整理。

与国内生产总值（GDP）口径相同的指标是产业增加值，据统计，1978年，我国建筑业增加值为139亿元，占GDP的比重为3.8%。到2018年，我国建筑业增加值为65493万亿元，占GDP的比重达到7.12%。

（二）建筑业从业人数众多

根据国家统计局网站发布的统计数据，截至2018年年底，全国建筑业从业人数达到5 563.30万人，以当年全国就业人口数量77 586万人为基数计算，全国每一百名就业人口就有超过7人从事建筑业。可见，建筑业不仅产值高，还承担着较大的社会就业责任，在新型城镇化进程中以及农村劳动力转移方面功不可没。

（三）建筑业企业利润微薄

建筑业是典型的微利行业。统计数据显示，我国建筑业企业近年产值利税率为6.5%左右，产值利润率为3.6%左右，如果考虑到企业所得税和工程拖欠导致的资金占用成本，产值净利率不足2%。

二、建筑活动相关主体

建筑业企业通过招投标或议标等方式取得工程项目总承包合同。总承包合同的发包方指工程项目的建设方，又称为业主或甲方；承包方指负责承建施工工程项目的乙方，即建筑业企业。由于建筑业企业需凭资质等级承接工程，所以工程项目的投标及签约工作均以总机构名义进行，中标后通常在建筑服务发生地设立分公司或项目部，负责工程项目的具体施工工作。

为了满足施工的需要，充分利用社会分工协作，建筑工程总承包企业往往将承包工程中的部分工程进行分包，分包工程又可分为专业分包和劳务分包两类。在分包合同中，发包方为建筑工程总承包企业，承包方为建筑工程分包企业，后者亦须具备相应等级的资质条件，通常也会在建筑服务发生地设立分公司或项目部，负责分包工程的具体施工工作。

在工程项目投标之前，建设单位要委托相应资质条件的勘察设计单位，负责建筑工程的勘察设计工作；在建筑活动开始之后，建设单位还会委托具有相应资质条件的工程监理单位负责监理工作。监理单位作为监督工程项目的施工质量等的第三方，接受的是业主的委托。施工方是被监理方，与监理单位不直接签订协议。

根据《建设工程质量管理条例》第十二条的规定，下列建设工程必须实行监理：（1）国家重点建设工程。（2）大中型公用事业工程。（3）成片开发建设的住宅小区工程。（4）利用外国政府或者国际组织贷款或援助资金的工程。（5）国家规定必须实行监理的其他工程。

在施工过程中，提供建筑材料、工程设备的厂商，以及提供服务或者劳务的供应商，也是建筑活动的重要参与者。

除了上述直接参与建筑业产业链的相关企业外，行业主管部门、审计监督部门、社会中介组织等也会参与施工过程中或过程后的监管或监督。

三、建筑活动监管法规

由于建筑业的产品为不动产，其建造的过程多为露天及高处作业，安全风险较高，建成后的不动产属于长期使用的生产和生活资料，其质量问题事关公共利益。因此，我国对建筑业实行行业准入和资质管理制度，行业主管部门对建筑业企业生产经营过程监管较严。

（一）资质管理与行业准入

根据《中华人民共和国建筑法》（以下简称《建筑法》），建筑施工企业在取得相应等级的资质证书后，才可在其资质等级许可的范围内从事建筑活动。建筑施工企业按照其拥有的注册资本、专业技术人员、技术装备和已完成的建筑工程业绩等资质条件，划分为不同的资质等级。根据《建筑业企业资质管理规定》第五条的规定，建筑业企业资质分为施工总承包资质、专业承包资质、施工劳务资质三个序列。

其中，施工总承包资质序列设有建筑工程、公路工程、铁路工程等 12 个类别，一般可分为特级资质、一级资质、二级资质、三级资质等四个等级；专业承包资质序列设有地基基础、起重设备安装、预拌混凝土等 36 个类别，一般可分为一级资质、二级资质、三级资质等三个等级；施工劳务资质不分类别与等级。取得施工总承包资质的企业，可以拥有独资或者控股的劳务企业。

根据《建筑业企业资质管理规定》，各序列资质只授予具备法人资格的企业，个人（含个体工商户和其他个人）、合伙企业、个人独资企业等非法人主体不在建筑资质的授予范围之内，因此，上述民事主体不得从事具备资质要求的建筑活动。

近年来，随着国家放管服理念的深入，施工劳务资质管理改革力度逐渐加大，劳务资质有取消的趋势。截至 2020 年年初，浙江、安徽、陕西、山东、青海、江苏、河南、黑龙江、贵州九省份开始试点全部或部分取消本行政区域内的施工劳务资质审批。2019 年 11 月，住建部发文批复同意广西、浙江、江苏等三省（区）开展为期三年的建筑产业工人队伍培育试点工作。

（二）禁止非法转包

转包是指工程承包方将业主发包的工程全部分包给第三方，由于业主将工程交由承包方承包，看重的是工程承包方的资质、品牌、实力等因素，关注的是工程的质量、进度、安全等因素，如果工程承包方将工程全部转包给第三方，损害的是业主的利益，考虑到建筑产品的公共性，还会危害到公共利益。因此，法律法规严格禁止转包行为。

《建筑法》第二十八条规定，禁止承包单位将其承包的全部建筑工程转包给他人，禁止承包单位将其承包的全部建筑工程肢解以后以分包的名义分别转包给他人。

《中华人民共和国合同法》（以下简称《合同法》）第二百七十二条规定，承包人不得将其承包的全部建设工程转包给第三人或者将其承包的全部建设工程肢解以后以分包的名义分别转包给第三人。

《建设工程质量管理条例》第七十八条规定，本条例所称“转包”，是指承包单位承包建设工程后，不履行合同约定的责任和义务，将其承包的全部建设工程转给他人或者将其承包的全部建设工程肢解以后以分包的名义分别转给其他单位承包的行为。

《建筑工程施工发包与承包违法行为认定查处管理办法》第八条规定，存在下列情形之一的，应当认定为转包，但有证据证明属于挂靠或者其他违法行为的除外：

1. 承包单位将其承包的全部工程转给其他单位（包括母公司承接建筑工程后将所承接工程交由具有独立法人资格的子公司施工的情形）或个人施工的。

2. 承包单位将其承包的全部工程肢解以后，以分包的名义分别转给其他单位或个人施工的。

3. 施工总承包单位或专业承包单位未派驻项目负责人、技术负责人、质量管理负责人、安全管理负责人等主要管理人员，或派驻的项目负责人、技术负责人、质量管理负责人、安全管理负责人中一人及以上与施工单位没有订立劳动合同且没有建立劳动工资和社会养老保险关系，或派驻的项目负责人未对该工程的施工活动进行组织管理，又不能进行合理解释并提供相应证明的。

4. 合同约定由承包单位负责采购的主要建筑材料、构配件及工程设备或租赁的施工机械设备，由其他单位或个人采购、租赁，或施工单位不能提供有关采购、租赁合同及发票等证明，又不能进行合理解释并提供相应证明的。

5. 专业作业承包人承包的范围是承包单位承包的全部工程，专业作业承包人计取的是除上缴给承包单位“管理费”之外的全部工程价款的。

6. 承包单位通过采取合作、联营、个人承包等形式或名义，直接或变相将其承包的全部工程转给其他单位或个人施工的。

7. 专业工程的发包单位不是该工程的施工总承包或专业承包单位的，但建设单位依约作为发包单位的除外。

8. 专业作业的发包单位不是该工程承包单位的。

9. 施工合同主体之间没有工程款收付关系，或者承包单位收到款项后又将款项转拨给其他单位和个人，又不能进行合理解释并提供材料证明的。

两个以上的单位组成联合体承包工程，在联合体分工协议中约定或者在项目实际实施过程中，联合体一方不进行施工也未对施工活动进行组织管理的，并且向联合体其他方收取管理费或者其他类似费用的，视为联合体一方将承包的工程转包给联合体其他方。

（三）禁止违法分包

为了满足施工的需要，充分利用社会分工协作，建筑工程总承包企业以及专业承包企业可将承包工程中的部分工程或部分工作量对外分包，但是分包活动必须合法合规，否则将损害建设方及公共利益，因此，法律法规严格禁止违法分包行为。

《建筑法》第二十九条规定，建筑工程总承包单位可以将承包工程中的部分工程发包给具有相应资质条件的分包单位；但是，除总承包合同中约定的分包外，必须经建设单位认可。施工总承包的，建筑工程主体结构的施工必须由总承包单位自行完成。禁止总承包单位将工程分包给不具备相应资质条件的单位。禁止分包单位将其承包的工程再分包。

《合同法》第二百七十二条规定，禁止承包人将工程分包给不具备相应资质条件的单位。禁止分包单位将其承包的工程再分包。建设工程主体结构的施工必须由承包人自行完成。

《建设工程质量管理条例》第七十八条规定，本条例所称违法分包，是指下列行为：

1. 总承包单位将建设工程分包给不具备相应资质条件的单位的。

2. 建设工程总承包合同中未有约定，又未经建设单位认可，承包单位将其承包的部分建设工程交由其他单位完成的。

3. 施工总承包单位将建设工程主体结构的施工分包给其他单位的。

4. 分包单位将其承包的建设工程再分包的。

《建筑工程施工发包与承包违法行为认定查处管理办法》第十二条规定，存在下列情形之一的，属于违法分包：

1. 承包单位将其承包的工程分包给个人的。

2. 施工总承包单位或专业承包单位将工程分包给不具备相应资质单位的。

3. 施工总承包单位将施工总承包合同范围内工程主体结构的施工分包给其他单位的，钢结构工程除外。

4. 专业分包单位将其承包的专业工程中非劳务作业部分再分包的。

5. 专业作业承包人将其承包的劳务再分包的。

6. 专业作业承包人除计取劳务作业费用外，还计取主要建筑材料款和大中型施工机械设备、主要周转材料费用的。

（四）禁止资质挂靠

前已述及，我国对建筑业企业实行资质管理制度，进入建筑市场必须要有资质，且只能在自身资质等级许可的业务范围内承揽工程。部分无资质或低资质主体受利益的驱使，以借用他人资质形式从事建筑活动，这就是所谓的“资质挂靠”。

建筑业企业出借资质，允许他人以其名义经营，要承担巨大的法律风险，《建筑法》第六十六条规定，建筑施工企业转让、出借资质证书或者以其他方式允许他人以本企业的名义承揽工程的，责令改正，没收违法所得，并处罚款，可以责令停业整顿，降低资质等级；情节严重的，吊销资质证书。对因该项承揽工程不符合规定的质量标准造成的损失，建筑施工企业与使用本企业名义的单位或者个人承担连带赔偿责任。因此，在实务中为数不少的大型集团母公司往往只允许本集团成员借用其资质，部分业内人士将此类内部挂靠称为“资质共享”或“内部合作”。

《建筑法》第二十六条规定，承包建筑工程的单位应当持有依法取得的资质证书，并在其资质等级许可的业务范围内承揽工程；禁止建筑施工企业超越本企业资质等级许可的业务范围或者以任何形式用其他建筑施工企业的名义承揽工程。禁止建筑施工企业以任何形式允许其他单位或者个人使用本企业的资质证书、营业执照，以本企业的名义承揽工程。

《房屋建筑和市政基础设施工程施工分包管理办法》第八条规定，分包工程承包人必须具有相应的资质，并在其资质等级许可的范围内承揽业务。严禁个人承揽分包工程业务。

根据《最高人民法院关于审理建设工程施工合同纠纷案件适用法律问题的解释（二）》（法释〔2018〕20 号）第四条的规定，缺乏资质的单位或者个人借用有资质的建筑施工企业名义签订建设工程施工合同，发包人请求出借方与借用方对建设工程质量不合格等因出借资质造成的损失承担连带赔偿责任的，人民法院应予支持。

四、建筑产品的价格形成机制

我国建筑产品的价格形成机制较为特殊，与工商产品的价格主要由供需关系决定不同，建筑产品或建造合同的价格，主要是根据造价主管部门主导的计价规则确定的。

根据《住房城乡建设部　财政部关于印发〈建筑安装工程费用项目组成〉的通知》（建标〔2013〕44 号，以下简称《建安费用项目组成》），建筑安装工程费用项目按费用构成要素组成划分为人工费、材料费、施工机具使用费、企业管理费、利润、规费和税金等七项；按工程造价形成顺序划分为分部分项工程费、措施项目费、其他项目费、规费和税金等费用项目。

工程造价的基本公式为：

建安造价 = 人工费 + 材料费 + 施工机具使用费 + 企业管理费 + 规费 + 利润 + 税金

在营业税税制下，上述公式中的税金包括营业税及其附加（即城市维护建设税、教育费附加以及地方教育附加），税金包含在工程造价之内，营业税税金＝税前工程造价×营业税及附加税率/（1－营业税及其附加税率）。

改为增值税以后，造价主管部门根据增值税的价税分离特性，调整了计价依据。根据《住房城乡建设部办公厅关于做好建筑业营改增建设工程计价依据调整准备工作的通知》（建办标〔2016〕4号，以下简称“建办标〔2016〕4号文”）第二条规定，营改增后工程造价可按以下公式计算：

工程造价＝税前工程造价×（1＋11%）。其中，11%为建筑业拟征增值税税率，税前工程造价为人工费、材料费、施工机具使用费、企业管理费、利润和规费之和，各费用项目均以不包含增值税可抵扣进项税额的价格计算，相应计价依据按上述方法调整。

根据国家财税政策规定，自2018年5月1日起，建筑服务税率由11%调整为10%，自2019年4月1日起，由10%调整为9%。与之相适应，住建部先后发布了《住房城乡建设部办公厅关于调整建设工程计价依据增值税税率的通知》（建办标〔2018〕20号）和《住房和城乡建设部办公厅关于重新调整建设工程计价依据增值税税率的通知》（建办标函〔2019〕193号），对建办标〔2016〕4号文涉及的税率进行了相应调整。

《建安费用项目组成》和建办标〔2016〕4号文共同构成了我国建筑产品的计价规则，它既是工程建设项目投资估算、概算、预算中建筑安装工程费的计算规则，也是建筑业企业最高投标限价、投标报价的计算规则。

第二节 建筑业企业的经营特点和经营流程

建筑业企业是从事建筑活动、提供建筑服务的企业，它是建筑市场最重要的主体。根据国家统计局网站公布的数据，截至2018年，我国共有建筑业企业单位数95 400个，其中国有和集体建筑业企业5 510个，外商及港澳台商投资建筑业企业463个，民营建筑业企业89 427个，所占比重分别为5.76%、0.49%和93.75%。

与其他行业相比，建筑业企业具有鲜明的经营特点。

一、经营特点

（一）建筑产品的固定性

建筑产品在空间上具备固定性，每一工程项目的位置都是固定不变的，建筑业企业必须在指定的地点进行施工。建筑安装工程的固定性特点，给建安施工带来了流动性，施工所需人员、材料、物资、机械在各工程项目间流动成为常态。

为适应建筑产品的固定性特点，我国建筑业企业广泛采用项目法施工模式组织生产经营。项目部作为企业内部生产单元负责具体工程项目的施工过程，工程项目建设开工之前，公司总部成立项目部；工程项目完成竣工并交付后，再将项目部解散。

项目部不属于税收政策中的分支机构，不需要独立办理税务登记，其发票开具以及勾选确认均由其上级机构办理，涉及跨地级行政区施工的，还要由总机构填报“跨区域涉税事项报告表”，实行报验管理。

根据《中国人民银行关于规范人民币银行结算账户管理有关问题的通知》（银发〔2006〕第71号）的规定，异地建筑施工及安装单位开立的临时存款账户名称可以为建筑施工及安装单位名称后加项目部名称，但临时存款账户的预留签章应与临时存款账户名称一致。

（二）建筑产品的单件性

建筑业企业的基本生产模式为订单式生产，每一工程项目的用途和建设要求不同，形式和结构不同，施工方法和施工组织也不同。

建筑业企业产品的单件性特点，要求建筑业企业必须分工程项目进行成本核算，凡是可以直接计入某项工程的费用，应直接计入该项工程成本，凡不能直接计入某项工程而应由各项工程共同负担的生产费用（如同一项目部承担的两个独立的工程项目而发生共同的间接费用），要先进行汇总归集，然后按照一定的标准，定期分配计入有关工程成本。

建筑产品的单件性，使得它的成本不能按照实物计量单位与同类工程项目横向对比，而只能将实际成本与其工程造价纵向对比。为了达到这个目的，实际成本计算的项目和会计核算的科目要与工程造价的项目口径尽可能一致。

（三）分级管理分级核算

建筑产品的固定性以及由此导致的建筑业企业管理机构与产品生产单元空间上的分离，决定了建筑业企业只能采取分级管理、分级核算的管理模式。

在实践中，有的建筑业企业采取"公司总部＋项目部"的两级管理模式；有的还在公司总部与项目部之间增加了一个分公司的层级，相当于"公司总部＋分公司＋项目部"的三级管理模式。具体选择何种模式，首要取决于哪种模式能够高效、快捷地完成工程总承包合同约定的履约义务。此外，建筑业企业还要考虑人员管理成本、区域市场战略以及当地监管要求等因素。

分级管理模式下，公司总部负责市场营销、投招标、合同管理、资金管理、纳税申报、对外会计报告等工作；项目部以完成工程项目建设为目标进行各种生产资源的配置，负责施工现场的质量、安全、进度、经营等工作。为建立约束和激励机制，公司总部通常将项目部作为成本中心来考核其经营业绩。

（四）产品价格预先确定

通过招投标方式获取工程项目是建筑业企业的主要任务来源，而招投标工作的核心内容就是报价环节。投标报价以及总承包合同签订之后，建筑产品的价格在建筑活动开始之前即已确定。

根据现行工程计价规则，建筑产品价格的组成既包括了生产成本，也包括了利润和税金。因此，建筑业企业在投标报价和承包合同签订之后，不考虑变更洽商等因素，其收入已经提前锁定。至于最终的经营利润多少，主要取决于其施工过程中的实际成本。

（五）生产周期的长期性

不动产的投资金额庞大，施工周期较长，通常要跨越多个会计年度。如果等到工程全部竣工后，再进行价款结算和损益计算，将会导致建筑业企业的流动资金被长期占用，也不利于建筑业企业加强财务管理。

因此，我国目前工程价款的结算，除工期在12个月以内或承包合同价在100万元以内的工程项目，可以实行竣工后一次结算价款外，通常采用按月结算、分段结算、目标结算等多种阶段性结算方式，这种阶段性结算方式，通常称为“验工计价”。

二、经营流程

（一）企业设立阶段

建筑业企业是从事建筑活动的法律主体，设立建筑业企业并取得相应的资质是建筑业经营流程的起点。

（二）投标及合同签订阶段

建筑业企业通过投标程序获得工程项目的承包权，与业主签订总承包合同，明确合同价款、支付条件、工期、质量目标等关键条款。提交履约保函或保证金，收取合同约定的预付款或备料款。

（三）施工生产阶段

建筑业企业成立项目管理机构后，要着手施工生产的准备工作，搭建临时设施，开展材料、物资、机械以及劳务和专业分包的招标工作，与中标的分供商签订分包分供合同。根据总承包和分包合同条款，结合工程进度，及时进行验工计价，收取和支付工程进度款。

（四）竣工验收阶段

竣工验收是总承包合同约定付款比例的重要节点，此阶段的主要工作是着手开展对业主和分包分供方的结算工作，合同预计总收入、合同预计总成本以及预提分包分供成本等数据随着施工的收尾渐趋明朗，成本计算和会计核算的调整条件已经具备。

（五）工程收尾阶段

工程收尾阶段的主要工作包括完成工程的全部结算，按照合同条款收付工程款，完成建造合同的核算及相关科目的对冲，按合同收取工程质保金，发生质量缺陷的，还应履行工程保修义务。

经过抽象和简化后的建筑业企业经营流程可用图1－1表示。

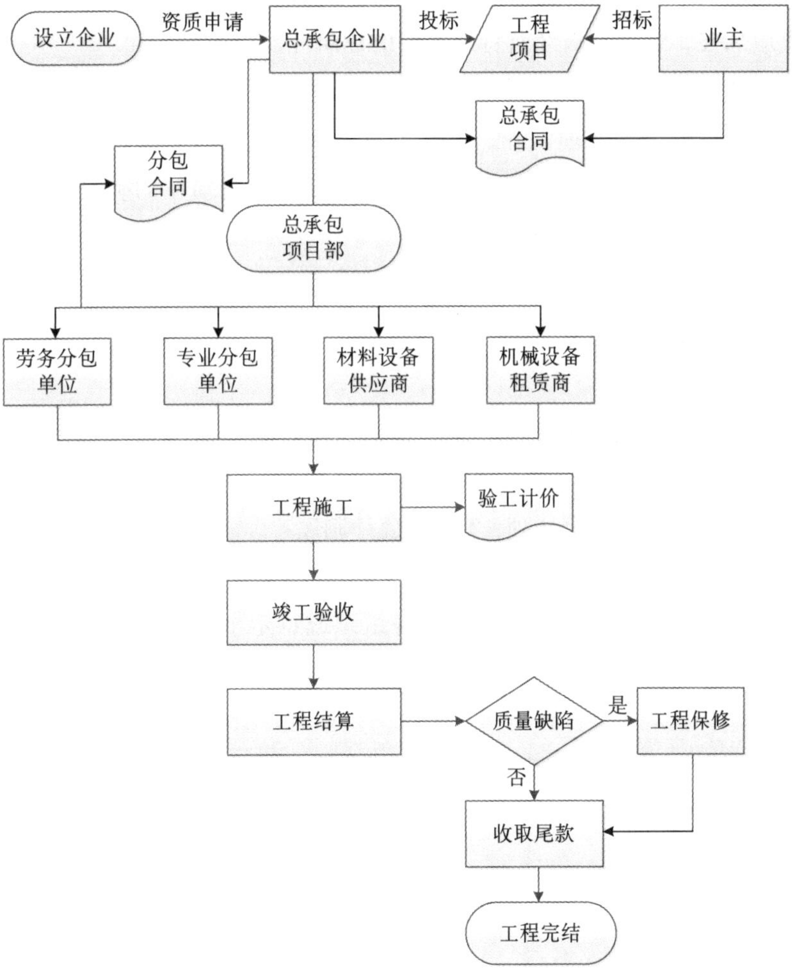

图1－1 建筑业企业经营流程

第三节 建筑业会计制度与会计核算组织

会计是一种重要的管理活动，经济越发展，会计越重要。在我国废除分行业会计制度，全面实行企业会计准则以后，行业会计的重要性不应被削弱，反而更应加强，这一点对经营特点鲜明的建筑业而言更是如此。

建筑业会计必须要适应其行业特点，概括地说，建筑业企业会计除了要关注通用业务的会计处理以外，还要重点解决建筑业行业的特有问题，包括临时设施、周转材料等资产的确认和计量、建造合同损益的确定问题、分级管理模式下分级核算的实现等。

一、我国现行会计制度

发轫于20世纪90年代初的企业会计改革，迄今已历时20余年。其间，财政部颁布了一系列的准则、制度和办法。截至目前，我国现行有效的国家统一的会计制度包括三个序列：《企业会计制度》《企业会计准则》以及《小企业会计准则》。分行业的会计制度和核算办法，均已明文废止。

除此之外，尚有一些针对特定经济组织或特定事项的会计处理规定，如《企业产品成本核算制度（试行）》《政府会计制度》《民间非营利组织会计制度》《村集体经济组织会计制度》《农民专业合作社财务会计制度（试行）》《增值税会计处理规定》（财会〔2016〕22号）及《财政部会计司关于〈增值税会计处理规定〉有关问题的解读》等。

（一）《企业会计制度》

《企业会计制度》（财会〔2000〕25号）于2001年1月1日起暂在股份有限公司范围内执行，该制度共计十四章一百六十条，主要内容包括会计原则、会计记账方法、会计科目及其使用说明、会计凭证、会计账簿和记账程序、会计报表格式、报送程序和编制说明、会计档案的保管和处理方法、会计制度的修订、补充权限及其他有关规定、成本核算方法等。

（二）《企业会计准则》

我国现行的企业会计准则体系由基本会计准则、具体会计准则、应用指南、准则解释以及实施问题专家工作组意见组成，自 2007 年 1 月 1 日起在上市公司范围内施行，鼓励其他企业执行。

《企业会计准则——基本准则》共 1 项，2006 年 2 月 15 日财政部令第 33 号公布，2014 年 7 月 23 日修改后重新发布。

《企业会计准则——具体准则》共 42 项，第 1 号至第 38 号于 2006 年以财会〔2006〕3 号文发布；第 39 号至 41 号于 2014 年以财会〔2014〕6 号文等发布，第 42 号于 2017 年以财会〔2017〕13 号文发布。

具体准则发布以后，历经多次修订：《企业会计准则第 2 号——长期股权投资》《企业会计准则第 9 号——职工薪酬》《企业会计准则第 30 号——财务报表列报》《企业会计准则第 33 号——合并财务报表》《企业会计准则第 37 号——金融工具列报》等 5 项具体准则于 2014 年修订；《企业会计准则第 14 号——收入》《企业会计准则第 16 号——政府补助》《企业会计准则第 22 号——金融工具确认和计量》《企业会计准则第 23 号——金融资产转移》《企业会计准则第 24 号——套期会计》《企业会计准则第 37 号——金融资产列报》（第二次修订）等 6 项具体准则于 2017 年修订；《企业会计准则第 21 号——租赁》于 2018 年修订；《企业会计准则第 7 号——非货币性资产交换》《企业会计准则第 12 号——债务重组》等 2 项具体准则于 2019 年修订。

财政部还发布了《企业会计准则——应用指南》，并附录《会计科目和主要账务处理》，除此之外，财政部还会不定期发布《企业会计准则解释》和《企业会计准则实施问题专家工作意见》。

（三）《小企业会计准则》

2011 年 10 月 18 日，财政部以财会〔2011〕17 号文发布了《小企业会计准则》，自 2013 年 1 月 1 日起在小企业范围内施行，鼓励小企业提前执行。

《小企业会计准则》适用于在中华人民共和国境内依法设立的、符合《中小企业划型标准规定》（工信部联企业〔2011〕300 号印发）所规定的小型企业标准的企业。根据《中小企业划型标准规定》第四条第（三）款规定，建筑业企业，营业收入在 300 万元及以上、6 000 万元以下，且资产总额在 300 万元及以上、5 000 万元以下的为小型企业；营业收入在 300 万元以下或资产总额 300 万元以下的为微型企业。

（四）《企业产品成本核算制度（试行）》

《企业产品成本核算制度（试行）》（财会〔2013〕17 号，以下简称《成本核算制度》）对建筑业企业的成本核算进行了规范。

关于成本核算对象，《成本核算制度》第十二条规定，建筑企业一般按照订立的单项合同确定成本核算对象。单项合同包括建造多项资产的，企业应当按照《企业会计准则》规定的合同分立原则，确定建造合同的成本核算对象。为建造一项或数项资产而签订一组合同的，按合同合并的原则，确定建造合同的成本核算对象。

关于成本项目，《成本核算制度》第二十五条规定，建筑企业一般设置直接人工、直接材料、机械使用费、其他直接费用和间接费用等成本项目。建筑企业将部分工程分包的，还可以设置分包成本项目。

直接人工，是指按照国家规定支付给施工过程中直接从事建筑安装工程施工的工人以及在施工现场直接为工程制作构件和运料、配料等工人的职工薪酬。

直接材料，是指在施工过程中所耗用的、构成工程实体的材料、结构件、机械配件和有助于工程形成的其他材料以及周转材料的租赁费和摊销等。

机械使用费，是指施工过程中使用自有施工机械所发生的机械使用费，使用外单位施工机械的租赁费，以及按照规定支付的施工机械进出场费等。

其他直接费用，是指施工过程中发生的材料搬运费、材料装卸保管费、燃料动力费、临时设施摊销、生产工具用具使用费、检验试验费、工程定位复测费、工程点交费、场地清理费，以及能够单独区分和可靠计量的为订立建造承包合同而发生的差旅费、投标费等费用。

间接费用，是指企业各施工单位为组织和管理工程施工所发生的费用。

分包成本，是指按照国家规定开展分包，支付给分包单位的工程价款。

关于费用分配和成本结算，《成本核算制度》第四十二条规定，建筑企业发生的有关费用，由某一成本核算对象负担的，应当直接计入成本核算对象成本；由几个成本核算对象共同负担的，应当选择直接费用比例、定额比例和职工薪酬比例等合理的分配标准，分配计入成本核算对象成本。

建筑企业应当按照《企业会计准则第15号——建造合同》的规定结转产品成本。合同结果能够可靠估计的，应当采用完工百分比法确定和结转当期提供服务的成本；合同结果不能可靠估计的，应当直接结转已经发生的成本。

二、现行会计制度对建筑业业务的规定

（一）《企业会计制度》

1. 在确定领用和发出存货成本时，“低值易耗品和周转使用的包装物、周转材料等应在领用时摊销，摊销方法可以采用一次摊销或者分次摊销”。

2. 在确定建造合同成本时，将临时设施摊销费用计入建造承包商建造工程合同成本的间接费用项目，并要求将间接费用在“期末按照系统、合理的方法分摊计入合同成本”。

3. 在第五章《收入》中单列第二节《建造合同收入》，阐述了建造合同的定义、合同收入及合同成本的构成、合同收入及费用确认计量的原则、完工百分比的确定方法等，内容上看与《企业会计准则第15号——建造合同》（以下简称“建造合同准则”）基本一致。

（二）《企业会计准则》

1. 《企业会计准则第14号——收入》。新收入准则发布后，企业销售商品、提供劳务、让渡资产使用权以及建造合同所取得的收入全部被纳入统一的收入确认模型。也就是说，无论企业的行业是什么，收入取得的模式是什么，除其他会计准则有特殊规定外，统一按照新收入准则的规定进行确认、计量和列报。新收入准则最大的变化点为：

（1）改变了收入确认的基本时点，“企业应当在履行了合同中的履约义务，即在客户取得了相关商品控制权时确认收入。”这是一个大原则，与原收入准则风险与报酬转移的标准不同。

（2）区分了合同所包含的单项履约义务的类型，即“某一时段内履行履约义务”和“某一时点履行履约义务”。

（3）收入确认的时点与履约义务的类型相关联，“某一时段内履行履约义务”是按照履约进度确认，而“某一时点履行履约义务”是在客户取得相关商品控制权时点确认。

从企业的行业类别看，销售商品取得收入通常属于“某一时点履行履约义务”，提供劳务取得收入通常属于“某一时段内履行履约义务”。也就是说，新准则下，建筑业企业应以其提供劳务的履约进度确认收入，与建造合同准则的精神是一致的。

2.《企业会计准则第15号——建造合同》对资产建造商建造合同的会计处理做了详尽的规定，解决了建筑业企业合同收入和合同费用的确认问题，该准则自1998年颁布以来，未作修订。

3.《企业会计准则——应用指南》附录《会计科目和主要账务处理》中，明确了“周转材料”的账务处理方法以及四种摊销方法；取消了“临时设施”及“临时设施摊销”会计科目，将临时设施及其摊销在“固定资产”及“累计折旧”科目中核算，明确临时设施的折旧费计入工程施工的其他直接费用。

4.《企业会计准则解释第1号》第三条第三款规定，企业（建造承包商）为订立合同发生的差旅费、投标费等，能够单独区分和可靠计量且合同很可能订立的，应当予以归集，待取得合同时计入合同成本；未满足上述条件的，应当计入当期损益。

5.《企业会计准则解释第2号》第五条对企业采用BOT方式参与公共设施建设业务的会计处理进行了明确，包括BOT业务应满足的条件、收入的确认、预计成本的处理、多项服务对价的分配方法等。

（三）《小企业会计准则》

1. 对于周转材料，采用一次转销法进行会计处理，在领用时按其成本计入生产成本或当期损益；金额较大的周转材料，也可以采用分次摊销法进行会计处理。出租或出借周转材料，不需要结转其成本，但应当进行备查登记。

2. 小企业提供建筑安装劳务，同一会计年度内开始并完成的，应当在提供劳务交易完成且收到款项或取得收款权利时，确认提供劳务收入。提供劳务收入的金额为从接受劳务方已收或应收的合同或协议价款。

劳务的开始和完成分属不同会计年度的，应当按照完工进度确认提供劳务收入。年度资产负债表日，按照提供劳务收入总额乘以完工进度扣除以前会计年度累计已确认提供劳务收入后的金额，确认本年度的提供劳务收入；同时，按照估计的提供劳务成本总额乘以完工进度扣除以前会计年度累计已确认营业成本后的金额，结转本年度营业成本。

三、建筑业企业会计制度适用

我国现行有效的三个序列会计制度适用不同类型的建安企业。

（一）未上市的大中型建安企业，可能适用《企业会计制度》

根据《企业会计制度》第二条的规定，除不对外筹集资金、经营规模较小的企业，以及金融保险企业以外，在中华人民共和国境内设立的企业，执行本制度。

《企业会计制度》是现行会计制度中发布最早的一个制度，自 2001 年开始实施。在较长一段时间内，它是大中型企业唯一适用的会计制度。直到 2006 年《企业会计准则》发布，所有上市公司均不再执行该制度，转而执行《企业会计准则（2006）》。

因此，成立时间较早的大中型非上市公司建安企业，如果没有执行《企业会计准则》，应当在执行《企业会计制度》。该制度关于建安企业收入和成本的确认模式，与建造合同准则没有实质性区别。

（二）上市公司必须执行《企业会计准则》，部分大中型建安企业有可能执行《企业会计准则》

企业会计准则体系自 2007 年 1 月 1 日起在上市公司范围内施行，鼓励其他企业执行。因此，上市公司必须执行《企业会计准则》，部分非上市的大中型企业建安企业，尤其是国有企业，也有可能已经执行《企业会计准则》。

《企业会计准则》和《企业会计制度》的最大区别在于建造合同收入确

认模式，根据《财政部关于修订印发〈企业会计准则第 14 号——收入〉的通知》（财会〔2017〕22 号），新收入准则的具体适用范围和适用时间为：

（1）在境内外同时上市的企业以及在境外上市并采用国际财务报告准则或企业会计准则编制财务报表的企业，自 2018 年 1 月 1 日起施行。

（2）其他境内上市企业，自 2020 年 1 月 1 日起施行。

（3）执行《企业会计准则》的非上市企业，自 2021 年 1 月 1 日起施行。

（4）同时，允许企业提前执行。

执行新收入准则的企业，不再执行财会〔2006〕3 号中的《企业会计准则第 14 号——收入》和《企业会计准则第 15 号——建造合同》，以及财会〔2006〕18 号中的《〈企业会计准则第 14 号——收入〉应用指南》。

（三）非上市中小建安企业适用《小企业会计准则》

除上市公司和大中型建安企业以外，绝大多数中小建安企业执行《小企业会计准则》，但以下三类小企业除外：

（1）股票或债券在市场上公开交易的小企业。

（2）金融机构或其他具有金融性质的小企业。

（3）企业集团内的母公司和子公司。

不同序列的会计制度，在建造合同收入和成本的确认模式、会计科目和报表列示等方面，存在较大的差异。本书将在第四章对此问题进行详述。

四、建筑业会计核算组织

建筑业特有资产的计价和建造合同的损益确定问题，已由会计准则体系解决。建筑业企业会计的另一个重要问题，如企业内部不同管理主体的核算范围如何确定，彼此之间业务如何衔接等，不属于国家统一的会计制度规范的范畴，而是属于企业内部会计制度的内容。从管理的实践看，有两种解决模式，一是统一核算，二是分级核算。

（一）统一核算

统一核算，是指项目部不单独设置核算账套，项目部的交易和事项统一在公司总部账套内核算，其优点是节省人员成本，汇总报表比较方便，有利于公司总部对项目部的管控，缺点是在一个账套内核算不同管理主体的经济内容，不易区分各工程项目的数据信息，需要增加大量的辅助台账，管理成本较高。这种模式适用于工程项目数量较少，财务人员短缺的小微建筑业企业。

（二）分级核算

分级核算，是指公司总部及各工程项目部均单独设置账套核算，各自核算自身范围的交易和事项，公司内部不同会计主体之间的经济往来通过“内部往来”科目核算，项目部单独编制财务报表并报送至公司总部，公司总部将各个别报表进行汇总，形成公司整体的财务报表。

分级核算模式的优点是明显的。第一，各工程项目单独核算，有利于提高会计信息质量，有利于公司总部对项目部的经营考核；第二，通过采用网络化财务软件，公司总部可以实时查看项目部的财务状况，提高了管控效率；第三，项目部派驻财务人员并单独核算，有助于会计监督职能的发挥；第四，项目部单独设账核算，便于异地项目的增值税和企业所得税预缴，还可以减少项目税务稽查和政府审计的工作量。

第二章

建筑业增值税政策概览

本章从增值税的基本原理出发，对最新发布的建筑业企业增值税政策规定进行了解析，重点阐述了进项税额的相关规定和实务操作，以及发票管理的注意事项。

第一节　增值税的基本原理

增值税是以增值额为计税基础的流转税，一般认为最早由美国耶鲁大学亚当斯（T. Adams）于1917年提出。1954年，法国扩大了其当时流转税的抵扣范围和环节，并将其改称为“增值税”，这标志着真正意义上的增值税在法国的正式确立和世界上的正式诞生。据统计[①]，截至2014年年初，全世界共有161个国家和地区开征了增值税，其广泛性可见一斑。

① Alan Schenk, Victor Thuronyi and Wei Cui, Value added tax: a comparative approach, Cambridge University Press, 2015, p531.

一、增值税的税制要素

（一）纳税人

纳税人是承担或者负责缴纳税款的单位和个人，其覆盖范围与增值税的征收范围直接相关。根据《中华人民共和国增值税暂行条例》（中华人民共和国国务院令第691号发布，以下简称《增值税暂行条例》）的规定，在中华人民共和国境内销售货物或者加工、修理修配劳务（以下简称“劳务”），销售服务、无形资产、不动产以及进口货物的单位和个人，为增值税的纳税人，应当依照本条例缴纳增值税。

（二）计税依据及增值税的类型

增值税的计税依据为课税对象的增值额，它是增值税的税基。从理论上讲，增值额应为劳动者新创造的价值，即（V+M）部分，但从实践上看，各国由于经济政策、财政承受能力、税收征管水平不同，对外购固定资产（资本品）的处理方式不同，从而导致法定增值额与理论上的增值额往往不一致。据此可将增值税分为三种类型，即生产型增值税、收入型增值税和消费型增值税。

生产型增值税在计算增值额时，销售额中只允许扣除购买的原材料等劳动对象的消耗部分，不允许扣除外购固定资产的价款或折旧。从整个社会形态看，生产型增值税的增值额大体相当于国内生产总值（GDP），大于理论上的增值额。

收入型增值税在计算增值额时，销售额中既可以扣除劳动对象的消耗部分，又可以扣除外购固定资产的折旧部分。收入型增值税的增值额与理论上的增值额一致。

消费型增值税在计算增值额时，销售额中既可以扣除劳动对象的消耗部分，又可以扣除外购固定资产的价款，将纳税人外购的所有中间产品和资本品都排除在税基之外。消费型增值税的增值额相当于国民收入中的消费资料部分，小于理论上的增值额。

由于生产型增值税税基最大，存在重复征税的弊端，收入型增值税最为完美，但固定资产折旧额的扣除难以管控，因此，世界上实行增值税的国家大多数选择消费型增值税。

（三）税率

为体现增值税的中性特征，提高征管效率，理想中的增值税模式应设置单一税率。为缓解增值税的累退性缺陷①，又需设置低税率，或对基本生活消费品给予免税。此外，为消除各国税制差异对进出口的影响，避免对进出口货物服务的重复征税，绝大多数国家对出口货物或服务实行零税率。根据《增值税暂行条例》第二条的规定，我国目前增值税税率共分四档：

“1. 纳税人销售货物、劳务、有形动产租赁服务或者进口货物，除本条第二项、第四项、第五项另有规定外，税率为 17%。

2. 纳税人销售交通运输、邮政、基础电信、建筑、不动产租赁服务，销售不动产，转让土地使用权，销售或者进口下列货物，税率为 11%：

（1）粮食等农产品、食用植物油、食用盐；

（2）自来水、暖气、冷气、热水、煤气、石油液化气、天然气、二甲醚、沼气、居民用煤炭制品；

（3）图书、报纸、杂志、音像制品、电子出版物；

（4）饲料、化肥、农药、农机、农膜；

（5）国务院规定的其他货物。

3. 纳税人销售服务、无形资产，除本条第一项、第二项、第五项另有规定外，税率为 6%。

4. 纳税人出口货物，税率为零；但是，国务院另有规定的除外。

5. 境内单位和个人跨境销售国务院规定范围内的服务、无形资产，税率为零。”

根据《财政部　税务总局关于调整增值税税率的通知》（财税〔2018〕32 号）的规定，自 2018 年 5 月 1 日起，纳税人发生增值税应税销售行为或者进口货物，原适用 17% 和 11% 税率的，税率分别调整为 16%、10%；纳税人购进农产品，原适用 11% 扣除率的，扣除率调整为 10%；纳税人购进用于生

① 增值税的税负最终由终端消费者承担，其中高收入群体消费支出的比例相对低收入者要低，因而后者增值税负担要高于高收入者，这种现象称为增值税的累退性。

产销售或委托加工 16% 税率货物的农产品，按照 12% 的扣除率计算进项税额。

根据《财政部　税务总局　海关总署关于深化增值税改革有关政策的公告》（财政部　国家税务总局　海关总署公告 2019 年第 39 号）的规定，自 2019 年 4 月 1 日起，增值税一般纳税人（以下称纳税人）发生增值税应税销售行为或者进口货物，原适用 16% 税率的，税率调整为 13%；原适用 10% 税率的，税率调整为 9%；纳税人购进农产品，原适用 10% 扣除率的，扣除率调整为 9%。纳税人购进用于生产或者委托加工 13% 税率货物的农产品，按照 10% 的扣除率计算进项税额。

（四）计税方法

增值税的计税方法也就是确定增值税应纳税额的方法，既然增值税是以增值额为计税依据，那么至少有两种方法来计算应纳税额，一是加法，即对构成增值的各部分应纳税额分别计算，然后再相加；二是减法，即对产出值和投入值分别乘以适用税率，各自得出税额再进行相减。

为便于征管，大多数国家（地区）均采用减法作为计算增值税应纳税额的方法，即应纳税额 = 销项税额 - 进项税额，该数值大于零，表示纳税人应当向税务机关缴纳税款，反之，税务机关应退还纳税人已垫税款或者允许其留待后期抵扣。

二、增值税的基本特征

图 2 - 1 是简化的不动产产业链示意图，描述了将材料货物安装到不动产，然后再销售给末端消费者自用的全过程，涵盖了工业、建筑业、房地产开发等不同行业的纳税人。

从图 2 - 1 可以清楚看出，增值税具备以下几个特征。

（一）价税分离

增值税是价外税，它不直接影响纳税人的收入和成本，税金不通过会计系统中的损益类科目核算。为此，在经济决策和会计核算时需要进行价税分

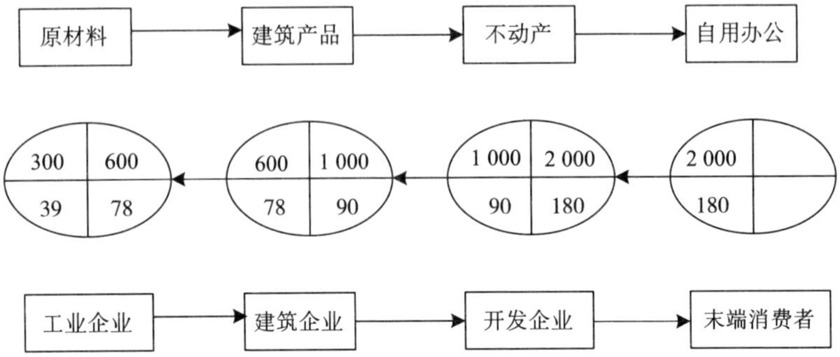

图2－1　增值税产业链模型

离。价税分离的基本公式为：

不含税销售额或成本＝含税销售额或成本÷（1＋税率或征收率）

以图2－1中的工业企业为例，其从下游企业建筑企业收取的现金流入678元，是价税合计的概念，不能全部计为会计上的收入，假定适用税率为13%，则其不含税收入为：678÷（1＋13%）＝600（元）。其向上游企业购买原材料支付的现金流出339元，用同样的方法可以得出不含税成本为：339÷（1＋13%）＝300（元）。

（二）道道征税

从图2－1可以看出，凡有进项业务的纳税人，其采购所支付的现金流出，都包含了价款和税金两部分，也就是说，购买企业在购买环节已经提前垫付了税金。因此，与只在销售环节计税的营业税不同，增值税不仅在销售环节征税，在购买环节也要征税，也就是实行道道征税。

（三）环环相扣

环环相扣是指纳税人上一环节所垫付的税款（即进项税额），可以从下一环节应缴纳的税款（即销项税额）中抵扣，这样就能保证每一纳税人只就自己的增值额交税，消除了重复纳税。

从图2－1可以看到，上游企业的销项税就是下游企业的进项税，从产品或者服务的起始开始，到最终的末端消费为止，每一个节点的纳税人只就自己的增值额向税务机关缴纳相应的税金，增值额高的缴税高，增值额低的缴税低，无增值额的不缴税，增值额为负的应由国家退税或结转下期抵扣，避免了营业税下的重复征税现象。这种特性也被称作“税收中性”。

（四）税负转嫁

站在国家税收的立场，图 2 - 1 所示的产业链中各纳税人上缴税务机关税款的情况如下：

工业企业上游纳税人：39 元

工业企业：78 - 39 = 39（元）

建筑业企业：90 - 78 = 12（元）

开发企业：180 - 90 = 90（元）

国家共征税：39 + 39 + 12 + 90 = 180（元）

这 180 元税款全部由不动产的末端消费者所承担，产业链上除末端消费者以外的纳税人尽管都向税务机关缴纳了税款，但通过一般计税方法计税的抵扣机制实现了税负的转嫁。因此，增值税链条各节点企业是纳税人，但不是“负税人”，每个纳税人从下游企业收取销项税，扣除支付给上游企业的进项税之后，就其正差向税务机关纳税。

也正是因为增值税的最终税负是由末端消费者承担，有些国家和地区又把增值税称为“对消费课税”或“消费税”。

（五）便于征管

在实行“以票控税”的体制下，借助信息化手段，增值税可以实现方便的征管。每一纳税人在发生经济交往时，如果不向上游纳税人索取扣税凭证，则其将替所有上游环节缴纳增值税，偷逃税款等中间环节抵扣链条的中断，不仅不会导致国家少征税，反而还会多征税。

假定图 2 - 1 中的建筑业企业通过不开发票等方式隐瞒收入少计销项税额 90 元，则开发企业将向国家缴纳税收：180 - 0 = 180（元），国家征税并没有减少，而建筑业企业上游纳税人累计缴纳的 78 元被国家多征收了。

三、我国增值税的特点

（一）覆盖全行业的消费型增值税

2016 年 5 月 1 日开始的全面推开营改增试点，其主要内容可用“双扩”来概括：一是扩大试点范围，实现货物和服务行业的全覆盖；二是扩大抵扣范围，将不动产纳入抵扣范围，全面实现向消费型增值税的转型。2017 年 11 月 19 日，第二次修订后的《增值税暂行条例》公布后，在我国境内销售货物或者加工、修理修配劳务，销售服务、无形资产、不动产以及进口货物的单位和个人，均需要缴纳增值税。

2019 年 4 月 1 日开始施行的深化增值税改革，进一步完善了我国增值税税制。一是纳税人取得不动产或者不动产在建工程的进项税额不再分 2 年抵扣；二是纳税人购进国内旅客运输服务，其进项税额允许从销项税额中抵扣；三是试行增值税期末留抵税额退税制度，符合条件的纳税人可以向税务机关申请退还增量留抵税额。

（二）对纳税人实行分类管理

为降低增值税的征纳成本，提高征管效率，需要在满足税收收入的前提下，尽量减少纳税人的数量。现代增值税制的典型做法是设置较高的起征点，将起征点以下的经营主体排除在增值税纳税人之外。我国实行的则是对纳税人分类管理，以年应税销售额为标准，将所有纳税人分为一般纳税人和小规模纳税人，不同纳税人资格，其税收待遇也不同。

根据《财政部　税务总局关于统一增值税小规模纳税人标准的通知》（财税〔2018〕33 号）的规定，自 2018 年 5 月 1 日起，增值税小规模纳税人标准为年应征增值税销售额 500 万元及以下。

根据 2019 年 11 月公布的《中华人民共和国增值税法（征求意见稿）》，我国未来将与国际增值税管理实践趋同，将未达到增值税起征点的单位和个人，摒除在增值税纳税人之外。

（三）严格实行以票控税的征管体制

我国实行严格的以票控税征管体制，纳税人发生应税行为、开具发票的，其纳税义务发生，需要计算销项税额或者应纳税额；纳税人发生可以抵扣的业务事项，必须取得增值税专用发票等合规扣税凭证，并履行勾选确认程序后方可自销项税额中抵扣。我国《刑法》中还对增值税发票犯罪做了专门规定，最高刑罚可到无期徒刑。

（四）税率和计税方法较多

除零税率外，我国目前还有三档税率，分别为13%、9%和6%；适用简易计税方法的征收率有两档，分别为5%和3%。

除小规模纳税人天然适用简易计税方法外，现行增值税还允许某些符合条件的一般纳税人选用简易计税方法。

较多的税率和计税方法，一方面造成了产业链的税负不公，另一方面也会导致抵扣链条的中断，从而不利于增值税中性原则的发挥。

第二节　建筑服务增值税政策规定

一、现行增值税政策体系

截至目前，财政部和国家税务总局层面发布的与建筑服务相关的增值税政策包括：

（一）2016年3月23日，《关于全面推开营业税改征增值税试点的通知》（财税〔2016〕36号，以下简称“2016年36号文”）。

（二）2016年3月31日，《纳税人跨县（市、区）提供建筑服务增值税征收管理暂行办法》（国家税务总局公告2016年第17号，以下简称“2016年17号公告”）。

（三）2016年4月19日，《国家税务总局关于全面推开营业税改征增值税试点有关税收征收管理事项的公告》（国家税务总局公告2016年第23号，以下简称“2016年23号公告”）。

（四）2016年5月6日，《营业税改征增值税跨境应税行为增值税免税管理办法（试行）》（国家税务总局公告2016年第29号，以下简称“2016年29号公告”）。

（五）2016年7月6日，《关于优化〈外出经营活动税收管理证明〉相关制度和办理程序的意见》（税总发〔2016〕106号，以下简称“2016年106号文”）。

（六）2016年7月23日，《关于纳税人异地预缴增值税有关城建税和教育费附加政策问题的通知》（财税〔2016〕74号，以下简称“2016年74号文”）。

（七）2016年8月18日，《关于营改增试点若干征管问题的公告》（国家税务总局公告2016年第53号，以下简称“2016年53号公告”）。

（八）2016年11月4日，《关于在境外提供建筑服务等有关问题的公告》（国家税务总局公告2016年第69号，以下简称“2016年69号公告”）。

（九）2016年12月21日，《财政部　国家税务总局关于明确金融、房地产开发、教育辅助服务等增值税政策的通知》（财税〔2016〕140号，以下简称“2016年140号文”）。

（十）2017年4月20日，《国家税务总局关于进一步明确营改增有关征管问题的公告》（国家税务总局公告2017年第11号，以下简称“2017年11号公告”）。

（十一）2017年7月11日，《财政部　国家税务总局关于建筑服务等营改增试点政策的通知》（财税〔2017〕58号，以下简称“2017年58号文”）。

（十二）2017年9月15日，《国家税务总局关于创新跨区域涉税事项报验管理制度的通知》（税总发〔2017〕103号，以下简称“2017年103号文”）。

（十三）2017年11月26日，《国家税务总局关于简化建筑服务增值税简易计税方法备案事项的公告》（国家税务总局公告2017年第43号，自2019年10月1日起废止）。

（十四）2017年12月18日，《国家税务总局关于增值税发票管理若干事项的公告》（国家税务总局公告2017年第45号，以下简称“2017年45号公告”）。

（十五）2017年12月25日，《财政部　税务总局关于租入固定资产进项税额抵扣等增值税政策的通知》（财税〔2017〕90号，以下简称“2017年90号文”）。

（十六）2018年7月4日，《国家税务总局关于明确跨区域涉税事项报验管理相关问题的公告》（国家税务总局公告2018年第38号，以下简称“2018年38号公告”）。

（十七）2018年7月25日，《国家税务总局关于明确中外合作办学等若干增值税征管问题的公告》（国家税务总局公告2018年第42号，以下简称“2018年42号文”）。

（十八）2018年7月27日，《财政部　税务总局关于增值税期末留抵退税有关城市维护建设税、教育费附加和地方教育附加政策的通知》（财税〔2018〕80号，以下简称“2018年80号文”）。

（十九）2019年1月17日，《财政部　税务总局关于实施小微企业普惠性税收减免政策的通知》（财税〔2019〕13号，以下简称“2019年13号文”）。

（二十）2019年1月19日，《国家税务总局关于小规模纳税人免征增值税政策有关征管问题的公告》（国家税务总局公告2019年第4号，以下简称“2019年4号公告”）。

（二十一）2019年1月19日，《国家税务总局关于增值税小规模纳税人地方税种和相关附加减征政策有关征管问题的公告》（国家税务总局公告2019年第5号，以下简称“2019年5号公告”）。

（二十二）2019年3月20日，《财政部　税务总局　海关总署关于深化增值税改革有关政策的公告》（财政部、国家税务总局、海关总署公告2019年第39号，以下简称“2019年39号公告”）。

（二十三）2019年3月21日，《国家税务总局关于深化增值税改革有关事项的公告》（国家税务总局公告2019年第14号，以下简称“2019年14号公告”）。

（二十四）2019 年 5 月 28 日，《国家税务总局关于城镇土地使用税等“六税一费”优惠事项资料留存备查的公告》（国家税务总局公告 2019 年第 21 号，以下简称“2019 年 21 号公告”）。

（二十五）2019 年 9 月 16 日，《国家税务总局关于国内旅客运输服务进项税抵扣等增值税征管问题的公告》（国家税务总局公告 2019 年第 31 号，以下简称“2019 年 31 号公告”）。

（二十六）2019 年 10 月 9 日，《国家税务总局关于增值税发票管理等有关事项的公告》（国家税务总局公告 2019 年第 33 号，以下简称“2019 年 33 号公告”）。

（二十七）2019 年 12 月 31 日，《国家税务总局关于取消增值税扣税凭证认证确认期限等增值税征管问题的公告》（国家税务总局公告 2019 年第 45 号，以下简称“2019 年 45 号公告”）。

二、建筑业增值税政策具体规定

（一）税目

建筑服务，是指各类建筑物、构筑物及其附属设施的建造、修缮、装饰，线路、管道、设备、设施等的安装以及其他工程作业的业务活动。包括工程服务、安装服务、修缮服务、装饰服务和其他建筑服务。

1. 工程服务。工程服务，是指新建、改建各种建筑物、构筑物的工程作业，包括与建筑物相连的各种设备或者支柱、操作平台的安装或者装设工程作业，以及各种窑炉和金属结构工程作业。

2. 安装服务。安装服务，是指生产设备、动力设备、起重设备、运输设备、传动设备、医疗实验设备以及其他各种设备、设施的装配、安置工程作业，包括与被安装设备相连的工作台、梯子、栏杆的装设工程作业，以及被安装设备的绝缘、防腐、保温、油漆等工程作业。

固定电话、有线电视、宽带、水、电、燃气、暖气等经营者向用户收取的安装费、初装费、开户费、扩容费以及类似收费，按照安装服务缴纳增值税。

3. 修缮服务。修缮服务，是指对建筑物、构筑物进行修补、加固、养护、改善，使之恢复原来的使用价值或者延长其使用期限的工程作业。

4. 装饰服务。装饰服务，是指对建筑物、构筑物进行修饰装修，使之美观或者具有特定用途的工程作业。

根据2016年140号文的规定，物业服务企业为业主提供的装修服务，按照“建筑服务”缴纳增值税。

5. 其他建筑服务。其他建筑服务，是指上列工程作业之外的各种工程作业服务，如钻井（打井）、拆除建筑物或者构筑物、平整土地、园林绿化、疏浚（不包括航道疏浚）、建筑物平移、搭脚手架、爆破、矿山穿孔、表面附着物（包括岩层、土层、沙层等）剥离和清理等工程作业。

根据2016年140号文的规定，纳税人将建筑施工设备出租给他人使用并配备操作人员的，按照“建筑服务”缴纳增值税。根据2017年11号公告的规定，纳税人提供植物养护服务，按照“其他生活服务”缴纳增值税。

6. 专业分包税目特殊规定。根据2017年11号公告的规定，纳税人销售活动板房、机器设备、钢结构件等自产货物的同时提供建筑、安装服务，不属于《营业税改征增值税试点实施办法》（财税〔2016〕36号文件印发）第四十条规定的混合销售，应分别核算货物和建筑服务的销售额，分别适用不同的税率或者征收率。

根据2018年42号公告的规定，自2018年7月25日起，一般纳税人销售自产机器设备的同时提供安装服务，应分别核算机器设备和安装服务的销售额，安装服务可以按照甲供工程选择适用简易计税方法计税。

一般纳税人销售外购机器设备的同时提供安装服务，如果已经按照兼营的有关规定，分别核算机器设备和安装服务的销售额，安装服务可以按照甲供工程选择适用简易计税方法计税。

纳税人对安装运行后的机器设备提供的维护保养服务，按照“其他现代服务”缴纳增值税。

（二）税率和征收率

一般纳税人提供建筑服务适用一般计税方法计税的，税率为9%；小规模纳税人提供建筑服务，以及一般纳税人提供建筑服务适用简易计税方法计税的，征收率为3%。

（三）纳税义务发生时间

纳税人发生应税行为并收讫销售款项或者取得索取销售款项凭据的当天；先开具发票的，为开具发票的当天。

收讫销售款项，是指纳税人销售服务、无形资产、不动产过程中或者完成后收到款项。

取得索取销售款项凭据的当天，是指书面合同确定的付款日期；未签订书面合同或者书面合同未确定付款日期的，为服务、无形资产转让完成的当天或者不动产权属变更的当天。

根据2016年69号公告的规定，纳税人提供建筑服务，被工程发包方从应支付的工程款中扣押的质押金、保证金，未开具发票的，以纳税人实际收到质押金、保证金的当天为纳税义务发生时间。

（四）计税方法

1. 建筑工程总承包单位为房屋建筑的地基与基础、主体结构提供工程服务，建设单位自行采购全部或部分钢材、混凝土、砌体材料、预制构件的，适用简易计税方法计税。

地基与基础、主体结构的范围，按照《建筑工程施工质量验收统一标准》（GB50300－2013）附录B《建筑工程的分部工程、分项工程划分》中的“地基与基础”“主体结构”分部工程的范围执行（见表2－1）。

2. 一般纳税人以清包工方式提供的建筑服务，可以选择适用简易计税方法计税。

以清包工方式提供建筑服务，是指施工方不采购建筑工程所需的材料或只采购辅助材料，并收取人工费、管理费或者其他费用的建筑服务。

3. 一般纳税人为甲供工程提供的建筑服务，可以选择适用简易计税方法计税。

甲供工程，是指全部或部分设备、材料、动力由工程发包方自行采购的建筑工程。

4. 一般纳税人为建筑工程老项目提供的建筑服务，可以选择适用简易计税方法计税。

表 2-1　　　　建筑工程的分部工程、分项工程划分

序号	分部工程	子分部工程	分项工程
(1)	地基与基础	土方工程	土方开挖，土方回填，场地平整
		基坑支护	排桩，重力式挡土墙，型钢水泥土搅拌墙，土钉墙与复合土钉墙，地下连续墙，沉井与沉箱，钢或混凝土支撑，锚杆，降水与排水
		地基处理	灰土地基、砂和砂石地基、土工合成材料地基，粉煤灰地基，强夯地基，注浆地基，预压地基，振冲地基，高压喷射注浆地基，水泥土搅拌桩地基，土和灰土挤密桩地基，水泥粉煤灰碎石桩地基，夯实水泥土桩地基，砂桩地基
		桩基础	先张法预应力管桩，混凝土预制桩，钢桩，混凝土灌注桩
		地下防水	防水混凝土，水泥砂浆防水层，卷材防水层，涂料防水层，塑料防水板防水层，金属板防水层，膨润土防水材料防水层；细部构造；锚喷支护，地下连续墙，盾构隧道，沉井，逆筑结构；渗排水、盲沟排水，隧道排水，坑道排水，塑料排水板排水；预注浆、后注浆，结构裂缝注浆
		混凝土基础	模板、钢筋、混凝土，后浇带混凝土，混凝土结构缝处理
		砌体基础	砖砌体，混凝土小型空心砌块砌体，石砌体，配筋砌体
		型钢、钢管混凝土基础	型钢、钢管焊接与螺栓连接，型钢、钢管与钢筋连接，浇筑混凝土
		钢结构基础	钢结构制作，钢结构安装，钢结构涂装
(2)	主体结构	混凝土结构	模板，钢筋，混凝土，预应力、现浇结构，装配式结构
		砌体结构	砖砌体，混凝土小型空心砌块砌体，石砌体，配筋砌体，填充墙砌体
		钢结构	钢结构焊接，紧固件连接，钢零部件加工，钢构件组装及预拼装，单层钢结构安装，多层及高层钢结构安装，空间格构钢结构制作，空间格构钢结构安装，压型金属板，防腐涂料涂装，防火涂料涂装、天沟安装、雨棚安装
		型钢、钢管混凝土结构	型钢、钢管现场拼装，柱脚锚固，构件安装，焊接、螺栓连接，钢筋骨架安装，型钢、钢管与钢筋连接，浇筑 混凝土
		轻钢结构	钢结构制作，钢结构安装，墙面压型板，屋面压型板
		索膜结构	膜支撑构件制作，膜支撑构件安装，索安装，膜单元及附件制作，膜单元及附件安装
		铝合金结构	铝合金焊接，紧固件连接，铝合金零部件加工，铝合金构件组装，铝合金构件预拼装，单层及多层铝合金结构安装，空间格构铝合金结构安装，铝合金压型板，防腐 处理，防火隔热
		木结构	方木和原木结构，胶合木结构，轻型木结构，木结构防护

建筑工程老项目，是指：

（1）《建筑工程施工许可证》注明的合同开工日期在2016年4月30日前的建筑工程项目；

（2）未取得《建筑工程施工许可证》的，或取得的《建筑工程施工许可证》未注明合同开工日期，建筑工程承包合同注明的开工日期在2016年4月30日前的建筑工程项目。

（五）预缴税款

1. 时间上的预缴。时间上的预缴，特指纳税人以预收款的方式提供建筑服务，收到预收款时需要按规定预缴增值税。

根据2017年58号文的规定，纳税人提供建筑服务取得预收款，应在收到预收款时，以取得的预收款扣除支付的分包款后的余额，按照规定的预征率预缴增值税。

按照现行规定应在建筑服务发生地预缴增值税的项目，纳税人收到预收款时在建筑服务发生地预缴增值税。按照现行规定无须在建筑服务发生地预缴增值税的项目，纳税人收到预收款时在机构所在地预缴增值税。

适用一般计税方法计税的项目预征率为2%，适用简易计税方法计税的项目预征率为3%。

2. 空间上的预缴。空间上的预缴，特指纳税人跨地级行政区提供建筑服务，纳税义务发生后需要按规定预缴增值税。

（1）一般纳税人跨地级行政区提供建筑服务，适用一般计税方法计税的，应以取得的全部价款和价外费用为销售额计算应纳税额。纳税人应以取得的全部价款和价外费用扣除支付的分包款后的余额，按照2%的预征率在建筑服务发生地预缴税款后，向机构所在地主管税务机关进行纳税申报。

应预缴税款=（全部价款和价外费用－支付的分包款）÷（1+9%）×2%

（2）一般纳税人跨地级行政区提供建筑服务，适用简易计税方法计税的，应以取得的全部价款和价外费用扣除支付的分包款后的余额为销售额，按照3%的征收率计算应纳税额。纳税人应按照上述计税方法在建筑服务发生地预缴税款后，向机构所在地主管税务机关进行纳税申报。

应预缴税款=（全部价款和价外费用－支付的分包款）÷（1+3%）×3%

（3）小规模纳税人跨地级行政区提供建筑服务，应以取得的全部价款和价外费用扣除支付的分包款后的余额为销售额，按照3%的征收率计算应纳税额。纳税人应按照上述计税方法在建筑服务发生地预缴税款后，向机构所在地主管税务机关进行纳税申报。

根据2019年4号公告的规定，按照现行规定应当预缴增值税税款的小规模纳税人，凡在预缴地实现的月销售额未超过10万元的，当期无需预缴税款。本公告下发前[①]已预缴税款的，可以向预缴地主管税务机关申请退还。

关于预缴地的理解，国家税务总局12366网站2019年4月1日发布的《小微企业普惠性税收减免政策100问》：

"10. 在同一预缴地有多个项目的建筑业纳税人总销售额以什么为标准确定？

答：建筑业纳税人在同一预缴地主管税务机关辖区内有多个项目的，按照所有项目当月总销售额判断是否超过10万元标准。"

（4）纳税人取得的全部价款和价外费用扣除支付的分包款后的余额为负数的，可结转下次预缴税款时继续扣除。

（5）纳税人应按照工程项目分别计算应预缴税款，分别预缴。

（6）纳税人按照规定从取得的全部价款和价外费用中扣除支付的分包款，应当取得符合法律、行政法规和国家税务总局规定的合法有效凭证，否则不得扣除。

上述凭证是指：

①从分包方取得的2016年4月30日前开具的建筑业营业税发票。

上述建筑业营业税发票在2016年6月30日前可作为预缴税款的扣除凭证。

②从分包方取得的2016年5月1日后开具的，备注栏注明建筑服务发生地所在县（市、区）、项目名称的增值税发票。

③国家税务总局规定的其他凭证。

（7）纳税人跨地级行政区提供建筑服务，在向建筑服务发生地主管机关预缴税款时，需填报"增值税预缴税款表"，并出示以下资料：

---

① 2019年4号公告自2019年1月1日起施行，下发时间是2019年1月19日，在此之前月销售额未超过10万元且已预缴税款的，可以向预缴地主管税务机关申请退还。

①与发包方签订的建筑合同复印件（加盖纳税人公章）；

②与分包方签订的分包合同复印件（加盖纳税人公章）；

③从分包方取得的发票复印件（加盖纳税人公章）。

3. 预缴畸高调整

一般纳税人跨省（自治区、直辖市或者计划单列市）提供建筑服务，在机构所在地申报纳税时，计算的应纳税额小于已预缴税额，且差额较大的，由国家税务总局通知建筑服务发生地省级税务机关，在一定时期内暂停预缴增值税。

（六）小规模纳税人免征增值税

根据2019年13号文、2019年4号公告以及2019年31号公告的规定，自2019年1月1日起，小规模纳税人免征增值税优惠力度加码。

1. 小规模纳税人发生增值税应税销售行为，合计月销售额未超过10万元（以1个季度为1个纳税期的，季度销售额未超过30万元，下同）的，免征增值税。

小规模纳税人发生增值税应税销售行为，合计月销售额超过10万元，但扣除本期发生的销售不动产的销售额后未超过10万元的，其销售货物、劳务、服务、无形资产取得的销售额免征增值税。

2. 适用增值税差额征税政策的小规模纳税人，以差额后的销售额确定是否可以享受本公告规定的免征增值税政策。

《增值税纳税申报表（小规模纳税人适用）》中的"免税销售额"相关栏次，填写差额后的销售额。

3. 小规模纳税人月销售额未超过10万元的，当期因开具增值税专用发票已经缴纳的税款，在增值税专用发票全部联次追回或者按规定开具红字专用发票后，可以向主管税务机关申请退还。

4. 小规模纳税人月销售额超过10万元的，使用增值税发票管理系统开具增值税普通发票、机动车销售统一发票、增值税电子普通发票。

已经使用增值税发票管理系统的小规模纳税人，月销售额未超过10万元的，可以继续使用现有税控设备开具发票；已经自行开具增值税专用发票的，可以继续自行开具增值税专用发票，并就开具增值税专用发票的销售额计算缴纳增值税。

5. 自 2019 年 1 月 1 日起，以 1 个季度为纳税期限的增值税小规模纳税人，因在季度中间成立或注销而导致当期实际经营期不足 1 个季度，当期销售额未超过 30 万元的，免征增值税。

（七）小规模纳税人“六税两费”减半征收

根据 2019 年 13 号文、2019 年 5 号公告以及 2019 年 21 号公告的规定，自 2019 年 1 月 1 日起，小规模纳税人可以在 50% 的税额幅度内减征“六税两费”。

1. 由省、自治区、直辖市人民政府根据本地区实际情况，以及宏观调控需要确定，对增值税小规模纳税人可以在 50% 的税额幅度内减征资源税、城市维护建设税、房产税、城镇土地使用税、印花税（不含证券交易印花税）、耕地占用税和教育费附加、地方教育附加。

各省（自治区、直辖市）随后发布的文件，均将减征幅度顶格设置到 50%。

2. 增值税小规模纳税人已依法享受资源税、城市维护建设税、房产税、城镇土地使用税、印花税、耕地占用税、教育费附加、地方教育附加其他优惠政策的，可叠加享受优惠政策。

3. 纳税人自行申报享受减征优惠，不需额外提交资料。

4. 自 2019 年 5 月 28 日起，纳税人享受“六税一费”优惠实行“自行判别、申报享受、有关资料留存备查”办理方式，申报时无须再向税务机关提供有关资料。纳税人根据具体政策规定自行判断是否符合优惠条件，符合条件的，纳税人申报享受税收优惠，并将有关资料留存备查。

纳税人对“六税一费”优惠事项留存备查资料的真实性、合法性承担法律责任。

“六税一费”是指城镇土地使用税、房产税、耕地占用税、车船税、印花税、城市维护建设税和教育费附加。

（八）附加税费的预缴

1. 纳税人跨地级行政区提供建筑服务，或以预收款的方式提供建筑服务，按规定预缴增值税时，以预缴增值税税额为计税依据，并按预缴增值税所在地的城市维护建设税适用税率和教育费附加征收率就地计算缴纳城市维护建设税和教育费附加。

2. 预缴增值税的纳税人在其机构所在地申报缴纳增值税时，以其实际缴纳的增值税税额为计税依据，并按机构所在地的城市维护建设税适用税率和教育费附加征收率就地计算缴纳城市维护建设税和教育费附加。

根据《财政部、国家税务总局关于扩大有关政府性基金免征范围的通知》（财税〔2016〕12号）的规定，自2016年2月1日起，将免征教育费附加、地方教育附加、水利建设基金的范围，由现行按月纳税的月销售额或营业额不超过3万元（按季度纳税的季度销售额或营业额不超过9万元）的缴纳义务人，扩大到按月纳税的月销售额或营业额不超过10万元（按季度纳税的季度销售额或营业额不超过30万元）的缴纳义务人。财税〔2016〕12号只适用三项政府性基金的免征，不涉及城建税及其他税种。其适用范围既包括一般纳税人，也包括小规模纳税人，但在小规模纳税人免征增值税销售额提高到10万元以后，这一规定对小规模纳税人已无实质意义，主要适用对象为某月销售额不超过10万元的一般纳税人。

（九）跨区域涉税事项报验管理

根据2017年103号文的规定，纳税人跨省（自治区、直辖市和计划单列市）临时从事生产经营活动的，不再开具《外出经营活动税收管理证明》，改向机构所在地的税务机关填报"跨区域涉税事项报告表"。纳税人在省（自治区、直辖市和计划单列市）内跨县（市）临时从事生产经营活动的，是否实施跨区域涉税事项报验管理由各省（自治区、直辖市和计划单列市）税务机关自行确定。

取消跨区域涉税事项报验管理的固定有效期。税务机关不再按照180天设置报验管理的固定有效期，改按跨区域经营合同执行期限作为有效期限。合同延期的，纳税人可向经营地或机构所在地的税务机关办理报验管理有效期限延期手续。

2018年38号公告对国地税机关合并后跨区域涉税事项报验管理做了更进一步的明确：

1. 纳税人跨省（自治区、直辖市和计划单列市）临时从事生产经营活动的，向机构所在地的税务机关填报“跨区域涉税事项报告表”（参见2018年38号公告附件1）。

2. 纳税人跨区域经营合同延期的，可以向经营地或机构所在地的税务机关办理报验管理有效期限延期手续。

3. 跨区域报验管理事项的报告、报验、延期、反馈等信息，通过信息系统在机构所在地和经营地的税务机关之间传递，实时共享。

4. 纳税人首次在经营地办理涉税事宜时，向经营地的税务机关报验跨区域涉税事项。

5. 纳税人跨区域经营活动结束后，应当结清经营地税务机关的应纳税款以及其他涉税事项，向经营地的税务机关填报“经营地涉税事项反馈表”（参见2018年38号公告附件2）。

经营地的税务机关核对“经营地涉税事项反馈表”后，及时将相关信息反馈给机构所在地的税务机关。纳税人不需要另行向机构所在地的税务机关反馈。

6. 机构所在地的税务机关要设置专岗，负责接收经营地的税务机关反馈信息，及时以适当方式告知纳税人，并适时对纳税人已抵减税款、在经营地已预缴税款和应预缴税款进行分析、比对，发现疑点的，及时推送至风险管理部门或者稽查部门组织应对。

（十）境外提供建筑服务

1. 境外提供建筑服务免征增值税。根据2016年29号公告的规定，工程项目在境外的建筑服务免征增值税。工程总承包方和工程分包方为施工地点在境外的工程项目提供的建筑服务，均属于工程项目在境外的建筑服务。

2. 境外提供建筑服务免税备案手续。根据2016年69号文的规定，境内的单位和个人为施工地点在境外的工程项目提供建筑服务，按照2016年29号公告第八条规定办理免税备案手续时，凡与发包方签订的建筑合同注明施工地点在境外的，可不再提供工程项目在境外的其他证明材料。

3. 根据2019年45号公告的规定，中华人民共和国境内单位和个人作为工程分包方，为施工地点在境外的工程项目提供建筑服务，从境内工程总承包方取得的分包款收入，属于2016年29号公告第六条规定的“视同从境外取得收入”。

（十一）简易计税方法计税项目免于备案

根据2019年31号公告的规定，自2019年10月1日起，提供建筑服务的一般纳税人按规定适用或选择适用简易计税方法计税的，不再实行备案制。以下证明材料无需向税务机关报送，改为自行留存备查：

1. 为建筑工程老项目提供的建筑服务，留存《建筑工程施工许可证》或建筑工程承包合同；

2. 为甲供工程提供的建筑服务、以清包工方式提供的建筑服务，留存建筑工程承包合同。

第三节　建筑服务增值税政策解析

一、理解政策要处理好两个关系

建筑业企业在理解建筑业增值税相关政策规定时，首先要处理好两个方面的关系。

（一）税法与建筑法规的关系

税法与建筑法规的立法目的不同，侧重点和应用领域也有所不同，前者是为了保证所有行业纳税人的税款及时足额入库，后者是为了促进建筑业行业的健康规范发展。

从适用范围和适用主体看，税法规范的是提供“建筑服务”的“纳税人”，既包括个人纳税人，也包括单位纳税人，建筑法规规范的是从事“建筑活动”的“主体”，在我国实行行业准入和资质管理制度的情况下，进入建筑市场必须要具备相应的资质，而建筑业资质只授予具备法人资格的单位，其他个人、个体工商户、个人独资企业以及合伙企业等非法人主体不得从事具备资质要求的建筑活动。

从税目上看，建筑服务不仅包括工程服务、安装服务、修缮服务、装饰服务以及其他建筑服务等五类建筑业企业常见的业务，还包括电信、有线电视、自来水、电力、燃气、供暖等经营者向用户提供的收取安装费、初装费、开户费、扩容费以及类似收费的服务；物业公司为业主提供的装修服务；以及配备操作人员的建筑施工设备的租赁服务。可见，按照“建筑服务”纳税的纳税人不仅仅包括建筑业企业。

因此，建筑业企业应科学认识税法与建筑法规的关系，实行增值税以后，一方面要严格执行建筑法规，杜绝非法转包、违法分包及资质挂靠等违法行为，另一方面要严格按照税法规定依法纳税，维护企业税收利益，降低企业涉税风险。

（二）经营范围与应税项目的关系

本次全面推开营改增的政策文件，除对房地产开发企业销售自行开发的房地产项目有专门的行业表述外，其余关于征税对象的表述，均为“纳税人提供××服务、转让无形资产或不动产，适用××计税方法，按照××的税率或者征收率”。换言之，在政策文件中，我们看不到建筑业企业应该怎么交税，而只能看到纳税人提供建筑服务如何交税。

因此，对于建筑业企业而言，应正确区分经营范围与税目，不能把目前所有的经营业务均视为建筑服务，而应按照实质重于形式的原则，分析各类业务的税收属性，是不是属于应税项目，不属于应税项目的就不交税，属于什么税目就按照什么税目交税，同时做好不同税率收入的分别核算工作，规避从高适用税率的风险。

二、税目及计税方法的理解

（一）税目

建筑服务是一个完整的、单独的税目，从价值和成本构成方面看，是由一定的材料设备、机械作业、人工等要素构成，不宜再将其进行进一步的细分。

从总承包单位的角度看，它通过采购材料设备，选择分包单位，采用机械或人工的手段进行施工，履行总承包合同中约定的义务，这个过程就是向建设单位提供建筑服务的过程。

从专业工程分包的角度看，它的承包范围也是由货物和人工所组成，其中还有为数不少的纳税人属于销售自产货物同时提供安装服务，货物和服务同时销售，自产与外购并存，按照什么样的税目计算缴纳增值税就成了一个难题和争议所在。

在 2017 年 11 号公告出台之前，纳税人销售货物同时提供安装服务，其税目是按照混合销售原则确定的，也就是说，纳税人如果是工商企业，其货物和服务统一按照销售货物纳税；纳税人如果是建安企业，其货物和服务统一按照建筑服务纳税。

2017 年 11 号公告出台之后，对于纳税人销售自产货物同时提供建安服务税目的确定，采取了兼营的处理原则，也就是说，自产货物价值部分按照销售货物纳税，建安服务价值部分按照安装服务纳税。但对于外购货物同时提供建安服务，仍按混合销售原则确定税目。

2018 年 42 号公告出台以后，一般纳税人销售机器设备同时提供安装服务有了特殊规定。销售自产机器设备同时提供安装服务的，纳税人必须在合同中分别核算机器设备和安装服务的销售额，发票开具分别选择机器设备和安装服务对应的税收分类编码，机器设备选择适用税率，安装服务可以按照甲供工程选择简易计税征收率；销售外购机器设备同时提供安装服务的，如果已经按照兼营的有关规定，分别核算机器设备和安装服务的销售额，纳税人可以比照销售自产机器设备同时提供安装服务操作，否则应按混合销售原则确定税目和税率。

综合 2017 年 11 号公告和 2018 年 42 号公告，可将专业分包税目和税率适用情况归纳如图 2 –2 所示。

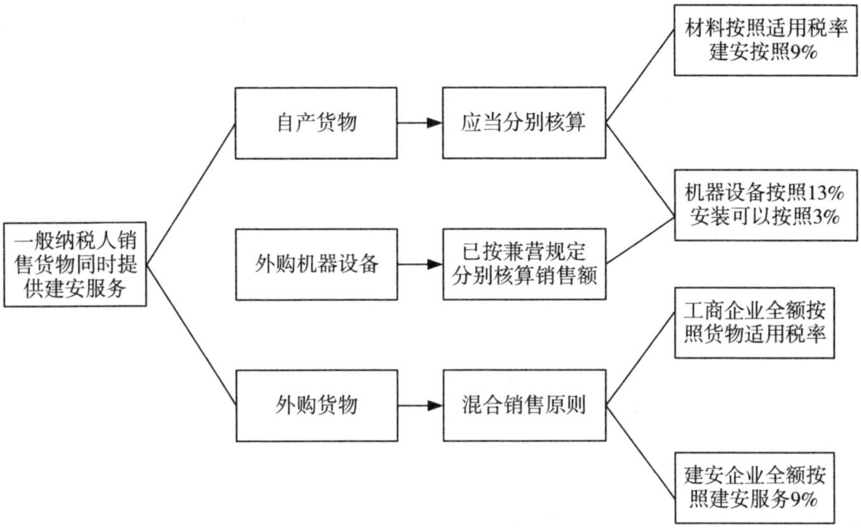

图 2－2 专业承包工程税目

（二）计税方法

1. 计税方法体系。2017 年 58 号文出台以后，一般纳税人提供建筑服务，计税方法体系可以分为三种情形（见图 2－3）：一是为特定甲供工程提供建筑服务只能适用简易计税方法；二是以清包工方式、为甲供工程以及为建筑工程老项目提供建筑服务，可以选择适用简易计税方法；三是为包工包料的新项目提供建筑服务，只能适用一般计税方法。

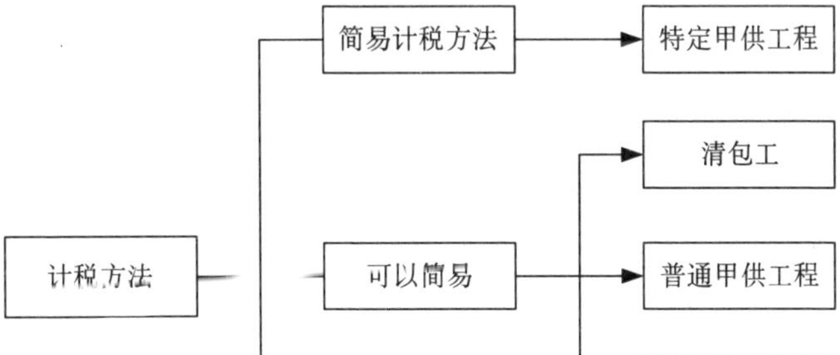

图 2－3 计税方法选择

由于小规模纳税人发生应税行为天然适用简易计税方法计税，所以本节不再针对小规模纳税人的计税方法展开讨论。

2. 特定甲供只能适用简易计税。根据 2017 年 58 号文的相关规定，同时满足以下特定条件的甲供工程，只能适用简易计税：

第一，适用主体必须是建筑工程总承包单位，专业分包和劳务分包单位不适用这条规定。

第二，工程类型必须是房屋建筑工程，公路、市政等非房建工程不适用这条规定。

第三，甲供的部位必须是地基与基础、主体结构分部分项工程，只有这两个部位存在甲供才有可能属于特定甲供。

第四，提供的建筑服务类型必须是工程服务，安装、修缮、装饰等非工程服务均不适用。

第五，甲供的主体必须是建设单位，总承包单位对分包单位的甲供不属于特定甲供。

第六，甲供的对象必须是全部或部分钢材、混凝土、砌体材料、预制构件等四种材料中的一种或多种，甲方供应四种材料之外的材料、设备、动力属于普通甲供，不属于特定甲供。

在同时满足上述六个条件的情况下，工程总承包单位即便是一般纳税人，对此类特定甲供工程，也只能适用简易计税方法计税。这就要求工程总承包单位在投标报价时要关注建设单位甲供的条款，进而采取相应的报价策略。

3. 三种情形可以选择简易计税。老项目、清包工、甲供工程等三种情形可以选择适用简易计税方法，但不是必须适用简易计税方法。还要注意几个要点：

第一，计税方法的选择针对的是具体的工程项目，不是工程项目类别，更不是作为纳税人的建筑业企业整体。比如，某一建筑业企业下属十个老项目，其中三个选择适用简易计税方法计税，不妨碍另外七个选择适用一般计税方法计税。

第二，某工程项目一旦选择适用简易计税方法，该项目 36 个月内不得变更为一般计税方法，但先选择适用一般计税方法，再转变为简易计税方法，没有 36 个月的限制。如某工程项目先选择一般计税方法计税后转换为简易计税方法计税的，应自计税方法转换之日起，将该项目前期已经抵扣的进项税额做转出处理。

第三，某建筑业企业所有工程项目均选用简易计税方法时，其发生的所有购进业务，均属于2016年36号文附件一第二十七条第一款所述“专用于简易计税方法计税项目”情形，对应的所有进项税额均不得抵扣，应计入相应的成本。

第四，建筑业企业兼有一般计税方法项目和简易计税方法项目的，其所发生的费用对应的进项税额，应按照2016年36号文附件一第二十九条的规定进行分摊，不得全额抵扣，但兼用于两类计税方法项目的外购固定资产、无形资产、不动产等长期资产对应的进项税额可以全额抵扣。根据2017年90号文的规定，自2018年1月1日起，纳税人租入固定资产、不动产，既用于一般计税方法计税项目，又用于简易计税方法计税项目、免征增值税项目、集体福利或者个人消费的，其进项税额准予从销项税额中全额抵扣。

第五，建筑业企业跨地级行政区的工程项目选用简易计税方法需要预缴税款的，预缴税款和应纳税额的确定均适用差额计算，即以建筑业企业收取的全部价款和价外费用扣除支付的分包款作为预缴基数和销售额。

应预缴税款 =（全部价款和价外费用 - 支付的分包款）÷（1 +3%）×3%

应纳税额 =（全部价款和价外费用 - 支付的分包款）÷（1 +3%）×3%

从计算公式的表现形式看，二者没有任何区别，但其体现的经济含义却迥然不同。

“异地预缴”是财政概念，其目的是为了保证经营地的税收利益，因此，预缴税款扣除分包款必须区分工程项目，即总包款和分包款必须归属于同一工程项目方可扣除，所在地为甲县的工程项目的总包款不能扣除所在地为乙县的工程项目的分包款。经营地税务机关在受理纳税人预缴税款申请时，首先要审核分包工程合同以及分包发票（备注栏是否标明工程项目名称和所在地）是否属于本行政区域的工程项目，然后再决定是否允许纳税人扣除，通过这种方式实现分项目的差额扣除。

“纳税申报”则是税收概念，其目的不仅仅是为了税款的缴纳，而是为了使机构所在地税务机关了解纳税人的涉税信息和涉税数据，因此即便纳税人当期在机构所在地主管税务机关应补税额为零，仍应履行纳税申报手续。前已述及，建筑业企业的工程项目部属于纳税人的内部生产单元，不具备独立的税务地位，不直接与税务机关发生关系，税务机关不关注具体工程项目的信息，关注的是纳税人整体的涉税数据。

因此，建筑业在纳税申报时，其所有简易计税方法计税工程项目（包括本地项目和异地项目）的总包款，与所有工程项目的分包款（应取得合规凭证）可以综合抵扣，汇总后分别填报在纳税申报表附列资料（三）的第六行第一列和第四列。

4. 一般计税方法理解要点。理解和应用一般计税方法，建筑业企业应注意把握以下要点。

第一，一般计税方法下允许抵扣成本费用对应的进项税额有严格的前提条件，如必须取得合规扣税凭证并进行勾选确认、费用项目不属于不得抵扣的情形等。因此，建筑业企业必须高度重视扣税凭证的管理，避免“应抵未抵”，额外增加企业成本。

第二，一般计税方法下的应纳税额为销项税额与进项税额之差，销项税额和进项税额都是针对纳税人整体的概念，抵扣时不要求业务范围和工程项目一一对应，只要是同一纳税人的销项税额和进项税额，符合抵扣条件的都可以综合抵扣。

例如，公司总部购进不动产的进项税额可以抵扣项目部提供建筑服务的销项税额，项目部提供建筑服务的进项税额可以抵扣公司总部对外出租机械设备的销项税额，甲项目的进项税额可以抵扣乙项目的销项税额。

第三，一般计税方法下，建筑业企业跨地级行政区提供建筑服务需要预缴税款的，预缴税款的确定与应纳税额的计算，无论形式上还是经济含义上，均大相径庭。

应预缴税款 =（全部价款和价外费用 − 支付的分包款）÷（1 +9%）×2%

应纳税额 = 销项税额 − 进项税额

应预缴税款的计算允许扣除分包款，其根源在于分包方也需要预缴，如果不允许扣除分包款，经营地将会自同一项目的总包方和分包方收取两次税款，造成总包方的重复纳税。之所以将预征率定为2%，低于简易计税方法的3%，是为了维护建筑业企业的利益，避免预征率太高导致纳税人资金占用太多。需要说明的是，预缴税款的确定为了保证经营地的税收利益，没有任何理论依据，只是一种政策规定和临时性制度安排。

一般计税方法下应纳税额的计算，依据的是增值税的基本原理。建筑业企业预缴税款时允许差额扣除分包款，但在计算应纳税额时，销项税额必须按照全部价款和价外费用确定，也就是说销售额是全额口径，但支付的分包款所对应的进项税额，取得合规扣税凭证的，允许自当期销项税额中抵扣。

【例2－1】昆仑建设公司为一般纳税人，其所属甲项目适用一般计税方法，专业分包单位对此项目也选用一般计税方法。2×20年12月收款218万元，支付分包方工程款109万元，支付材料款11.3万元，取得增值税专用发票并勾选确认申报。甲项目所在地与昆仑建设公司机构所在地不在同一地级行政区。

解析：

昆仑建设公司本月应预缴税款为：(218－109)÷1.09×2%＝2（万元）。

不考虑其他业务，昆仑建设公司本月应纳税额为：18－(9＋1.3)＝7.7（万元）。

纳税申报时，抵减已预缴税款2万元后，昆仑建设公司本月应在机构所在地补缴税款为：7.7－2＝5.7（万元）。

三、简易计税证明资料留存备查

根据2019年31号公告的规定，自2019年10月1日起，提供建筑服务的一般纳税人按规定适用或选择适用简易计税方法计税的，不再实行备案制，相关证明资料由纳税人自行留存。建安企业应高度重视证明资料的准备工作，以避免涉税风险。

（一）老项目证明资料的准备

根据2016年36号文和2016年17号公告的相关规定，建筑工程老项目，是指：

1.《建筑工程施工许可证》注明的合同开工日期在2016年4月30日前的建筑工程项目；

2.《建筑工程施工许可证》未注明合同开工日期，但建筑工程承包合同注明的开工日期在2016年4月30日前的建筑工程项目。

3. 未取得《建筑工程施工许可证》的，建筑工程承包合同注明的开工日期在2016年4月30日前的建筑工程项目。

因此，可将老项目的证明资料总结为：有施工许可证，且施工许可证上注明合同开工日期的，以施工许可证作为证明资料；无施工许可证，或者有施工许可证但施工许可证上没有注明开工日期的，以注明开工日期的建筑工程承包合同为证明资料。

（二）甲供项目证明资料的准备

根据2016年36号文的规定，甲供工程，是指全部或部分设备、材料、动力由工程发包方自行采购的建筑工程。2019年31号公告指出，为甲供工程提供的建筑服务，留存建筑工程承包合同。不言而喻，建筑工程承包合同应体现相应的甲供条款，否则不会被税务机关认可。

从实务工作中看，大中型建筑企业的建筑工程承包合同多使用住建部和国家工商总局发布的《建设工程施工合同（示范文本）》（GF—2017—0201），该文本通用条款第8.1条规定，“发包人自行供应材料、工程设备的，应在签订合同时在专用合同条款的附件‘发包人供应材料设备一览表’中明确材料、工程设备的品种、规格、型号、数量、单价、质量等级和送达地点。”因此，甲供工程的证明资料可以此为蓝本，使用示范文本签订的建筑工程承包合同，“发包人供应材料设备一览表”中必须列示相应内容。对于未使用示范文本的建筑工程承包合同，可在合同中单列该表，或者在甲供条款中体现材料、设备和动力的品种、规格、数量、单价等内容。

此外，还要提醒的是，对于甲供对象的范围应予以适当限制，不宜将施工现场所需的所有材料、设备和动力都纳入甲供的对象范围，比如，发包方提供施工图纸显然不属于甲供工程。从政策本意看，甲供对象应以劳动对象和劳动手段为限，前者是指构成工程不可分割的组成部分，且为实现工程基本功能所必需的设备、材料等；后者是指为完成工程建设所需的设备、动力等。

（三）清包工项目证明资料的准备

根据2016年36号文的规定，以清包工方式提供建筑服务，是指施工方不采购建筑工程所需的材料或只采购辅助材料，并收取人工费、管理费或者其他费用的建筑服务。2019年31号公告指出，以清包工方式提供的建筑服务，留存建筑工程承包合同。

以清包工方式提供建筑服务，与建筑施工领域中的劳务分包基本上是一个概念。根据《房屋建筑和市政基础设施工程施工分包管理办法》第五条的规定，劳务作业分包，是指施工总承包企业或者专业承包企业将其承包工程中的劳务作业发包给劳务分包企业完成的活动。

因此，建安企业以清包工方式提供建筑服务，留存的建筑工程承包合同，应满足两个条件，一是合同名称应体现为“劳务分包合同”或“专业作业承包合同”，二是合同承包范围不能包括主要建筑材料款和大中型施工机械设备、主要周转材料等，可以有辅助材料和小型机具。

四、预收款的理解

根据2017年58号文的规定，建筑业企业以预收款的方式提供建筑服务，收到预收款的当天不再发生纳税义务。与此相关的一个重大问题是，预收款的内涵和外延如何把握。

根据建筑业行业惯例，一般认为，预收款是建筑业企业自业主实际收到的资金超过其应当收到的资金的差额。这个口径是相当宽泛的，既包括工程尚未开工（应收数为零）、业主预付的款项，也包括工程业已开工、业主在计量之前或者超计量金额支付的款项。

比如，部分大型央企，会根据其年度建设投资预算，在工程量尚未计量时，年初一次性支付一定比例的预付款，然后随工程进度分期扣回。

笔者认为，尽管税收政策并没有对预收款的含义进行明确的界定，但考虑到立法原意和上下文的语境，不宜将税收政策中预收款的范围无限扩大，即，它只应包括“建筑服务应税行为发生之前自业主实际收到的款项”，不应包括“开工之后建筑业企业超计量收取的款项”。

也就是说，开工之后到账的款项，无论经营上的性质是什么，也无论会计上是否作为预收账款核算，在税收政策适用上，均应比照进度款的规定确定其纳税义务。

此外，笔者认为，税法中的预收款还应当是“收付实现制”概念，即，应以实际到账的日期为准，而不能按照合同约定的付款日期为准。

五、老项目的理解

（一）老项目为什么可以简易

在营业税税制下，建筑工程的造价包含了营业税及其附加（附加税率通常为营业税的12%，即城建税7%，教育费附加3%，地方教育附加2%，下同），也就是说，在计算营业税时，要把营业税本身包含进去。用公式表示为：

营业税＝（不含营业税造价＋营业税）×3.36%

推导得出：

营业税＝不含营业税造价×3.36%÷（1－3.36%）

营业税/不含营业税造价＝3.48%

这个3.48%就叫做营业税下工程造价的计算税率，假定某工程项目不含营业税工程造价为96.64元，那么造价中的营业税金及附加应为：96.64×3.48%＝3.36（元），工程总造价为：96.64＋3.36＝100（元）。

在实际施工过程中，营业税纳税义务发生时，财务核算的税金及附加为：100×3.36%＝3.36（元）。

这样，就保证了投标计价计取的税金与实际施工过程中缴纳的税金相一致。

建筑业改征增值税以后，对于工期跨2016年5月1日的工程项目，其工程造价包含的只有3.48%的营业税，如果直接按照适用税率征收增值税，显然违背了工程造价计取税金应与实际缴纳税金相一致的基本规律，使其不含税收入下降幅度较大，对建筑业企业造成不利影响。因此，2016年36号文件规定，一般纳税人为建筑工程老项目提供的建筑服务，可以选择适用简易计税方法计税，其实际税负率为3% ÷（1 + 3%） = 2.91%，比营业税有所降低。

（二）分包工程老项目的认定

引起众多关注的一个关键问题是，总包工程的开工日期在2016年4月30日之前，分包工程的开工日期在2016年5月1日之后，此类分包工程是否可按照老项目适用简易计税？笔者认为，这个问题应当分情况而定：

1. 对于总承包范围内的分包工程，也就是总承包单位发包的分包工程，总分包单位同属一体，共同为“建筑工程老项目”提供建筑服务，总包方对建设单位的报价以及为分包工程的计价仍然按照营业税规则，因此无论分包工程开工日期是否在2016年4月30日之前，均可按照老项目适用简易计税。

2. 对于总承包范围之外的分包工程，也就是建设单位直接发包的分包工程，其实质上与总包工程是平行的关系，也就是说，分包工程与总包工程是两个项目，总包方是为“建筑工程老项目”提供建筑服务，分包方是为“建筑工程新项目”提供建筑服务，分包工程就不能按照老项目适用简易计税方法计税①。

建设单位需要注意的是，如果其本身适用简易计税方法，如房地产企业自行开发的房地产老项目，营改增后直接发包专业分包工程时，应当考虑分包单位无法选择简易计税对本单位投资成本的影响。

六、甲供工程的理解

（一）招投标领域的甲供工程

在工程投招标领域，甲供工程是有特定含义的。它通常是指招标方将部分材料设备自招标范围内剔除，然后再把扣除甲供材料部分之后的工程发包

---

① 个别地区有不同规定，如北京国税明确：开工证注明的开工日期在2016年4月30日前的项目，总包方选择简易计税，与分包方5月1日后签订分包合同的，分包方可以选择简易计税。开工证未注明开工日期或未取得开工证，合同注明开工日期在4月30日之前的，总包方选择简易计税方法计税，其与分包方在5月1日后签订分包合同，分包方不可以按老项目选择简易计税。

给承包方。这种甲供模式也可以称为“差额甲供”。

例如，某工程不含税造价为6 000万元，其中钢材部分价值为2 000万元，招标方只就4 000万元部分进行招标，投标方只就4 000万元部分进行报价。

甲供材料或者设备的条款，应当在招标文件中事前标明，投标方只就剔除甲供部分之后的造价进行投标报价。中标之后的合同谈判和签订，也应当以招标文件为依据，否则就属于违反招投标法的行为。

甲供部分既然不属于承包方的范围，其会计收入（包括企业所得税收入）以及增值税销售额都不应包括甲供部分的价值；相应的材料设备的质量也应当由发包方承担责任。

（二）税收政策中的甲供工程

在税收政策领域，甲供工程的定义和范围较为广泛，从甲供对象上看，既包括材料设备，还包括动力；从甲供类型上看，既包括投标领域的“差额甲供”，还包括招标文件没有明示但承包合同后期“约定”甲供条款的甲供工程，即“全额甲供”。

现行税收政策中，甲供工程没有比例限制，即只要在招标文件、承包合同中有甲供条款，建筑业企业均可对该项目选用简易计税方法。

七、纳税义务发生时间的理解

（一）纳税义务发生时间的意义

1. 划分老项目营业额和销售额的依据。营改增后，建筑业企业所属的工程老项目，无论选用何种计税方法，都应将合同造价分成两部分，一是营业额，即营业税的计税依据；二是销售额，即增值税的计税依据。二者是非此即彼的关系，其划分依据只能是两个税种的纳税义务发生时间。

2. 纳税申报的依据。当期发生纳税义务，应按规定在次月或税务机关核定的申报期向机构所在地主管税务机关进行纳税申报，填报增值税纳税申报表，计算和缴纳税款。逾期不申报或不按规定申报，将面临处罚风险。

3. 跨地级行政区预缴税款的依据。建筑业企业跨地级行政区提供建筑服务预缴税款的时间，以纳税义务发生时间为依据。2016 年 17 号公告第 12 条规定，纳税人发生纳税义务应预缴而自应当预缴之月起 6 个月未预缴税款的，由机构所在地主管税务机关依照征管法及相关规定进行处理。

4. 会计核算的依据。发生纳税义务时，需要在"应交税费——应交增值税"科目贷方反映现时的纳税义务，未发生纳税义务不应在该科目反映。

（二）纳税义务发生时间的具体把握

建筑业企业在具体把握纳税义务发生时间时，要注意不同性质款项以及同类款项不同情形的具体规定（如图 2－4 所示）。

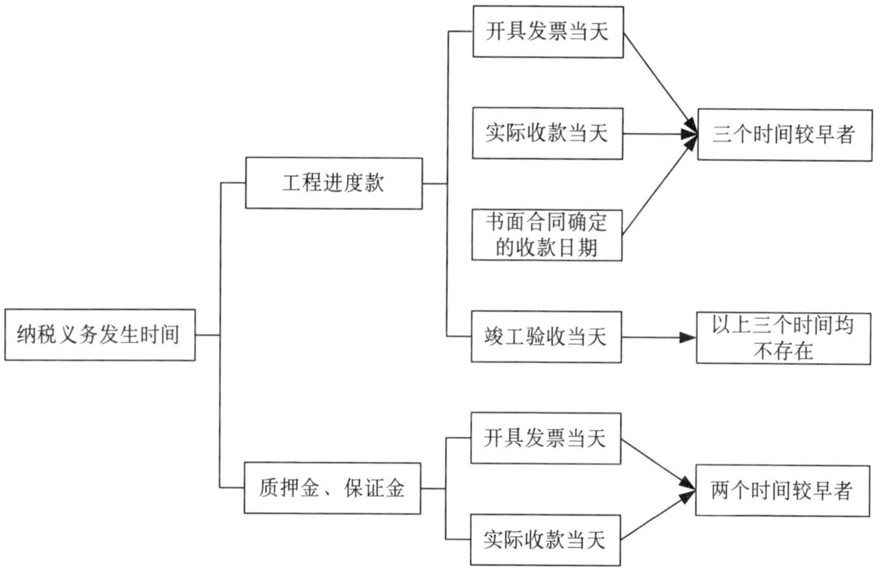

图 2－4　纳税义务发生时间

1. 对于除质保金以外的工程进度款，首先看发票开具时间、实际收款时间以及书面合同确定的付款日期孰早，哪个最早就以哪个日期作为纳税义务发生时间；如果上述三个时间都不存在，也就是说，既没有收款，也没有开票，书面合同也没有约定付款日期，则应以工程竣工验收时间为纳税义务发生时间。

2. 对于质保金，以发票开具时间和实际收款时间孰早作为纳税义务发生时间。

（三）纳税义务发生时间和发票开具时间的关系

发生经营业务是发票开具的前提，不存在真实业务关系即对外开具发票，属于虚开行为，风险极大。在存在真实业务关系的前提下，发票开具时间与纳税义务发生时间又互为因果。

1. 已发生纳税义务且业主要求开具发票的，建筑业企业应向业主开具发票，并在次月申报期申报纳税，相应销售额和税额填报在纳税申报表的附列资料（一）“开具增值税专用发票或其他发票”栏次。

2. 已发生纳税义务但业主未提出开票要求，从而建筑业企业当期未开具发票的，建筑业企业仍然在当期发生纳税义务，不能以未开票为由不进行纳税申报，相应销售额和税额填报在纳税申报表的附列资料（一）“未开具发票”栏次。

后期补开发票纳税申报时，根据开票信息填报附列资料（一）“开具增值税专用发票或其他发票”栏次，同时在“未开具发票”栏次以相同金额负数填报。

3. 未发生纳税义务，仅凭业主要求即向其开具增值税发票，属于提前开票，会“触发”建筑业企业纳税义务发生时间提前发生，牺牲资金的时间价值。建筑业企业应在下一申报期申报纳税，相应销售额和税额填报在纳税申报表的附列资料（一）“开具增值税专用发票或其他发票”栏次。

（四）常见问题探析

1. 业主批复计量工程进度款时建筑业企业是否发生纳税义务？

笔者认为，单纯的验工计价并不导致纳税义务的发生，税收政策所称“取得销售款项的凭据的当天”是指书面合同约定的付款日期，验工计价单并不是“销售款项的凭据”，业主批复计量时并不一定付款，未付款也未开票，纳税义务尚未发生。

从全面贯彻价税分离原则的角度看，业主验工计价单也应当是将税额单独列示的，但这个税额属于未来的纳税义务，会计上通过“应交税费——待转销项税额”科目核算。

2. 如何理解书面合同确定的付款日期?

包括两种情形，一是书面合同中约定的明确的付款日期，如2018年3月10日；二是可以明确推断的具体日期，如计量单签发之日起14日内付款，竣工验收后1年内付款等。

3. 施工合同中明确约定了业主付款日期，但在该付款日期业主并未付款或在约定付款日期之后付款，建筑业企业何时发生纳税义务?

书面合同确定的付款日期和实际付款日期较早者为纳税义务发生时间。业主在约定的付款日期之前付款的，以实际付款时间为准，在约定的付款日期之后付款或者业主违约未付款的，建筑业企业均应以书面合同约定的付款日期作为纳税义务发生时间。

4. 施工过程中未付款，书面合同也没有约定付款日期，建筑业企业何时发生纳税义务?

以建筑服务完成的当天，也就是竣工验收的当天，作为纳税义务发生的时间。

5. 质保金、质押金的纳税义务发生时间如何把握?

根据2016年69号公告的规定，纳税人提供建筑服务，被工程发包方从应支付的工程款中扣押的质押金、保证金，未开具发票的，以纳税人实际收到质押金、保证金的当天为纳税义务发生时间。

6. 以预收款方式提供建筑服务，何时发生纳税义务?

（1）收到预收款，工程项目开工后，纳税人向发包方开具带税率或征收率的预收款发票的，开票之日，就开票金额发生纳税义务。

（2）提供建筑服务过程中发包方没有扣还预收款，书面合同也没有约定预收款扣还条款的，工程竣工之日，纳税人就收到的全部预收款金额发生纳税义务。

（3）发包方实际扣还预收款的当天，纳税人就发包方扣还的预收款的金额发生纳税义务。

（4）发包方虽未实际扣款，但书面合同确定扣款日期的，书面合同确定的扣款日期当天，纳税人就确定的应扣款金额发生纳税义务。

【例2-2】环球建设公司与甲公司签订工程承包合同，2×17年5月25

日，甲公司通知环球建设公司将于近期付款111万元，要求向其开具增值税发票，环球建设公司当日开具发票111万元，6月16日，收到工程款111万元。

解析：

环球建设公司于2×17年5月25日发生纳税义务111万元。

【例2-3】昆仑建设公司与乙公司签订工程承包合同，2×16年5月18日，乙公司向昆仑建设公司支付工程款103万元，昆仑建设公司于6月1日向乙公司开具发票103万元。

解析：

昆仑建设公司于2×16年5月18日发生纳税义务103万元。

【例2-4】黄山建设公司与丙公司签订工程承包合同，工程已开工，2×16年6月24日，丙公司批复5月工程进度款1 030万元，依据合同约定80%的付款比例，6月30日支付黄山建设公司工程款824万元，黄山建设公司于7月1日向丙公司开具发票824万元。

解析：

黄山建设公司于2×16年6月30日发生纳税义务824万元。

【例2-5】黄河建设公司与丁公司签订工程承包合同，书面合同约定，工程款按月度计量，每月计量单签发之后的10日内按照80%的比例支付工程款。2×16年7月15日签发的6月计量单显示，黄河建设公司6月份完成工程量2 060万元，8月10日丁公司支付进度款1 648万元，同日黄河建设公司向丁公司开具发票。

解析：

黄河建设公司于2×16年7月25日发生纳税义务1 648万元。

【例2-6】2×16年6月1日，长江建设公司与戊公司签订工程承包合同，合同约定，施工期间工程款先由长江建设公司垫付，未注明具体付款日期，2×18年5月31日，工程竣工验收。施工期间，戊公司未支付款项，长江建设公司也未向该公司开具发票。

解析：

长江建设公司于2×18年5月31日发生纳税义务，金额为结算金额或合同价款。

【例2-7】2×16年6月1日，泰山建设公司与己公司签订工程承包合同，合同约定，施工期间工程款先由泰山建设公司垫付，竣工验收后10年内向泰山建设公司支付，2×18年5月31日，工程竣工验收。施工期间，己公司未支付款项，泰山建设公司也未向该公司开具发票。

解析：

泰山建设公司最晚于2×28年5月31日发生纳税义务，金额为结算金额。此前如有提前收款或向己公司开具发票情形，以开票或收款时间为纳税义务发生时间。

【例2-8】2×17年7月3日，淮河建设公司与庚公司签订工程承包合同，根据合同约定，庚公司于2×17年7月14日向淮河建设公司支付预付款111万元，淮河建设公司未向其开具发票。工程于9月1日开工，10月15日庚公司批复工程量为333万元，扣除预付款111万元以后，10月31日向淮河建设公司支付222万元。

解析：

淮河建设公司于2×17年10月31日发生纳税义务333万元，其中的111万元为前期预付款，222万元为本期工程进度款。

八、总分包差的理解

根据建筑法规规定，建筑工程总承包单位可以将承包工程中的部分工程发包给具有相应资质条件的分包单位（专业分包），也可以将其中的劳务作业分包给相应资质条件的分包单位（劳务分包）。专业分包单位可将其承包范围内的劳务作业分包一次，但劳务分包单位不得将其承包的劳务作业分包。因此，从适用主体上看，只有总承包企业和专业分包企业才会有总分包差的概念。

（一）营业税下的用途

营业税税制下，税法即允许以总分包差作为营业额，如：某总承包企业某月自业主收款1 000万元，支付给专业分包单位400万元，专业分包单位又支付给劳务分包单位100万元。

总承包单位营业额 = 1 000 - 400 = 600（万元）

专业分包单位营业额 = 400 - 100 = 300（万元）

劳务分包单位营业额 = 100（万元）

总税基为：600 + 300 + 100 = 1 000（万元），一项工程自业主收取的一笔工程款，分由总分包单位纳税，避免了同一笔款项的重复征税。

（二）增值税下的用途

1. 一般纳税人选用或适用简易计税方法计税的，仍以价税分离后的总分包差作为销售额：

销售额 = 总分包差 ÷ 1.03

应纳税额 = 销售额 × 3%

2. 小规模纳税人提供建筑服务，也是以不含税总分包差作为销售额，如果月销售额不超过 10 万元，或者季度销售额不超过 30 万元，可以享受小微企业免增值税优惠待遇。

3. 提供建筑服务需要预缴税款的，以总分包差作为应预缴税款的计算基数：

预缴基数 = 总分包差 ÷ 1.03（或适用税率）

应预缴税款 = 预缴基数 × 3% 或 2%

可见，增值税税制下，只有简易计税方法计税应纳税额的确定和提供建筑服务预缴增值税的计算这两种情形才会用到总分包差。

但需要注意的是，简易计税方法下，应纳税额的确定以总分包差作为销售额，与工程项目无关，由建筑业企业总部按期汇总申报；预缴税款的差额扣除，预缴税款的计算以总分包差作为预缴基数，需要区分不同的工程项目。

（三）实操注意要点

第一，只要涉及总分包差，无论是申报还是预缴，都必须要取得分包单位开具的合法有效的凭证，目前主要是增值税发票，专票和普票均可，普通发票也可以差额扣除，但是对应项目适用一般计税方法计税的，取得普通发票则不允许抵扣进项税额。

第二，根据 2019 年 31 号公告的规定，自 2019 年 10 月 1 日起，纳税人提供建筑服务，按照规定允许从其取得的全部价款和价外费用中扣除的分包款，是指支付给分包方的全部价款和价外费用。此处的分包款，既包括劳务分包款（发票编码简称为建筑服务），也包括专业分包款（发票编码简称既有可能是建筑服务，也有可能是自产货物对应编码，参见本节关于税目及计税方法的理解部分），但不包括纯材料设备采购、机械租赁、劳务派遣等费用。

第三，总分包差的计算均是按照含税数，即含税的总包款减去含税的分包款，得出含税总分包差，将其按照对应计税方法价税分离后，再计算应纳税额或者预缴税款。例如：

（1）总包一般计税收款 218 万元，分包简易计税付款 103 万元，预缴税款为：$(218-103) \div 1.09 \times 2\% = 2.11$（万元）。

（2）总包一般计税收款 218 万元，分包一般计税付款 109 万元，预缴税款为：$(218-109) \div 1.09 \times 2\% = 2$（万元）。

（3）总包简易计税收款 206 万元，分包简易计税付款 103 万元，预缴税款和应纳税额为：$(206-103) \div 1.03 \times 3\% = 3$（万元）。

（4）总包简易计税收款 206 万元，分包一般计税付款 109 万元，预缴税款和应纳税额为：$(206-109) \div 1.03 \times 3\% = 2.83$（万元）。

九、预缴税款的理解

（一）预缴的原因

建筑产品在空间上具备不可移动性。在营业税税制下，建筑业的流转税是在建筑服务发生地缴纳的。改为增值税以后，在普遍实行项目法施工的情况下，项目部在建筑服务发生地的进、销项是不完整的，无法准确计算出某一工程项目的增值税应纳税额，因此，建筑业企业增值税的纳税主体和纳税地点是以机构为界定基点的。以机构作为纳税主体，以机构所在地作为纳税申报地点，可以称得上是增值税税制的“法统”。

从现行财政收入体制来看，将建筑行业的纳税地点由建筑服务发生地调整为建筑业企业机构所在地，将不可避免地改变现有地方收入格局。因此，为减少改革阻力，降低地方保护主义的动机（如建筑服务发生地有可能要求建筑业企业在当地成立分子公司），2016 年 36 号文、2016 年 17 号公告以及 2017 年 11 号公告相继规定，纳税人跨地级行政区提供建筑服务的，发生纳税义务时，应首先按照规定的方法在建筑服务发生地预缴增值税税款，然后在机构所在地申报增值税，并对跨省级行政区域预缴税款畸高情形规定了调整政策。

2017 年 58 号文取消建筑服务预收款的纳税义务后，同时增加了预收款的预缴义务，也就是说，2017 年 7 月 1 日后，建筑业企业收到预收款的，也需要按照规定在机构所在地或者建筑服务发生地预缴税款。

（二）不预缴或不按规定预缴的后果

2016 年 17 号公告第十二条规定，纳税人应预缴税款而自应当预缴之月起超过 6 个月没有预缴税款的，或者未按照规定预缴税款的，由机构所在地主管税务机关按照《中华人民共和国税收征收管理法》及相关规定进行处理。

根据《中华人民共和国税收征收管理法》第三十二条、第四十条、第六十四条和第六十八条的规定，纳税人未按期进行纳税申报和缴纳税款，将面临如下风险：

第一，纳税人未按照规定期限缴纳税款的，税务机关除责令限期缴纳外，从滞纳税款之日起，按日加收滞纳税款万分之五的滞纳金；逾期仍未缴纳的，经县以上税务局（分局）局长批准，税务机关可以采取下列强制执行措施：

（一）书面通知其开户银行或者其他金融机构从其存款中扣缴税款；

（二）扣押、查封、依法拍卖或者变卖其价值相当于应纳税款的商品、货物或者其他财产，以拍卖或者变卖所得抵缴税款。

税务机关采取强制执行措施时，对未缴纳的滞纳金同时强制执行。

第二，纳税人不缴或者少缴应纳税款的，由税务机关追缴其不缴或者少缴的税款、滞纳金，并处不缴或者少缴的税款百分之五十以上五倍以下的罚款。

第三，纳税人在规定期限内不缴或者少缴应纳或者应解缴的税款，经税务机关责令限期缴纳，逾期仍未缴纳的，税务机关除采取上述强制执行措施追缴其不缴或者少缴的税款外，可以处不缴或者少缴的税款百分之五十以上五倍以下的罚款。

因此，尽管预缴税款环节加重了建筑业企业负担，增加了社会成本，但在国家层面未明文取消预缴之前，建筑业企业应严格按规定执行。

2019 年下半年以来，税务机关加大实施便民办税缴费力度，已有部分省（直辖市），如浙江省、上海市、北京市通过电子税务局，为纳税人提供网上办理跨区域涉税事项报告、报验、反馈以及增值税预缴申报等服务，让纳税人办理跨区域涉税业务更轻松。从长期看，全国范围内的网上预缴税款也有望实现。

（三）预缴的税种

建筑业企业异地提供建筑服务除需要预缴增值税税款外，根据 2016 年 74 号文规定，还需要按照以下公式就地计算缴纳城市维护建设税和教育费附加。

应预缴附加税 = 缴纳的增值税 × 城建税税率或教育费附加征收率

建筑服务发生地在市区的，城建税税率为 7%；在县城、镇的，城建税税率为 5%；不在市区、县城或镇的，城建税税率为 1%。教育费附加和地方教育附加征收率全国统一为 3% 和 2%。

需要注意的是，建筑服务发生地与建筑业企业机构所在地城建税税率有可能存在差异，根据 2016 年 74 号文的规定，城建税的预缴是伴随主税一次性完税的，税率差不需要进行清算。

除“一税两费”以外，部分省级行政区域还有可能征收水利基金等政府性基金，建筑业企业应当提前了解当地政策。

（四）地级行政区的理解

根据 2017 年 11 号公告的规定，纳税人在同一地级行政区范围内跨县（市、区）提供建筑服务，不适用《纳税人跨县（市、区）提供建筑服务增值税征收管理暂行办法》（国家税务总局公告 2016 年第 17 号印发）。也就是说，只有跨地级行政区施工的，才需要预缴税款。

根据我国目前的行政区划，地级行政区是介于省级行政区与县级行政区之间的行政区，包括地级市、地区、自治州、盟等四类。地区、自治州和盟比较容易理解，要注意对“地级市”范围的把握。从税收政策的角度看，可以把“地级市”界定为直辖市、计划单列市和县级市之外的市，包括省会城市在内。

（五）税务机关

由于目前税务机关一般设置到乡、镇、街道一级，建筑业企业在预缴前，要弄清工程坐落地对应的具体税务机关（分局或所），对于坐落地跨不同税务机关管辖区域的工程项目，如铁路、公路项目，要提前与上一级税务机关沟通，明确预缴的具体税务机关。

（六）预缴的流程

第一步，跨省级行政区域施工的，在机构所在地税务机关填报“跨区域涉税事项报告表”。跨区域涉税事项由纳税人首次在经营地办理涉税事宜时，向经营地的税务机关报验。纳税人报验跨区域涉税事项时，应当出示税务登记证件。

省内跨地级行政区施工的，是否需要施行跨区域涉税事项报验管理，咨询省级税务机关。

第二步，收到预收款或发生纳税义务时，向经营地或者机构所在地税务机关预缴增值税及附加税费，按规定填报《增值税预缴税款表》，出示相关资料，并取得完税凭证。

第三步，预缴后项目部应及时将预缴税款和应纳税额计算对应的税务资料、完税凭证、预缴税款台账等传递给公司本部，以备公司纳税申报抵减所用。

（七）预缴台账管理

建筑业企业应自行建立预缴税款台账，区分不同县（市、区）和项目逐笔登记全部收入、支付的分包款、已扣除的分包款、扣除分包款的发票号码、已预缴税款以及预缴税款的完税凭证号码等相关内容，留存备查。

建筑业企业可根据上述规定和本企业实际，设计出统一的台账模板，下发给各项目部，由项目部财税人员据实填写后上报至公司总部，由公司总部汇总形成公司整体的预缴台账。

十、建筑服务分包款差额扣除的理解

（一）准确把握政策内涵

1. 要准确把握适用情形。根据现行增值税政策，提供建筑服务允许从取得的全部价款和价外费用中扣除分包款的纳税人，既包括一般纳税人，也包括小规模纳税人。具体包括五种情形：

（1）小规模纳税人提供建筑服务，应纳税额的计算。

（2）小规模纳税人提供建筑服务，预缴税款的计算。

（3）一般纳税人提供建筑服务，选择适用或者适用简易计税方法计税，应纳税额的计算。

（4）一般纳税人提供建筑服务，选择适用或者适用简易计税方法计税，预缴税款的计算。

（5）一般纳税人提供建筑服务，适用一般计税方法计税，预缴税款的计算。

以上五种情形，销售额或者预缴税款的基数，均为“纳税人收取的全部价款和价外费用扣除支付的分包款”，因此均适用2019年31号公告第七条的规定。

2. 要准确把握分包以及分包款的含义。建筑分包是建筑行业的特有概念，根据《房屋建筑和市政基础设施工程施工分包管理办法》的规定，施工分包，是指建筑业企业将其所承包的房屋建筑和市政基础设施工程中的专业工程或者劳务作业发包给其他建筑业企业完成的活动。施工分包分为专业工程分包和劳务作业分包，专业工程分包，是指施工总承包企业将其所承包工程中的专业工程发包给具有相应资质的其他建筑业企业完成的活动。劳务作业分包，是指施工总承包企业或者专业承包企业将其承包工程中的劳务作业发包给劳务分包企业完成的活动。

也就是说，施工分包包括专业工程分包和劳务作业分包。从行业管理规定的角度看，分包款，是指支付给分包方的款项，其中劳务作业分包款主要由建筑工人的人工费构成，而专业工程分包款还包括专业分包单位的材料和设备款项。

需要注意的是，建筑企业劳务派遣用工模式下支付的劳务派遣款项，不属于分包款，属于现代服务；建筑企业直接用工模式下支付给工人的工资，也不属于分包款，均不得差额扣除。

3. 要准确把握政策背景。从税务征管的实践看，部分税务机关对施工分包以及分包款范围的把握与行业管理规定存在一定的差异，如某省级税务机关的问题解答：

“财税〔2016〕36 号”文的附件 2 中试点纳税人提供建筑服务适用简易计税方法的，以取得的全部价款和价外费用扣除支付的分包款后的余额为销售额。”所称的“分包款”，是指工程分包、劳务分包、设计分包还是材料分包？

答：分包仅指建筑服务税目注释范围内的应税服务。

把分包款解释为“建筑服务税目注释范围内的应税服务”，对劳务作业分包款的扣除没有影响，但是会严重影响专业工程分包款的扣除。根据现行增值税政策的规定，纳税人销售自产货物同时提供建筑服务的，应当分别核算货物和建筑服务的销售额，分别适用不同的税率或者征收率。

具体到发票开具方面，此类纳税人一般对总承包企业开具两张发票，一张为自产的材料或设备，编码简称为相应货物；另一张为建筑安装费，编码简称显示为建筑服务。在 2019 年 31 号公告出台之前，无论是纳税申报还是预缴申报，部分税务机关只允许总承包企业差额扣除安装费部分，不允许扣除货物对应的款项。由于专业工程分包合同中，材料货物通常占大头，部分税务机关对分包款的限缩理解，不可避免地会对建筑企业造成不利影响。

2019 年 31 号公告第七条明确，允许从取得的全部价款和价外费用中扣除的分包款，是指支付给分包方的全部价款和价外费用。该条规定不是从税目和发票编码的角度界定分包款，而是从分包方收取的全部价款和价外费用的角度界定分包款，消弭了税务和行业管理口径的差异，有利于建筑企业税负的进一步下降。

（二）科学管控相关风险

1. 关注政策适用范围。如前所述，2019 年 31 号公告只适用五种情形。小规模纳税人提供建筑服务，纳税申报和预缴税款均可适用，根据 2019 年 4

号公告的规定，差额扣除分包款之后的销售额未超过 10 万元的，还可以享受免征增值税的优惠政策。而一般纳税人提供建筑服务，适用一般计税方法计税的，只有预缴税款可以适用，应纳税额的计算不适用本政策。

2. 严格分包合同管理。建安企业应以实际业务为依据，对分包合同，尤其是专业分包合同的内容进行严格把控，切实做到专业分包名副其实。专业分包合同的承包范围既要包括相应的材料和设备，也要包括对应的建筑、安装服务。不能把单纯的材料设备购销、机械租赁、设计服务、技术咨询服务等款项作为分包款进行差额扣除。同时，也要避免为追求税收利益而人为地扩大分包的范围，带来行业监管风险。

比如，根据建筑法等法规的规定，禁止承包单位将其承包的全部建筑工程转包给他人，禁止承包单位将其承包的全部建筑工程肢解以后以分包的名义分别转包给他人；总承包单位可以将承包工程中的部分工程发包给具有相应资质条件的分包单位；但是，除总承包合同中约定的分包外，必须经建设单位认可。施工总承包的，建筑工程主体结构的施工必须由总承包单位自行完成。

3. 加强票据管理工作。根据现行政策规定，差额扣除分包款，必须取得合法有效凭证，其中支付给境内单位或者个人的款项，以发票为合法有效凭证。因此，建筑企业应高度重视分包款的票据管理工作。

劳务作业分包方开具的发票编码简称应为“＊建筑服务＊”，税率为 9%，征收率为 3%；建安企业作为专业工程分包方，且工程所需材料设备为外购的，编码简称也应为“＊建筑服务＊”，税率为 9%，征收率为 3%；销售自产货物的纳税人为专业工程分包方，编码简称和税率应当在发票上分别列示。

根据 2016 年 23 号公告的规定，提供建筑服务，纳税人自行开具或者税务机关代开增值税发票时，应在发票的备注栏注明建筑服务发生地县（市、区）名称及项目名称。

如果分包方根据政策规定，开具的发票编码简称为货物，是否需要备注项目地址和项目名称呢？从目前政策看，并无相关规定，笔者建议，为了能够使票据与分包合同相对应，降低涉税风险，凡专业工程分包款，无论发票简称是什么，均应备注项目地址和项目名称。

第四节　建筑业企业进项税额抵扣

一、抵扣理念——购进扣税法

我国增值税制度实行的是购进扣税法，也就是说，只要是纳税人购进货物、加工修理修配劳务、服务、无形资产或者不动产，支付或者负担的增值税税额，除现行政策明确不得抵扣的情形外，均可自当期销项税额中抵扣。

理解购进扣税法的理念，要注意把握以下几个要点：

1. 可以抵扣的进项税额，必须是纳税人支付或者承担的，纳税人购进资产或者发生成本费用时，尽管取得了符合规定的专票等扣税凭证，如果此项支出属于为其他纳税人代垫，后期可以得到补偿的，则对应的进项税额不得抵扣。

【例2-9】 2×17年5月，昆仑建设公司某员工出差，发生住宿费3 180元，取得专用发票1张，金额3 000元，税额180元，根据昆仑公司费用管理制度的规定，该级别员工只能报销2 120元，差额部分由员工个人承担。

解析：

昆仑公司可以抵扣的进项税额为：2 120 ÷ 1.06 × 6% = 120（元），个人承担的60元税额，应在申报当期做进项税额转出。

2. 增值税的进项税额抵扣，对应的支出不一定要与纳税人取得的收入相关、合理。也就是说，进项税额抵扣与企业所得税前扣除遵循的原则不同，即便某项支出与纳税人取得的收入无关，或者不尽合理，但其对应的符合条件的进项税额仍可抵扣。

【例2-10】 2×19年12月，环球建设公司为装修业绩展厅购进字画一批，取得符合规定的扣税凭证，金额为100万元，税额为13万元。

解析：

13万元进项税额可以自当期销项税额中抵扣。

3. 纳税人发生的购进业务，无论是期间费用、流动资产，还是长期资产，符合抵扣条件的，其进项税额均可在购进环节直接抵扣，而无须考虑长期资产的折旧或摊销因素。

【例2－11】 2×19年10月，长江建设公司购进盾构机一台，取得增值税专用发票1张，金额为2 000万元，税额为260万元。

解析：

260万元进项税额可以自当期销项税额中抵扣，不用考虑盾构机的后续折旧情况。

4. 抵扣的是“税额”，也就是说，是扣税凭证上注明的或根据政策规定计算得出的可抵扣税额，与税率并无直接关系，更与纳税人的销项税率无关。6%税率的销项税额，可以抵扣13%和9%的进项税额。

5. 纳税人申报抵扣的进项税额，与当期是否有销项税额以及销项税额是多少没有关系，当期销项税额不足以抵扣进项税额的，留抵时间没有期限限制。

6. 根据2019年39号公告和2019年45号公告的规定，自2019年4月1日起，同时符合以下条件的纳税人，可以向主管税务机关申请退还增量留抵税额：

（1）自2019年4月税款所属期起，连续6个月（按季纳税的，连续2个季度）增量留抵税额均大于零，且第六个月增量留抵税额不低于50万元。所称增量留抵税额，是指与2019年3月底相比新增加的期末留抵税额。

（2）纳税信用等级为A级或者B级，具体以纳税人向主管税务机关申请办理增值税留抵退税提交“退（抵）税申请表”时的纳税信用级别确定。

（3）申请退税前36个月未发生骗取留抵退税、出口退税或虚开增值税专用发票情形的。

（4）申请退税前36个月未因偷税被税务机关处罚2次及以上的。

（5）自2019年4月1日起未享受即征即退、先征后返（退）政策的。

纳税人当期允许退还的增量留抵税额，按照以下公式计算：

允许退还的增量留抵税额＝增量留抵税额×进项构成比例×60%

进项构成比例，为2019年4月至申请退税前一税款所属期内已抵扣的增值税专用发票（含税控机动车销售统一发票）、海关进口增值税专用缴款书、解缴税款完税凭证注明的增值税额占同期全部已抵扣进项税额的比重。

在计算允许退还的增量留抵税额的进项构成比例时，纳税人在2019年4月至申请退税前一税款所属期内按规定转出的进项税额，无需从已抵扣的增值税专用发票、机动车销售统一发票、海关进口增值税专用缴款书、解缴税款完税凭证注明的增值税额中扣减。

纳税人应在增值税纳税申报期内，向主管税务机关申请退还留抵税额。纳税人取得退还的留抵税额后，应相应调减当期留抵税额。按照规定再次满足退税条件的，可以继续向主管税务机关申请退还留抵税额，但在计算连续6个月时，不得将已退税的期间重复计算。

二、抵扣前提条件：扣税凭证和勾选确认

根据现行增值税政策规定，除农产品核定扣除进项税额外，纳税人抵扣进项税额的前提条件是必须取得合规的扣税凭证，截至2020年3月，我国目前增值税扣税凭证共有13类之多，如图2－5所示。

（一）扣税凭证

1. 海关进口增值税专用缴款书。

从海关取得的海关进口增值税专用缴款书上注明的增值税额准予抵扣。目前货物进口环节的增值税是由海关负责代征的，建筑业企业在进口货物办理报关进口手续时，需向海关申报缴纳进口增值税并从海关取得完税证明，其取得的海关进口增值税专用缴款书上注明的增值税额准予抵扣。

根据《国家税务总局关于加强海关进口增值税抵扣管理的公告》（国家税务总局公告2017年第3号），自2017年2月13日起，增值税一般纳税人进口货物时应准确填报企业名称，确保海关缴款书上的企业名称与税务登记的企业名称一致。税务机关将进口货物取得的属于增值税抵扣范围的海关缴款书信息与海关采集的缴款信息进行稽核比对。经稽核比对相符后，海关缴款书上注明的增值税额可作为进项税额在销项税额中抵扣。稽核比对不相符，所列税额暂不得抵扣，待核查确认海关缴款书票面信息与纳税人实际进口业务一致后，海关缴款书上注明的增值税额可作为进项税额在销项税额中抵扣。

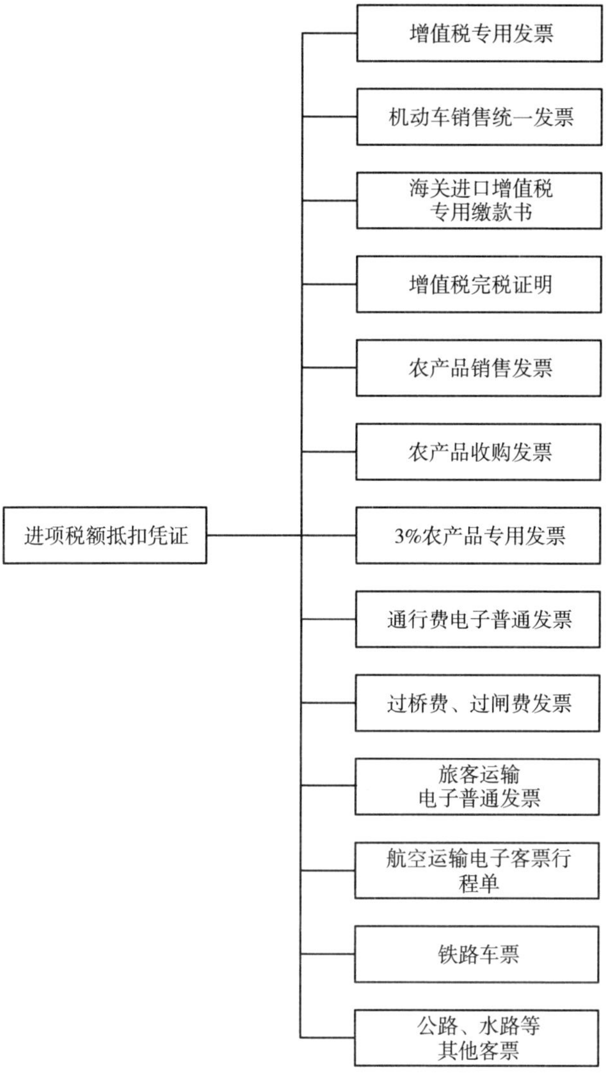

图 2－5　进项税额抵扣凭证

2. 增值税完税凭证。

纳税人购买境外单位或者个人提供的服务、转让的无形资产或者不动产，从税务机关或者扣缴义务人取得的解缴税款的完税凭证上注明的增值税额准予抵扣。目前的完税凭证至少包括《税收缴款书》和《税收完税证明》两种票证。

纳税人凭完税凭证抵扣进项税额的，应当具备书面合同、付款证明和境外单位的对账单或者发票。资料不全的，其进项税额不得从销项税额中抵扣。

3. 农产品发票。

建筑业企业购进农产品，取得海关进口增值税专用缴款书和一般纳税人开具的增值税专用发票的，可按上述凭证上注明的增值税额从销项税额中抵扣，除此以外，还存在凭销售发票或收购发票以及3%税率专用发票计算抵扣的情形。

（1）农产品销售发票。

根据《财政部　税务总局关于简并增值税税率有关政策的通知》（财税〔2017〕37号）的规定，农产品销售发票是指农业生产者销售自产农产品适用免征增值税政策而开具的普通发票。具体包括两种类型：

一是从农业生产者个人以外的纳税人（如农场、养殖场、农民专业合作社以及个体工商户等，包括小规模纳税人和一般纳税人）购进其自产的免税农产品，农业生产者自行开具免税的增值税普通发票；二是从农业生产者个人购进其自产的免税农产品，农业生产者个人委托税务机关代开的免税的增值税普通发票。

农产品销售发票是否可以作为扣税凭证，关键在于销售方是否属于销售自产的农产品，且适用免税政策。具体可从两个角度判断，一是建筑业企业应要求销售方提供免税备案申请表（复印件加盖公章）以证明该农产品属于自产免税农产品；二是此类发票的税率栏通常显示为“免税”（或“×××”“0”）、税额为“＊＊＊”。

（2）农产品收购发票。

符合条件的纳税人可向主管税务机关申请开通农产品收购发票开具权限，在向农业生产者个人收购其自产的农产品时，按照规定向其开具农产品收购发票，凭收购发票上注明的农产品买价和9%的扣除率计算的进项税额，自当期销项税额中抵扣。

根据有关规定，计算抵扣公式中的“买价”，是指纳税人购进农产品在农产品收购发票或者销售发票上注明的价款（含税额，如有）和按照规定缴纳的烟叶税。

建筑业企业取得农产品销售发票或者收购发票，且用于一般计税方法计税项目的，可按照发票上注明的农产品买价和9%的扣除率计算的进项税额，自当期销项税额中抵扣。

（3）3%税率农产品专用发票。

根据《财政部　税务总局关于简并增值税税率有关政策的通知》（财税〔2017〕37号）以及2019年39号公告的规定，建筑业企业取得小规模纳税人开具或代开的3%税率的增值税专用发票，可按票面注明的金额和9%的扣除率计算抵扣进项税。

4. 收费公路通行费增值税电子普通发票。

根据2017年90号文的规定，自2018年1月1日起，纳税人支付的道路通行费，按照收费公路通行费增值税电子普通发票上注明的增值税额抵扣进项税额。收费公路包括高速路和一级、二级公路。

5. 桥、闸通行费发票。

根据2017年90号文的规定，纳税人支付的桥、闸通行费，暂凭取得的通行费发票上注明的收费金额按照下列公式计算可抵扣的进项税额：

桥、闸通行费可抵扣进项税额＝桥、闸通行费发票上注明的金额÷（1＋5%）×5%

6. 旅客运输服务扣税凭证。

根据2019年39号公告等文件的规定，自2019年4月1日起，纳税人购进的符合条件的国内旅客运输服务（只限于与本单位签订了劳动合同的员工，以及本单位作为用工单位接受的劳务派遣员工发生的国内旅客运输服务），其进项税额允许从销项税额中抵扣。纳税人未取得增值税专用发票的，凭以下凭证抵扣进项税额：

（1）取得增值税电子普通发票的，为发票上注明的税额，增值税电子普通发票上注明的购买方“名称”“纳税人识别号”等信息，应当与实际抵扣税款的纳税人一致，否则不予抵扣。

（2）取得注明旅客身份信息的航空运输电子客票行程单的，为按照下列公式计算的进项税额：

航空旅客运输进项税额＝（票价＋燃油附加费）÷（1＋9%）×9%

（3）取得注明旅客身份信息的铁路车票的，为按照下列公式计算的进项税额：

铁路旅客运输进项税额＝票面金额÷（1＋9%）×9%

（4）取得注明旅客身份信息的公路、水路等其他客票的，按照下列公式计算进项税额：

公路、水路等其他旅客运输进项税额＝票面金额÷（1＋3%）×3%

（二）勾选确认及稽核比对

1. 专用发票勾选确认。

根据2017年11号公告的规定，自2017年7月1日起，增值税一般纳税人取得的2017年7月1日及以后开具的增值税专用发票和机动车销售统一发票，应自开具之日起360日内认证或登录增值税发票选择确认平台进行确认，并在规定的纳税申报期内，向主管国税机关申报抵扣进项税额。

根据《国家税务总局关于按照纳税信用等级对增值税发票使用实行分类管理有关事项的公告》（国家税务总局公告2016年第71号）的规定，自2016年12月1日起，将取消增值税发票认证的纳税人范围由纳税信用A级、B级的增值税一般纳税人扩大到纳税信用C级的增值税一般纳税人。

根据《国家税务总局关于扩大小规模纳税人自行开具增值税专用发票试点范围等事项的公告》（国家税务总局公告2019年第8号）的规定，将取消增值税发票认证的纳税人范围扩大至全部一般纳税人。一般纳税人取得增值税发票（包括增值税专用发票、机动车销售统一发票、收费公路通行费增值税电子普通发票，下同）后，可以自愿使用增值税发票选择确认平台查询、选择用于申报抵扣、出口退税或者代办退税的增值税发票信息。

2. 海关缴款书稽核比对。

根据2019年33号公告的规定，增值税一般纳税人取得海关进口增值税专用缴款书（以下简称“海关缴款书”）后如需申报抵扣或出口退税，按以下方式处理：

（1）增值税一般纳税人取得仅注明一个缴款单位信息的海关缴款书，应当登录本省（区、市）增值税发票选择确认平台（以下简称“选择确认平台”）查询、选择用于申报抵扣或出口退税的海关缴款书信息。通过选择确认平台查询到的海关缴款书信息与实际情况不一致或未查询到对应信息的，应当上传海关缴款书信息，经系统稽核比对相符后，纳税人登录选择确认平台查询、选择用于申报抵扣或出口退税的海关缴款书信息。

（2）增值税一般纳税人取得注明两个缴款单位信息的海关缴款书，应当上传海关缴款书信息，经系统稽核比对相符后，纳税人登录选择确认平台查询、选择用于申报抵扣或出口退税的海关缴款书信息。

稽核比对结果为不符、缺联、重号、滞留的异常海关缴款书按以下方式处理：

（1）对于稽核比对结果为不符、缺联的海关缴款书，纳税人应当持海关缴款书原件向主管税务机关申请数据修改或核对。属于纳税人数据采集错误的，数据修改后再次进行稽核比对；不属于数据采集错误的，纳税人可向主管税务机关申请数据核对，主管税务机关会同海关进行核查。经核查，海关缴款书票面信息与纳税人实际进口货物业务一致的，纳税人登录选择确认平台查询、选择用于申报抵扣或出口退税的海关缴款书信息。

（2）对于稽核比对结果为重号的海关缴款书，纳税人可向主管税务机关申请核查。经核查，海关缴款书票面信息与纳税人实际进口货物业务一致的，纳税人登录选择确认平台查询、选择用于申报抵扣或出口退税的海关缴款书信息。

（3）对于稽核比对结果为滞留的海关缴款书，可继续参与稽核比对，纳税人不需申请数据核对。

3. 收费公路通行费电子发票勾选确认。

根据《交通运输部　国家税务总局关于收费公路通行费增值税电子普通发票开具等有关事项的公告》（交通运输部、国家税务总局公告 2017 年第 66 号）的规定，增值税一般纳税人取得符合规定的通行费电子发票后，应当自开具之日起 360 日内登录本省（区、市）增值税发票选择确认平台，查询、选择用于申报抵扣的通行费电子发票信息。

增值税一般纳税人申报抵扣的通行费电子发票进项税额，在纳税申报时应当填写在《增值税纳税申报表附列资料（二）》（本期进项税额明细）中“认证相符的增值税专用发票”相关栏次中。

4. 取消 360 天增值税扣税凭证认证确认期限。

根据 2019 年 45 号公告的规定，自 2020 年 3 月 1 日起，增值税一般纳税人取得 2017 年 1 月 1 日及以后开具的增值税专用发票、海关进口增值税专用缴款书、机动车销售统一发票、收费公路通行费增值税电子普通发票，取消认证确认、稽核比对、申报抵扣的期限。纳税人在进行增值税纳税申报时，应当通过本省（自治区、直辖市和计划单列市）增值税发票综合服务平台对上述扣税凭证信息进行用途确认。

增值税一般纳税人取得 2016 年 12 月 31 日及以前开具的增值税专用发票、海关进口增值税专用缴款书、机动车销售统一发票，超过认证确认、稽核比对、申报抵扣期限，但符合规定条件的，仍可按照《国家税务总局关于逾期增值税扣税凭证抵扣问题的公告》（2011 年第 50 号，国家税务总局公告 2017 年第 36 号、2018 年第 31 号修改）、《国家税务总局关于未按期申报抵扣增值税扣税凭证有关问题的公告》（2011 年第 78 号，国家税务总局公告 2018 年第 31 号修改）规定，继续抵扣进项税额。

三、不得抵扣的情形

取得扣税凭证并履行相应程序，只是抵扣进项税额的必要条件，具体是否允许抵扣，还要考虑现行税收政策的限制性规定。

（一）2016 年 36 号文附件一的规定

根据 2016 年 36 号文附件一第二十七条，下列项目的进项税额不得从销项税额中抵扣：

1. 用于简易计税方法计税项目、免征增值税项目、集体福利或者个人消费的购进货物、加工修理修配劳务、服务、无形资产和不动产。其中涉及的固定资产、无形资产、不动产，仅指专用于上述项目的固定资产、无形资产（不包括其他权益性无形资产）、不动产。

纳税人的交际应酬消费属于个人消费。

2. 非正常损失的购进货物，以及相关的加工修理修配劳务和交通运输服务。

3. 非正常损失的在产品、产成品所耗用的购进货物（不包括固定资产）、加工修理修配劳务和交通运输服务。

4. 非正常损失的不动产，以及该不动产所耗用的购进货物、设计服务和建筑服务。

5. 非正常损失的不动产在建工程所耗用的购进货物、设计服务和建筑服务。纳税人新建、改建、扩建、修缮、装饰不动产，均属于不动产在建工程。

6. 购进的旅客运输服务、贷款服务、餐饮服务、居民日常服务和娱乐服务。

根据2019年39号公告的规定，自2019年4月1日起，纳税人购进国内旅客运输服务，其进项税额允许从销项税额中抵扣。

7. 财政部和国家税务总局规定的其他情形。

上述第4项、第5项所称货物，是指构成不动产实体的材料和设备，包括建筑装饰材料和给排水、采暖、卫生、通风、照明、通讯、煤气、消防、中央空调、电梯、电气、智能化楼宇设备及配套设施。

（二）国税发〔1995〕192号的规定

《国家税务总局关于加强增值税征收管理若干问题的通知》（国税发〔1995〕192号）第一条第（三）款："纳税人购进货物或应税劳务，支付运输费用，所支付款项的单位，必须与开具抵扣凭证的销货单位、提供劳务的单位一致，才能够申报抵扣进项税额，否则不予抵扣。"

（三）其他不得抵扣的规定

1. 纳税人接受贷款服务向贷款方支付的与该笔贷款直接相关的投融资顾问费、手续费、咨询费等费用，其进项税额不得从销项税额中抵扣。

2. 试点纳税人按照规定从全部价款和价外费用中扣除的价款，取得的符合法律、行政法规和国家税务总局规定的有效凭证，属于增值税扣税凭证的，其进项税额不得从销项税额中抵扣。此处仅限于简易计税且差额征税情形。

3. 试点纳税人营改增前发生的购进业务，营改增后取得扣税凭证的，其进项税额不得从销项税额中抵扣。

4. 纳税人取得的增值税扣税凭证不符合法律、行政法规或者国家税务总局有关规定的，其进项税额不得从销项税额中抵扣。

5. 根据《国家税务总局关于异常增值税扣税凭证管理等有关事项的公告》（国家税务总局公告2019年第38号）的规定，自2020年2月1日起，增值税一般纳税人取得的增值税专用发票列入异常凭证范围的，尚未申报抵扣增值税进项税额的，暂不允许抵扣。已经申报抵扣增值税进项税额的，除另有规定外，一律作进项税额转出处理。异常凭证包括：

（1）纳税人丢失、被盗税控专用设备中未开具或已开具未上传的增值税专用发票；

（2）非正常户纳税人未向税务机关申报或未按规定缴纳税款的增值税专用发票；

（3）增值税发票管理系统稽核比对发现“比对不符”“缺联”“作废”的增值税专用发票；

（4）经税务总局、省税务局大数据分析发现，纳税人开具的增值税专用发票存在涉嫌虚开、未按规定缴纳消费税等情形的；

（5）走逃（失联）企业存续经营期间发生下列情形之一的，所对应属期开具的增值税专用发票列入异常增值税扣税凭证范围。

①商贸企业购进、销售货物名称严重背离的；生产企业无实际生产加工能力且无委托加工，或生产能耗与销售情况严重不符，或购进货物并不能直接生产其销售的货物且无委托加工的。

②直接走逃失踪不纳税申报，或虽然申报但通过填列增值税纳税申报表相关栏次，规避税务机关审核比对，进行虚假申报的。

（6）增值税一般纳税人申报抵扣异常凭证，同时符合下列情形的，其对应开具的增值税专用发票列入异常凭证范围：

①异常凭证进项税额累计占同期全部增值税专用发票进项税额 70%（含）以上的；

②异常凭证进项税额累计超过 5 万元的。

纳税人尚未申报抵扣、尚未申报出口退税或已作进项税额转出的异常凭证，其涉及的进项税额不计入异常凭证进项税额的计算。

6. 有下列情形之一者，应当按照销售额和增值税税率计算应纳税额，不得抵扣进项税额，也不得使用增值税专用发票：

（1）一般纳税人会计核算不健全，或者不能够提供准确税务资料的。

（2）应当办理一般纳税人资格登记而未办理的。

7. 自 2017 年 7 月 1 日起，购买方为企业的，索取增值税普通发票时，应向销售方提供纳税人识别号或统一社会信用代码；销售方为其开具增值税普通发票时，应在“购买方纳税人识别号”栏填写购买方的纳税人识别号或统一社会信用代码。不符合规定的发票，不得作为税收凭证。

8. 取得虚开的增值税发票，进项税额不得抵扣。

根据《国家税务总局关于纳税人善意取得虚开的增值税专用发票处理问题的通知》（国税发〔2000〕187 号），纳税人取得虚开的增值税专用发票，同时满足下列四个条件的，属于善意取得虚开的增值税专用发票：

（1）购货方与销售方存在真实的交易。

（2）销售方使用的是其所在省（自治区、直辖市和计划单列市）的专用发票。

（3）专用发票注明的销售方名称、印章、货物数量、金额及税额等全部内容与实际相符。

（4）没有证据表明购货方知道销售方提供的专用发票是以非法手段获得的。

对于被认定为善意取得虚开的增值税专用发票的，对购货方不以偷税或者骗取出口退税论处。但应按有关法规不予抵扣进项税款或者不予出口退税；购货方已经抵扣的进项税款或者取得的出口退税，应依法追缴。

购货方能够重新从销售方取得防伪税控系统开出的合法、有效专用发票的，且取得了销售方所在地税务机关或者正在依法对销售方虚开专用发票行为进行查处证明的，购货方所在地税务机关应依法准予抵扣进项税款或者出口退税。

纳税人善意取得虚开的增值税专用发票被依法追缴已抵扣税款的，不属于《税收征收管理法》第三十二条“纳税人未按照规定期限缴纳税款”的情形，不适用该条“税务机关除责令限期缴纳外，从滞纳税款之日起，按日加收滞纳税款万分之五的滞纳金”的规定。

纳税人取得虚开的增值税专用发票，不同时满足上述四个条件的，购货方向税务机关申请抵扣进项税款或者出口退税的，对其应按偷税或者骗取出口退税处理，构成犯罪的，税务机关依法进行追缴税款等行政处理，并移送司法机关追究刑事责任。

第五节　发票管理概述

一、发票种类及适用范围

根据2016年23号公告的规定，营改增后，门票、过路（过桥）费发票、定额发票、客运发票和二手车销售统一发票继续使用。自2016年5月1日起，地税机关不再向试点纳税人发放发票。根据《国家税务总局关于明确营改增试点若干征管问题的公告》（国家税务总局公告2016年第26号）的规定，营改增后，门票、过路（过桥）费发票属于予以保留的票种，自2016年5月1日起，由国税机关监制管理。根据交通运输部2017年66号公告，自2018年1月1日起，在全国范围内推行收费公路通行费增值税电子普通发票。根据2017年45号公告的规定，自2018年4月1日起，二手车交易市场、二手车经销企业、经纪机构和拍卖企业应当通过增值税发票管理新系统开具二手车销售统一发票。

因此，全面推开营改增后，我国目前所有的发票均由税务机关监制，根据开具系统的不同可分为两大类，一是由增值税发票管理新系统开具的增值税发票；二是由其他系统开具的发票。具体种类见表2－2。

表2－2　我国现行发票主要种类

种类	名称	联次
增值税发票	增值税专用发票	三联、六联
	增值税普通发票（折叠票）	二联、五联
	增值税普通发票（卷票）	一联
	增值税电子普通发票	一联
	通行费电子普通发票	一联
	机动车销售统一发票	六联
	二手车销售统一发票	五联

续表

种类	名称	联次
其他发票	通用机打（手工）发票	
	航空运输电子客票行程单	
	门票	
	过路（过桥）费发票	
	定额发票	
	客运发票	

（一）增值税专用发票

增值税专用发票是购买方支付增值税税额并可按照有关规定据以抵扣增值税进项税额的凭证。税控机动车销售统一发票也属于增值税专用发票，增值税纳税人从事机动车零售业务，可以通过增值税发票管理新系统开具机动车销售统一发票。

增值税专用发票由基本联次或者基本联次附加其他联次构成，分为三联版和六联版两种。基本联次为三联：第一联为记账联，是销售方记账凭证；第二联为抵扣联，是购买方扣税凭证；第三联为发票联，是购买方记账凭证。其他联次用途，由纳税人自行确定。纳税人办理产权过户手续需要使用发票的，可以使用增值税专用发票第六联。

1. 一般纳税人自行开具。根据现行政策规定，增值税一般纳税人销售货物、提供加工修理修配劳务和发生应税行为，一律自行开具增值税专用发票，主管税务机关不再为其代开。

2. 小规模纳税人可自行开具。根据 2019 年 33 号公告的规定，自 2020 年 2 月 1 日起，增值税小规模纳税人（其他个人除外）发生增值税应税行为，需要开具增值税专用发票的，可以自愿使用增值税发票管理系统自行开具。选择自行开具增值税专用发票的小规模纳税人，税务机关不再为其代开增值税专用发票。

增值税小规模纳税人应当就开具增值税专用发票的销售额计算增值税应纳税额，并在规定的纳税申报期内向主管税务机关申报缴纳。在填写增值税纳税申报表时，应当将当期开具增值税专用发票的销售额，按照 3% 和 5% 的征收率，分别填写在“增值税纳税申报表”（小规模纳税人适用）第 2 栏和第 5 栏

“税务机关代开的增值税专用发票不含税销售额”的“本期数”相应栏次中。

需要提醒的是，小规模纳税人自开专票属于自愿选择，如果未选择自开专票的，仍可向税务机关申请代开专票。

3. 自然人发生特定业务可以代开专票。

（1）根据现行增值税政策的规定，其他个人销售其取得的不动产和出租不动产，购买方或承租方不属于其他个人的，纳税人缴纳增值税后可以向不动产所在地税务机关申请代开增值税专用发票。

需要提醒的是，根据2019年4号公告的规定，自然人采取一次性收取租金形式出租不动产取得的租金收入，可在对应的租赁期内平均分摊，分摊后的月租金收入未超过10万元的，免征增值税。因此，自然人发生出租不动产业务，如果月租金不超过10万元，建议代开普票以享受免税优惠，如果月租金超过10万元，建议代开专票，以增加承租方的抵扣。

（2）根据《国家税务总局关于个人保险代理人税收征管有关问题的公告》（国家税务总局公告2016年第45号）的规定，接受税务机关委托代征税款的保险企业，向个人保险代理人支付佣金费用后，可代个人保险代理人统一向主管税务机关申请汇总代开增值税普通发票或增值税专用发票。主管税务机关为个人保险代理人汇总代开增值税发票时，应在备注栏内注明“个人保险代理人汇总代开”字样。

证券经纪人、信用卡和旅游等行业的个人代理人比照上述规定执行。

（二）增值税普通发票

增值税普通发票分为折叠票和卷票两种版式。

1. 增值税普通发票（折叠票）。增值税普通发票（折叠票）由基本联次或者基本联次附加其他联次构成，分为两联版和五联版两种。基本联次为两联：第一联为记账联，是销售方记账凭证；第二联为发票联，是购买方记账凭证。其他联次用途，由纳税人自行确定。纳税人办理产权过户手续需要使用发票的，可以使用增值税普通发票第三联。

2. 增值税普通发票（卷票）。增值税普通发票（卷票）分为两种规格：57mm × 177. 8mm、76mm × 177. 8mm，均为单联。

自2017年7月1日起，纳税人可按照《中华人民共和国发票管理办法》

及其实施细则要求，书面向税务机关要求使用印有本单位名称的增值税普通发票（卷票），税务机关按规定确认印有该单位名称发票的种类和数量。

（三）增值税电子普通发票

增值税电子普通发票由符合条件的增值税纳税人使用。增值税电子普通发票的开票方和受票方需要纸质发票的，可以自行打印增值税电子普通发票的版式文件，其法律效力、基本用途、基本使用规定等与税务机关监制的增值税普通发票相同。

购买方向开具增值税电子普通发票的纳税人当场索取纸质普通发票的，纳税人应当免费提供电子发票版式文件打印服务。对于拒绝提供免费打印服务或者纸质发票的，主管税务机关应当及时予以纠正。

根据《国家税务总局 关于增值税发票综合服务平台等事项的公告》（国家税务总局公告2020年第1号）的规定，自2020年1月8日起，纳税人可以通过增值税电子发票公共服务平台开具增值税电子普通发票，与通过税控盘开具的电子普通发票相比，该类电子普通发票采用电子签名代替发票专用章，其法律效力、基本用途、基本使用规定等亦与增值税普通发票相同。

（四）通行费电子普通发票

通行费电子发票本质上属于增值税电子普通发票，又可分为两种类型。

1. 左上角标识“通行费”字样，且税率栏次显示适用税率或征收率的通行费电子发票。此类发票属于经营性公路经营者开具的征税发票，纳税人取得征税发票可以视同专票抵扣。

2. 左上角无“通行费”字样，且税率栏次显示“不征税”的通行费电子发票。此类发票属于不征税发票，通常发生于两种情形：一是纳税人通过政府还贷性高速公路支付的通行费；二是ETC预付费客户充值后即索取发票，由ETC客户服务机构按照充值全额开具的不征税发票，纳税人取得不征税发票不得抵扣进项税额。

（五）二手车销售统一发票

二手车销售统一发票是二手车经销企业、经纪机构和拍卖企业，在销售、中介和拍卖二手车收取款项时所开具的发票。

二手车销售统一发票“车价合计”栏次仅注明车辆价款。二手车交易市场、二手车经销企业、经纪机构和拍卖企业在办理过户手续过程中收取的其他费用，应当单独开具增值税发票。

通过增值税发票管理新系统开具的二手车销售统一发票与现行二手车销售统一发票票样保持一致。

（六）通用机打（手工）发票

通常由起征点以下小规模纳税人使用，由各省级税务机关确定，部分省市已经明文停用通用机打或手工发票。

（七）航空运输电子客票行程单

根据《国家税务总局　中国民用航空局关于印发〈航空运输电子客票行程单管理办法（暂行）〉的通知》（国税发〔2008〕54 号）的规定，《航空运输电子客票行程单》纳入发票管理范围，由国家税务总局负责统一管理，套印国家税务总局发票监制章。经国家税务总局授权，中国民用航空局负责全国《行程单》的日常管理工作。

除了上述主要发票种类以外，实践中还存在一种特殊的发票，即农产品收购发票，具体又包括两类，一是省级税务机关监制的农产品收购发票，二是纳税人通过增值税管理新系统使用增值税普通发票开具的收购发票，系统在发票左上角自动打印“收购”字样。农产品收购发票不是新的发票，本质上仍然属于增值税普通发票和通用发票。

二、发票验真及查重

（一）发票验真

1. 增值税发票。根据《国家税务总局关于启用全国增值税发票查验平台的公告》（国家税务总局公告 2016 年第 87 号）的规定，自 2017 年 1 月 1 日起，取得增值税发票的单位和个人可登录全国增值税发票查验平台（ht-

tps：//inv－veri. chinatax. gov. cn），对新系统开具的增值税专用发票、增值税普通发票、机动车销售统一发票和增值税电子普通发票的发票信息进行查验。单位和个人通过网页浏览器平台首次登录平台，应下载安装根证书文件，查看平台提供的发票查验操作说明。

通行费电子普票以及自新系统开出的二手车销售统一发票，也可以在该平台查验。

2. 航空运输电子客票行程单。登录中国民用航空局——电子客票验真平台（http：//www. caac. gov. cn/INDEX/HLFW/DZKPYZ/）进行查验。

3. 其他发票。登录发票监制省级税务机关网站或咨询当地税务机关。

（二）电子普通发票查重

为防止重复报销电子普通发票，建筑业企业应建立《电子普通发票登记台账》，登记电子普通发票的代码、号码、日期、经手人等信息。

为减少财务部门工作量，可要求相关部门在电子普通发票开具之日起规定期限内（如30日）到财务部门履行查重手续，出纳人员通过当期《电子普通发票登记台账》检查唯一性后，加盖“发票查重无误”印戳，同时将此张发票信息登记台账。

这样可以保证加盖“发票查重无误”印戳的电子普通发票的唯一性，具体报销时限由企业自行确定。

三、票面显示编码简称

根据国家税务总局2017年45号公告的规定，自2018年1月1日起，纳税人通过增值税发票管理新系统开具增值税发票（包括：增值税专用发票、增值税普通发票、增值税电子普通发票）时，商品和服务税收分类编码对应的简称会自动显示并打印在发票票面“货物或应税劳务、服务名称”或“项目”栏次中。

（一）为什么要显示编码简称

在2017年45号公告发布之前，现行的增值税发票票面上只显示品名，不显示品名对应的商品和服务税收编码。开票方如果错误地选择了编码，受票方只能看到对应的汉字，无法确定对方开票是否正确选择编码。

如纳税人销售黄金项链，在开具增值税发票时输入的商品名称为“黄金项链”，选择的商品和服务税收分类编码为“金银珠宝首饰”。该分类编码对应的简称为“珠宝首饰”，则增值税发票票面上会显示并打印“*珠宝首饰*黄金项链”。如果纳税人错误选择其他分类编码，发票票面上将会出现类似“*非金属矿物制品*黄金项链”或“*电子计算机*黄金项链”的明显错误。

因此，总局推行票面显示编码简称最重要的目的是方便受票方判断开票方发票开具是否正确选择编码。

（二）编码简称的基本规则

各个编码的简称可参见国家税务总局发布的《商品和服务税收分类编码》，基本规则总结如下：

1. 货物类简称，基本为上级编码的名称，如*黑色金属冶炼压延品*钢材、*非金属矿物制品*商品混凝土、*移动通信设备*手机、*纸制品*打印纸、*塑料制品*垃圾袋、*软饮料*矿泉水、*供电*电费、*水冰雪*自来水等。

2. 劳务类简称，全部显示为“劳务”，如*劳务*修理费。

3. 服务类简称，情况较为复杂，有的是上级编码的名称，有的是本级编码的名称。如*鉴证咨询服务*咨询费、*建筑服务*工程进度款、*经营租赁*机械租赁费、*经营租赁*房租、*住宿服务*住宿费、*生活服务*培训费、*运输服务*运费、*电信服务*通讯费、*金融服务*利息、*保险服务*保险费等。

4. 无形资产类简称，全部为“无形资产”，如*无形资产*土地使用权。

5. 不动产类简称，全部为“不动产”，如*不动产*写字楼。

6. 不征税类简称，均为末级编码名称或缩写，如*建筑服务预收款*预收款。

（三）编码简称的判别方法

建筑业企业收到发票后，要关注发票品名显示的编码简称是否正确，不符合规定的发票应当予以退回。基本的方法和步骤如下：

首先，要明确发票对应的业务，实际经营业务是判别的基础，如某总承包企业支付分包款取得发票，这项业务就是分包方向总包方提供建筑服务。

其次，要明确对方适用的税收政策和对应的编码，如上例中分包方向总包方提供建筑服务应当选用“建筑服务”对应的编码开具发票。

最后，根据收取的发票实际显示的编码简称，来推测对方开票是否正确。如上例中分包方发票正确的显示方式应当为“*建筑服务*工程款”，如果显示为“*运输服务*工程款”，就属于错误选择编码。

第六节　建筑业企业的发票管理

一、发票开具的基本要求

（一）与实际经营业务情况相符

根据《中华人民共和国发票管理办法》第二十二条的规定，开具发票应当按照规定的时限、顺序、栏目，全部联次一次性如实开具，并加盖发票专用章。

任何单位和个人不得有下列虚开发票行为：

1. 为他人、为自己开具与实际经营业务情况不符的发票。

2. 让他人为自己开具与实际经营业务情况不符的发票。

3. 介绍他人开具与实际经营业务情况不符的发票。

根据《中华人民共和国刑法》第二百零五条的规定，虚开增值税专用发票或者虚开用于骗取出口退税、抵扣税款的其他发票的，处三年以下有期徒刑或者拘役，并处二万元以上二十万元以下罚金；虚开的税款数额较大或者有其他严重情节的，处三年以上十年以下有期徒刑，并处五万元以上五十万元以下罚金；虚开的税款数额巨大或者有其他特别严重情节的，处十年以上有期徒刑或者无期徒刑，并处五万元以上五十万元以下罚金或者没收财产。

单位犯本条规定之罪的，对单位判处罚金，并对其直接负责的主管人员和其他直接责任人员，处三年以下有期徒刑或者拘役；虚开的税款数额较大或者有其他严重情节的，处三年以上十年以下有期徒刑；虚开的税款数额巨大或者有其他特别严重情节的，处十年以上有期徒刑或者无期徒刑。

虚开增值税专用发票或者虚开用于骗取出口退税、抵扣税款的其他发票，是指有为他人虚开、为自己虚开、让他人为自己虚开、介绍他人虚开行为之一的。

虚开本法第二百零五条规定以外的其他发票，情节严重的，处二年以下有期徒刑、拘役或者管制，并处罚金；情节特别严重的，处二年以上七年以下有期徒刑，并处罚金。

单位犯前款罪的，对单位判处罚金，并对其直接负责的主管人员和其他直接责任人员，依照前款的规定处罚。

根据最高人民法院《关于适用〈全国人民代表大会常务委员会关于惩治虚开、伪造和非法出售增值税专用发票犯罪的决定〉的若干问题的解释》（法发〔1996〕30号）的规定，具有下列行为之一的，属于“虚开增值税专用发票”：

（1）没有货物购销或者没有提供或接受应税劳务而为他人、为自己、让他人为自己、介绍他人开具增值税专用发票；

（2）有货物购销或者提供或接受了应税劳务但为他人、为自己、让他人为自己、介绍他人开具数量或者金额不实的增值税专用发票；

（3）进行了实际经营活动，但让他人为自己代开增值税专用发票。

因此，根据实际经营业务情况开具发票是发票开具的最基本的要求和前提。在甲乙双方存在真实业务的前提下，下列情形不属于“虚开”。

（1）建筑业企业发生购进业务，以本企业的任一银行账户支付资金，取得增值税专用发票，均可抵扣进项税额。

（2）项目部发生购进业务，以项目部银行账户进行资金支付，取得的专用发票以公司为购货单位的，公司可以抵扣进项税额。

（3）建筑业企业发生成本费用，符合《现金管理暂行条例》规定的现金使用范围且以现金支付，取得的专用发票以公司为购货单位的，公司可以抵扣进项税额。

（4）分公司发生购进业务，由总公司进行资金支付，取得的增值税专用发票以分公司为购货单位的，分公司可以抵扣进项税额。

（二）正确区分发票开具范围

在全面推开营改增的背景下，只有发生增值税征收范围的销售货物、提供劳务以及应税行为才应当开具发票，未发生应税行为，不应当开具发票。

因此，建筑业企业应当正确分析取得的经济利益流入的性质，发生应税行为的，应当开具发票；未发生应税行为的，除特定情形外，不得开具发票，可以开具收据。

1. 无须开票情形（见图2－6）。

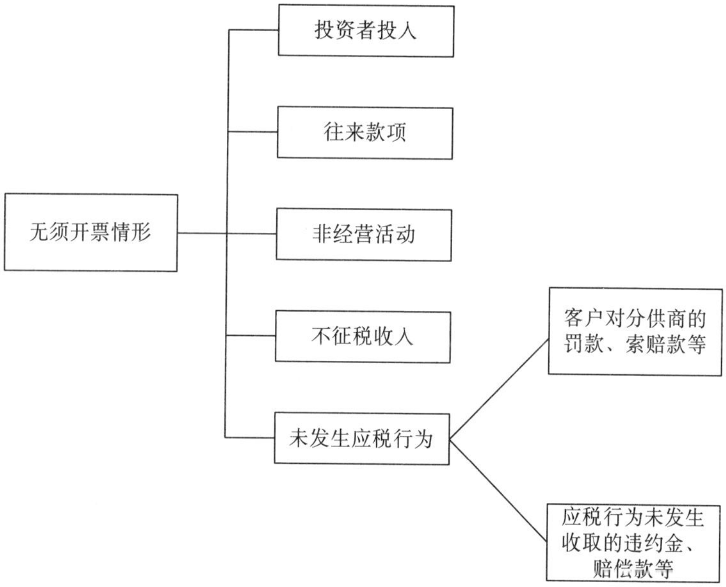

图2－6　无须开具发票情形

常见的无须开票情形包括：

（1）收到所有者（股东、合伙人、业主）投入的资本，属于所有者权益；

（2）收到的债权人提供的债务性融资，属于短期或长期借款；

（3）收到其他单位或个人支付的、短期内需要原价退还的押金、保证金、往来款等，属于往来项目；

（4）收到的以委托方名义开具发票代委托方收取的款项，属于代垫项目；

（5）行政单位收取的同时满足条件的政府性基金或者行政事业性收费（财税〔2016〕36号）；

（6）单位或者个体工商户聘用的员工为本单位或者雇主提供取得工资的服务（财税〔2016〕36号）；

（7）单位或者个体工商户为聘用的员工提供服务（财税〔2016〕36号）；

（8）根据国家指令无偿提供的铁路运输服务、航空运输服务，属于《试点实施办法》第十四条规定的用于公益事业的服务（财税〔2016〕36号）；

（9）存款利息（财税〔2016〕36号）；

（10）被保险人获得的保险赔付（财税〔2016〕36号）；

（11）房地产主管部门或者其指定机构、公积金管理中心、开发企业以及物业管理单位代收的住宅专项维修资金（财税〔2016〕36号）；

（12）在资产重组过程中，通过合并、分立、出售、置换等方式，将全部或者部分实物资产以及与其相关联的债权、负债和劳动力一并转让给其他单位和个人，其中涉及的不动产、土地使用权转让行为（财税〔2016〕36号）；

（13）纳税人取得的财政补贴收入，与其销售货物、劳务、服务、无形资产、不动产的收入或者数量直接挂钩的，应按规定计算缴纳增值税。纳税人取得的其他情形的财政补贴收入，不属于增值税应税收入，不征收增值税。（国家税务总局公告2019年第45号）；

（14）金融商品持有期间（含到期）取得的非保本的上述收益，不属于利息或利息性质的收入，不征收增值税（财税〔2016〕140号）；

（15）各党派、共青团、工会、妇联、中科协、青联、台联、侨联收取党费、团费、会费，以及政府间国际组织收取会费，属于非经营活动，不征收增值税（财税〔2016〕68号）；

（16）供应或开采未经加工的天然水（如水库供应农业灌溉用水，工厂自采地下水用于生产），不征收增值税（国税发〔1993〕154号）；

（17）各燃油电厂从政府财政专户取得的发电补贴不属于规定的价外费用，不计入应税销售额，不征收增值税（国税函〔2006〕1235号）；

（18）对统一核算，且经税务机关批准汇总缴纳增值税的成品油销售单位跨县市调配成品油的，不征收增值税（国家税务总局令第 2 号）；

（19）对国家管理部门行使其管理职能，发放的执照、牌照和有关证书等取得的工本费收入，不征收增值税（国税函发〔1995〕288 号）；

（20）融资性售后回租业务中承租方出售资产的行为，不属于增值税和营业税征收范围，不征收增值税和营业税（国家税务总局公告 2010 年第 13 号）；

（21）股权转让收入以及权益性投资分红；

（22）客户对供应商、分包商的罚款、索赔款等；

（23）未发生应税行为，向客户收取的退票费、没收的诚意金、订金等；

（24）合同解除收取的违约金、赔偿金等。

以上无须开票情形需要特别关注以下两类事项：

第一，客户向供应商、分包商收取的罚款、违约金、索赔款等，如房地产开发企业对总包方的索赔款，总包方对分包方的罚款等，由于收款方并没有向付款方提供任何应税服务，因此不得向其开具发票。

如果上述款项的收付款方向发生变化，如总包方对房地产开发企业索赔的款项，总包方向分包方支付的奖励款等，则属于提供建筑服务的价外费用，收款方应当向付款方按照建筑服务编码开具发票。

第二，应税行为尚未发生，由于合同解除等原因，责任方向另一方支付的违约金、赔偿款等，也属于应税行为未发生的收付款，不征收增值税，无须开具发票。如建筑业企业与业主签订承包合同，在开工之前业主违约解除合同，建筑业企业向业主索赔的款项，未发生应税行为，不需要向其开具发票。

如果应税行为已经发生，后又出现服务中止等情形，应税服务提供方向责任方收取的违约金、赔偿款等，则属于应税行为发生后的价外费用，应当开具发票。

2. 未发生应税行为允许开票的特殊情形。根据 2016 年 53 号公告的规定，在增值税发票开具系统内增加编码 6 “未发生销售行为的不征税项目”，下设 601 “预付卡销售和充值”、602 “销售自行开发的房地产项目预收款”、603 “已申报缴纳营业税未开票补开票”。使用“未发生销售行为的不征税项目”

编码，发票税率栏应填写“不征税”，不得开具增值税专用发票。

根据2017年11号公告的规定，纳税人2016年5月1日前发生的营业税涉税业务，需要补开发票的，可于2017年12月31日前开具增值税普通发票（税务总局另有规定的除外）。需要补开发票的情形主要有：

（1）已申报营业税，未开具发票的；

（2）已申报营业税，已开具发票，发生销售退回或折让、开票有误、应税服务中止等情形，需要开具红字发票或重新开具发票的；

（3）已补缴营业税税款，未开具发票的。

根据2018年42号公告的规定，纳税人2016年5月1日前发生的营业税涉税业务，包括已经申报缴纳营业税或补缴营业税的业务，需要补开发票的，可以开具增值税普通发票。纳税人应完整保留相关资料备查。

因此，建筑业企业营改增前发生的上述营业税涉税业务，可以选择603编码开具增值税普通发票。

除上述三类业务以外，为满足纳税人开票需求，国家税务总局在增值税发票开具系统中又新设了604至613编码，开具要求与601至603相同。包括：

604：代收印花税

605：代收车船使用税

606：融资性售后回租承租方出售资产

607：资产重组涉及的不动产

608：资产重组涉及的土地使用权

609：代理进口免税货物货款

610：有奖发票奖金支付

611：不征税自来水

612：建筑服务预收款

613：代收民航发展基金

（三）超经营范围开具发票问题

由于现行政策只规定了发票开具要与实际经营业务相符，并没有对超经营范围作出限制性规定，因此建筑业企业无论发生何种应税行为，均可以本企业名义自开或代开增值税发票。具体操作可参照以下政策口径。

1. 2016 年 5 月 6 日国家税务总局政策解答政策组发言材料：

“9. 一般纳税人发生超出税务登记范围业务，是自开发票还是由税务机关代开发票？

答：一般纳税人一律自开增值税发票。”

2. 内蒙古自治区国家税务局营改增期间增值税发票相关问题解答：

“四、增值税发票的开具范围

纳税人的经营业务日趋多元化，在主营范围以外也会发生其他属于增值税应税范围的经营活动。所以纳税人自行开具增值税发票或向税务机关申请代开增值税发票时，不受其营业执照中的营业范围限制，只要发生真实的应税业务均可开具增值税发票。”

3. 甘肃省国家税务局关于发票开具使用涉及相关政策及问题回复：

“小规模纳税人超出经营范围如何开具发票？

答：超范围经营开具发票分以下两种情况：

（1）临时性业务，建议向主管税务机关说明情况后，增加相应征收品目，自行开具发票。需要专用发票的建议携带代开增值税专用发票所需资料至主管税务机关办税服务大厅，向主管税务机关说明情况，由主管税务机关办理代开专票事宜。

（2）经常性业务：建议先联系工商部门变更经营范围，再由主管税务机关增加相应的征收品目及征收率，自行开具发票。需要专票的建议先联系工商部门变更经营范围，再携带代开增值税专用发票所需资料至主管税务机关办税服务大厅办理代开专票事宜。”

二、发票开具具体要求

（一）不得开具专票情形

1. 全额不得开具专票。

（1）向消费者个人销售货物、提供加工修理修配劳务、销售服务、无形资产或者不动产。

（2）适用免征增值税规定的应税行为、销售货物、提供加工修理修配劳务。

（3）实行增值税退（免）税办法的增值税零税率应税服务不得开具增值税专用发票。

（4）金融商品转让，不得开具增值税专用发票。

（5）纳税人销售自己使用过的固定资产，适用简易办法依3%征收率减按2%征收增值税政策的，不得开具或代开增值税专用发票。

（6）纳税人销售旧货，不得自行开具或者代开增值税专用发票。

（7）商业企业一般纳税人零售烟、酒、食品、服装、鞋帽（不包括劳保专用部分）、化妆品等消费品，不得开具增值税专用发票。

（8）一般纳税人的单采血浆站销售非临床用人体血液，可以按照简易办法依照3%征收率计算应纳税额，但不得对外开具增值税专用发票。

（9）一般纳税人会计核算不健全，或者不能够提供准确税务资料的，应当按照销售额和增值税税率计算应纳税额，不得抵扣进项税额，也不得使用增值税专用发票。

（10）应当办理一般纳税人资格登记而未办理的，应当按照销售额和增值税税率计算应纳税额，不得抵扣进项税额，也不得使用增值税专用发票。

（11）选用“601”“602”“603”等编码开票的，不得开具增值税专用发票。

纳税人发生以上应税行为，均不得开具增值税专用发票。

2. 差额不得开具专票。

（1）经纪代理服务，以取得的全部价款和价外费用，扣除向委托方收取并代为支付的政府性基金或者行政事业性收费后的余额为销售额。向委托方收取的政府性基金或者行政事业性收费，不得开具专用发票。

（2）试点纳税人根据2016年4月30日前签订的有形动产融资性售后回租合同，在合同到期前提供的有形动产融资性售后回租服务，选择继续按照有形动产融资租赁服务缴纳增值税的，经人民银行、银监会或者商务部批准从事融资租赁业务的试点纳税人，可以选择以向承租方收取的全部价款和价外费用，扣除向承租方收取的价款本金，以及对外支付的借款利息（包括外汇借款和人民币借款利息）、发行债券利息后的余额为销售额。向承租方收取的有形动产价款本金，不得开具增值税专用发票，可以开具普通发票。

（3）试点纳税人提供旅游服务，可以选择以取得的全部价款和价外费用，扣除向旅游服务购买方收取并支付给其他单位或者个人的住宿费、餐饮费、交通费、签证费、门票费和支付给其他接团旅游企业的旅游费用后的余额为销售额。选择上述办法计算销售额的试点纳税人，向旅游服务购买方收取并支付的上述费用，不得开具增值税专用发票，可以开具普通发票。

（4）提供劳务派遣服务选择差额纳税的纳税人，向用工单位收取用于支付给劳务派遣员工工资、福利和为其办理社会保险及住房公积金的费用，不得开具增值税专用发票，可以开具普通发票。

（5）纳税人提供人力资源外包服务，向委托方收取并代为发放的工资和代理缴纳的社会保险、住房公积金，不得开具增值税专用发票，可以开具普通发票。

纳税人发生以上业务，差额部分不得开具专票，可以开具普票。具体开票方式又可分为四种，以劳务派遣为例，列举如下：

第一，如果购买方需要的是普通发票，销售方直接按照6%的税率或者3%的征收率全额开具普票即可，这种情况下，票面税率、金额、税额呈比例关系，税率栏显示6%或者3%。

纳税人可以选择全额计税，即直接根据发票显示的税额申报纳税；也可以选择差额计税，在增值税纳税申报表的相关栏次（一般纳税人填报附列资料（三），小规模纳税人填报附列资料）填报差额扣除部分，实现差额扣除。

开具普通发票时，不适用差额开票功能。

第二，如果购买方需要的是专用发票，销售方可以直接按照6%的税率或者3%的征收率全额开具或代开专票，这种情况下，票面税率、金额、税额呈比例关系，税率栏显示6%或者3%。

全额开具专票意味着必须要全额缴纳增值税，发票票面税额就等于纳税人实际缴纳的税额，不得再进行差额扣除。

第三，如果购买方需要的是专用发票，根据2016年23号公告的规定，销售方可以使用新系统中“差额征税开票功能“开票，即，录入含税销售额和扣除额，系统自动计算税额和不含税金额，备注栏自动打印“差额征税”字样。

这种情况下，票面税率、金额、税额没有比例关系，税率栏显示“***”，税额栏显示的金额 =（票面价税合计数 - 备注栏差额扣除额）÷（1 + 5%）× 5%。

第四，一笔业务开两张发票，一张普票和一张专票。

普票对应的含税销售额是差额扣除部分，按照6%的税率或者3%的征收率开具；专票对应的含税销售额是总收款与差额扣除部分之差，按照5%的征收率开具。

需要特别指出的是，纳税人提供建筑服务适用简易计税方法计税的，可以总分包差作为销售额，但其开票口径是全额开票，也就是说，建筑服务不适用差额开票功能。

（二）编码开票

根据2016年23号公告的规定，税务总局编写了《商品和服务税收分类与编码（试行）》，并在新系统中增加了编码相关功能。自2016年5月1日起，纳入新系统推行范围的试点纳税人及新办增值税纳税人，应使用新系统选择相应的编码开具增值税发票。带有税收编码的增值税发票票面不作调整，票面中不打印税收编码，税收编码随开票信息一并上传税务机关。

根据2017年45号公告的规定，自2018年1月1日起，建筑业企业提供建筑服务向业主开具发票时，票面“货物或应税劳务、服务名称”显示的编码简称应为“建筑服务”。

1. 税收编码简介。税收分类编码以统计部门的产品代码和国民经济行业代码为基础，涵盖包括本次营改增试点征收品目在内的所有增值税征收范围。编码由19位数字构成，分篇、类、章、节、条、款、项、目、子目、细目10层，共计4140项。

（1）5大类：按货物、劳务、销售服务、无形资产和不动产归类；

（2）4140项：3487个明细开票项，653个汇总项；

（3）829个增值税优惠政策及特殊管理要求；

（4）76个消费税管理政策；

（5）对应2.8万个统计局的产品和劳务。

货物和劳务分类编码表由国家税务总局统一维护，未经同意，任何人不得变动。纳税人不得修改目前国家税务总局已有的编码，允许纳税人自行修改的编码，只能是在现有商品和服务分类再细分的情况下，在已有编码基础上增加下一层编码，纳税人自行增加的编码为系统自动赋码，如包装饮用水编码为（103030704），纳税人可以在这个基础增加为（10303070401）代表甲品牌饮用水，（10303070402）代表乙品牌饮用水。

除特殊纳税人可以按汇总项开票外，其他纳税人在开票时均不允许按上一级代码开具发票。目前只有电信服务及国家税务总局明确的其他服务，开具发票时可以选择上级节点开票，具体要求：开具专用发票时，项目名称可按照"基础电信服务""增值电信服务"汇总开具；开具普通发票时，可以按照"电信服务"汇总项开具。

2. 品名与编码的匹配。为保证开票品名与编码的匹配，笔者建议纳税人可以采取三步走的策略：

第一步，根据《销售服务、无形资产、不动产注释》（财税〔2016〕36号附件一）等税收政策的规定，正确分析识别本单位适用的税目和计税方法（含免税）。

例如，某一般纳税人销售二锅头酒若干，税目应当为"销售货物"，适用一般计税方法计税，税率为13%。

第二步，根据《商品和服务税收分类与编码（试行）》的说明和关键字，通过搜索匹配到与本单位实际销售情况最相近的合并编码的最末一级。

例如，与二锅头最相近的最末一级的商品合并编码为（1030302），商品和服务名称为"白酒"。

第三步，进入增值税发票开票系统，在已选定合并代码的下一级次增加开票品名和适用税率，保存备用即可。

例如，在"白酒"（1030302）下增加下一层编码（103030201），代表"二锅头"，以后开票时选择（103030201）编码，票面信息直接打印"二锅头"，上传至税务机关的开票信息为"白酒"。

3. 开票品名的确定。由于编码系统默认的品名均为官方术语，在实际交易过程中，纳税人可以根据交易习惯，在不违反税收政策的前提下，对开票品名进行细化。

（1）对于货物、无形资产和不动产等，其形状或者载体较为明确具体，开票品名不能粗于《商品和服务税收分类与编码（试行）》末级编码对应的名称，可以与其相同，也可以进一步细化。

例如，“转让土地使用权”“销售房地产开发住宅”“销售构筑物”等品名可以直接使用；销售二锅头白酒，可将系统默认的“白酒”直接作为品名，也可以通过增加下一层编码，将品名细化为“二锅头”。

（2）对于劳务，其征税范围不多，只有“稀土冶炼分离产品加工劳务”等8个末级编码，内容区分相对清晰，可以直接等同开票品名。

（3）对于服务，情况比较复杂，初步统计大概有1 000多个细目，开票品名同样不能粗于《商品和服务税收分类与编码（试行）》末级编码对应的名称，可以和它相同，也可以按照交易习惯进行细化。

例如，住宿费可为“住宿服务”，也可为“住宿费”；餐饮费可为“餐饮服务”，也可为“餐费”；铁路货物运费可为“铁路货物运输服务”，也可为“运费”；工程款收入可为“工程服务”，也可为“工程进度款”等。

需要指出的是，对于那些诸如“服务费”“管理费”“代理费”“福利费”等模棱两可、含义不清的品名，笔者认为应当尽量避免。

4. 建筑服务编码与品名。建筑业企业提供建筑服务开具发票时，应选择建筑服务税目下属的5个编码，如图2－7所示。

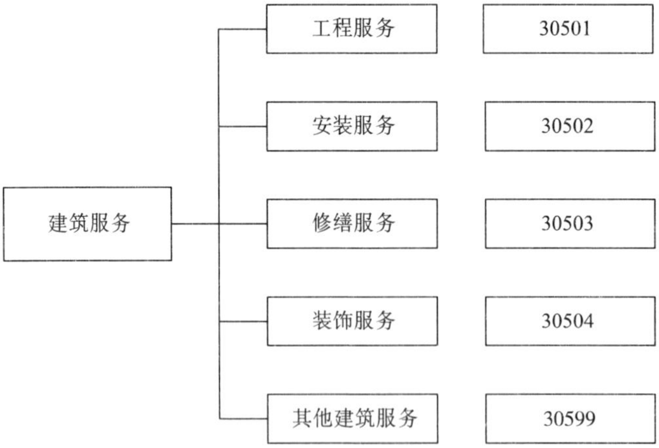

图2－7　建筑服务开票编码与品名

至于开票品名，建筑业企业可以直接选择系统默认的“工程服务”等作为品名，也可以结合合同内容，在正确选择编码的基础上，自定义“工程款”“工程进度款”“人工费”“劳务分包款”“劳务费”“安装款”“装饰款”等作为开票品名。

需要注意的是，建筑业企业以预收款方式提供建筑服务，收到预收款的当天不发生纳税义务。建筑业企业收到预收款时，可在增值税发票系统中选择612编码，向发包方开具税率栏显示“不征税”的普通发票，票面显示“建筑服务预收款”。开具不征税发票后，无须进行纳税申报。但如果建筑业企业应业主要求，开具了带税率的增值税发票，纳税义务就随之发生。

（三）清单开票

建筑业企业提供建筑服务，不适用清单开票功能，但其取得的材料货物等发票，销售方选择清单方式开票的，对应的《销售货物或者提供应税劳务、服务清单》必须是从税控系统开具的，并加盖发票专用章。

需要注意的是，《销售货物或者提供应税劳务、服务清单》也需要按照编码开票，国家税务总局增值税发票查验平台可以对税控清单查验。正确的清单开票是通过税控系统和发票一次性开出的，因此销货清单不存在补开的情形。

（四）备注栏

1. 建筑服务发票备注。根据2016年23号公告的规定，提供建筑服务，纳税人自行开具或者税务机关代开增值税发票时，应在发票的备注栏注明建筑服务发生地县（市、区）名称及项目名称。

根据《国家税务总局关于营改增后土地增值税若干征管规定的公告》（国家税务总局公告2016年第70号）的规定，营改增后，土地增值税纳税人接受建筑安装服务取得的增值税发票，应按照《国家税务总局关于全面推开营业税改征增值税试点有关税收征收管理事项的公告》（国家税务总局公告2016年第23号）规定，在发票的备注栏注明建筑服务发生地县（市、区）名称及项目名称，否则不得计入土地增值税扣除项目金额。

因此，建筑业企业以建筑服务编码对外开具增值税发票时，无论是专用发票还是普通发票，均需在备注栏内注明规定事项。除建筑服务之外的发票，如材料、货物、设计等品名的发票，无须备注。

2. 其他品名发票备注。

（1）销售不动产，纳税人自行开具或者税务机关代开增值税发票时，应在发票“货物或应税劳务、服务名称”栏填写不动产名称及房屋产权证书号码（无房屋产权证书的可不填写），“单位”栏填写面积单位，备注栏注明不动产的详细地址。

（2）出租不动产，纳税人自行开具或者税务机关代开增值税发票时，应在备注栏注明不动产的详细地址。

（3）保险机构作为车船税扣缴义务人，在代收车船税并开具增值税发票时，应在增值税发票备注栏中注明代收车船税税款信息。具体包括：保险单号、税款所属期（详细至月）、代收车船税金额、滞纳金金额、金额合计等。该增值税发票可作为纳税人缴纳车船税及滞纳金的会计核算原始凭证。

（4）主管税务机关为个人保险代理人汇总代开增值税发票时，应在备注栏内注明“个人保险代理人汇总代开”字样。证券经纪人、信用卡和旅游等行业的个人代理人比照上述规定执行。

（5）纳税人提供货物运输服务，使用增值税专用发票和增值税普通发票，开具发票时应将起运地、到达地、车种车号以及运输货物信息等内容填写在发票备注栏中，如内容较多可另附清单。

（6）铁路运输企业受托代征的印花税款信息，可填写在发票备注栏中。中国铁路总公司及其所属运输企业（含分支机构）提供货物运输服务，可自 2015 年 11 月 1 日起使用增值税专用发票和增值税普通发票，所开具的铁路货票、运费杂费收据可作为发票清单使用。

（7）单用途商业预付卡（单用途卡）业务中，销售方与售卡方不是同一个纳税人的，销售方在收到售卡方结算的销售款时，应向售卡方开具增值税普通发票，并在备注栏注明“收到预付卡结算款”，不得开具增值税专用发票。

（8）支付机构预付卡（多用途卡）业务中，特约商户收到支付机构结算的销售款时，应向支付机构开具增值税普通发票，并在备注栏注明“收到预付卡结算款”，不得开具增值税专用发票。

（五）印章要求

1. 《中华人民共和国发票管理办法》第二十二条规定：开具发票应当按照规定的时限、顺序、栏目，全部联次一次性如实开具，并加盖发票专用章。

2. 《中华人民共和国发票管理办法实施细则》第二十八条规定：单位和个人在开具发票时，必须做到按照号码顺序填开，填写项目齐全，内容真实，字迹清楚，全部联次一次打印，内容完全一致，并在发票联和抵扣联加盖发票专用章。

3. 《增值税发票开具指南》第二章第二节第四条规定：增值税纳税人应在代开增值税专用发票的备注栏上，加盖本单位的发票专用章（为其他个人代开的特殊情况除外）。税务机关在代开增值税普通发票以及为其他个人代开增值税专用发票的备注栏上，加盖税务机关代开发票专用章。

4. 《增值税发票开具指南》第二章第一节第十三条规定：一般纳税人销售货物、提供加工修理修配劳务和发生应税行为可汇总开具增值税专用发票。汇总开具增值税专用发票的，同时使用新系统开具《销售货物或者提供应税劳务、服务清单》，并加盖发票专用章。

（六）其他规定

1. 增值税专用发票。增值税专用发票应按下列要求开具：

（1）项目齐全，与实际交易相符；

（2）字迹清楚，不得压线、错格；

（3）发票联和抵扣联加盖发票专用章；

（4）按照增值税纳税义务的发生时间开具。

不符合上列要求的增值税专用发票，购买方有权拒收。

2. 增值税普通发票。严格而言，普通发票的开具要求与专用发票是一致的，但考虑到普票一般不具备抵扣税额的功能，现行政策对其开具要求略微宽松。

根据《国家税务总局关于增值税发票开具有关问题的公告》（国家税务总局公告2017年第16号）的规定，自2017年7月1日起，购买方为企业的，索取增值税普通发票时，应向销售方提供纳税人识别号或统一社会信用代码；

销售方为其开具增值税普通发票时，应在“购买方纳税人识别号”栏填写购买方的纳税人识别号或统一社会信用代码。不符合规定的发票，不得作为税收凭证。

上述所称企业，包括公司、非公司制企业法人、企业分支机构、个人独资企业、合伙企业和其他企业。

销售方开具增值税发票时，发票内容应按照实际销售情况如实开具，不得根据购买方要求填开与实际交易不符的内容。销售方开具发票时，通过销售平台系统与增值税发票税控系统后台对接，导入相关信息开票的，系统导入的开票数据内容应与实际交易相符，如不相符应及时修改完善销售平台系统。

三、发票丢失、作废与冲红

（一）专用发票丢失

1. 根据《国家税务总局关于公布取消一批税务证明事项以及废止和修改部分规章规范性文件的决定》（国家税务总局令第 48 号）的规定，自 2019 年 7 月 24 日起，取消“使用发票的单位和个人发生发票丢失情形，应当于发现丢失当日书面报告税务机关，并登报声明作废，向税务机关提供刊登遗失声明的报刊版面”的规定，即纳税人丢失发票，无需再登报声明遗失。

2. 根据《国家税务总局关于增值税发票综合服务平台等事项的公告》（国家税务总局公告 2020 年第 1 号）的规定，自 2020 年 1 月 8 起，纳税人同时丢失已开具增值税专用发票或机动车销售统一发票的发票联和抵扣联，可凭加盖销售方发票专用章的相应发票记账联复印件，作为增值税进项税额的抵扣凭证、退税凭证或记账凭证。

3. 纳税人丢失已开具增值税专用发票或机动车销售统一发票的抵扣联，可凭相应发票联复印件，作为增值税进项税额的抵扣凭证或退税凭证；纳税人丢失已开具增值税专用发票或机动车销售统一发票的发票联，可凭相应发票的抵扣联复印件，作为记账凭证。

（二）专用发票作废

纳税人在开具增值税专用发票的当月，发生销货退回、开票有误等情形，收到退回的发票联、抵扣联符合作废条件的，按作废处理；开具时发现有误的，可即时作废。

作废增值税专用发票须在新系统中将相应的数据电文按“作废”处理，在纸质增值税专用发票（含未打印的增值税专用发票）各联次上注明“作废”字样，全联次留存。

所称符合作废条件，是指同时具有下列情形：

1. 收到退回的发票联、抵扣联，且时间未超过销售方开票当月。

2. 销售方未抄税且未记账。

3. 购买方未认证，或者认证结果为“纳税人识别号认证不符”“增值税专用发票代码、号码认证不符”。

（三）红字增值税发票

纳税人开具增值税专用发票后，发生销货退回、开票有误、应税服务中止等情形但不符合发票作废条件，或者因销货部分退回及发生销售折让，需要开具红字增值税专用发票的，按以下方法处理：

1. 购买方取得增值税专用发票已用于申报抵扣的，购买方可在新系统中填开并上传“开具红字增值税专用发票信息表”（以下简称“信息表”），在填开“信息表”时不填写相对应的蓝字增值税专用发票信息，应暂依“信息表”所列增值税税额从当期进项税额中转出，待取得销售方开具的红字增值税专用发票后，与“信息表”一并作为记账凭证。

购买方取得增值税专用发票未用于申报抵扣、但发票联或抵扣联无法退回的，购买方填开“信息表”时应填写相对应的蓝字增值税专用发票信息。

销售方开具增值税专用发票尚未交付购买方，以及购买方未用于申报抵扣并将发票联及抵扣联退回的，销售方可在新系统中填开并上传“信息表”。销售方填开“信息表”时应填写相对应的蓝字增值税专用发票信息。

2. 主管税务机关通过网络接收纳税人上传的“信息表”，系统自动校验通过后，生成带有“红字发票信息表编号”的“信息表”，并将信息同步至纳税人端系统中。

3. 销售方凭税务机关系统校验通过的“信息表”开具红字增值税专用发票，在新系统中以销项负数开具。红字增值税专用发票应与“信息表”一一对应。

4. 纳税人也可凭“信息表”电子信息或纸质资料，到税务机关对“信息表”内容进行系统校验。

纳税人开具增值税普通发票后，如发生销货退回、开票有误、应税服务中止等情形但不符合发票作废条件，或者因销货部分退回及发生销售折让，需要开具红字发票的，应收回原发票并注明“作废”字样或取得对方有效证明。

纳税人需要开具红字增值税普通发票的，可以在所对应的蓝字发票金额范围内开具多份红字发票。红字机动车销售统一发票需与原蓝字机动车销售统一发票一一对应。

第三章

建筑业增值税管理新思维

全面推开“营改增”以后，我国流转税体制由“增营并举”变为增值税“一统天下”。不同于所得税、财产行为税等其他税种，流转税是以流转额为计税依据，无论纳税人是盈利还是亏损，发生纳税义务均需要计征。因此，增值税对纳税人的影响是全方位的，与纳税人的日常经营活动如影随形，伴随纳税人全业务流程的各个环节。

笔者认为，建筑业企业应当以“营改增”为契机，提高精细化管理水平，树立增值税管理新思维，将增值税的管理要求与企业经营管理实践全面结合起来，具体而言，包括以下三个维度：

第一，切实贯彻“价税分离”理念，也就是说，在全业务流程管理中均需考虑增值税的价外税特性，自觉把增值税作为经济决策的重要因素之一。

第二，把增值税管理的空间由单一企业拓展至整个价值链条，也就是说，增值税的管理既需要考虑本企业的税收政策，也需要关注上游纳税人和下游纳税人的税收政策。

第三，树立时间管理观念，重视增值税的时间管理，科学把控与增值税相关的各个时间节点，通过合理规划涉税的各个时间点，向时间要税收利益。

第一节　价税分离理念

一、价税分离的基本模型

价外性是增值税区别于营业税的本质特征。所谓价外性，是指增值税与纳税人的资产、成本（费用）、收益是相互独立的，会计核算以及其他税种的计税，均应以不含增值税的口径为依据。

在现实的经济系统中，纳税人之间发生经济往来，有时会以不含税价格作为交易基础，但更多时候是以含税价格作为交易基础。这样就需要将含税价格换算为不含税价格和税金，这个换算的过程就叫做“价税分离”。

从普遍意义上讲，价税分离的对象是“损益”，即包括收益和费用两大方面，其中的费用概念是广义的，既包括会计上的成本和期间费用，也包括尚未转化为成本费用的购进资产。

价税分离的基本公式为：

不含税销售额或成本 = 含税销售额或成本 ÷（1 + 税率或征收率）。

一般计税方法和简易计税方法下的价税分离基本模型分别如图3－1和图3－2所示。

二、关于计税方法的进一步讨论

（一）不同计税方法下进项税额的处理

从价税分离的模型看，一般计税方法下纳税人的价税分离是彻底的，也就是说纳税人所有的外购资产和成本、费用以及取得的收入，均为不含税口径；而简易计税方法下，只有收入是不含税口径，外购资产和成本、费用均为含税口径①。

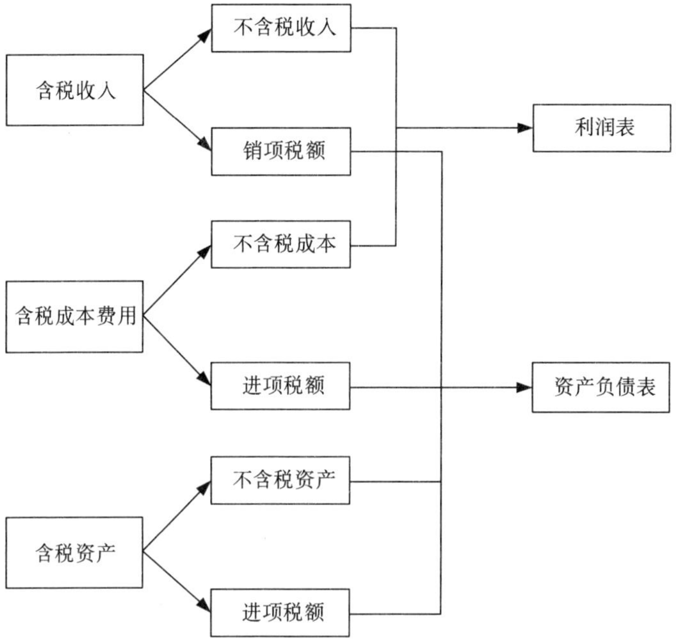

图 3－1　一般计税方法价税分离模型

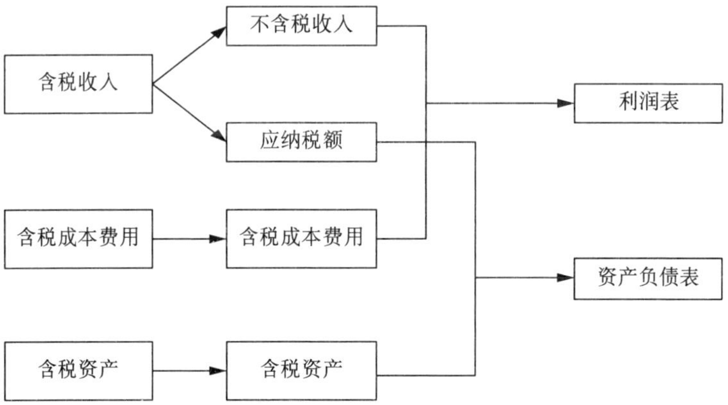

图 3－2　简易计税价税分离模型

① 建筑业企业选用简易计税方法计税时，其分包成本可以差额扣除，相当于分包成本为不含税口径，但严格而言，这种不是彻底的价税分离。

根据第二章第一节所述增值税基本原理，上游纳税人的销项税额或者应纳税额，就是下游纳税人的进项税额，在纳税人选用一般计税方法计税的情况下，这部分进项税额可以自其当期销项税额中抵扣，相当于把税负进一步地向下游转嫁，直到转嫁至末端消费者为止。

因此，适用简易计税方法的纳税人（包括小规模纳税人和选用简易计税方法计税的一般纳税人，下同），其成本费用中本可以抵扣的进项税额，由于选择简易计税方法的原因，税收政策不允许抵扣，这些进项税额就变成了纳税人的成本费用。也就是说，选择简易计税，尽管应纳税额可以按照较低的征收率计算，但要以放弃进项税额的抵扣权为代价。

适用简易计税方法的纳税人，一方面其成本费用中沉淀了一部分进项税额，另一方面，按照简易计税方法计算的应纳税额，在其下游纳税人选用一般计税方法计税的情况下，可以按规定抵扣。因此，某种意义上讲，这类纳税人可以称为“不完全的末端消费者”。

（二）非一般计税方法的缺陷及补救政策

纳税人选用简易计税方法，或者适用免税政策（以下简称“非一般计税方法”），都会导致增值税链条的中断，将对该纳税人乃至其下游纳税人产生不利的后果。

从纳税人本身来看，选用非一般计税方法计税时，由于成本费用中沉淀了不得抵扣的进项税额，同样的产品或者服务，其成本费用水平要比一般计税方法情形高，高出的差额，就是本可以抵扣的进项税额。较高的成本费用水平，导致较高的价格水平，从而会削弱纳税人的市场竞争地位。

从下游纳税人来看，如果其供应商选择了非一般计税方法计税，其采购成本就很有可能要高于一般计税方法情形，即便是对方报价有所降低，其获得的进项税额也要低于向一般计税方法纳税人采购的水平，导致其应纳税额较高，需要缴纳的附加税费随之上升，直接影响其损益。

也正是因为上述因素，增值税政策通常不禁止纳税人选用一般计税方法计税。也就是说，除无须办理纳税登记的自然人和极个别情形外①，纳税人如果要选择一般计税方法计税，基本上没有政策障碍。

（1）小规模纳税人会计核算健全，能够提供准确税务资料的，可以不受销售额标准的限制，向主管税务机关办理一般纳税人资格登记，成为一般纳税人。

（2）一般纳税人发生财政部和国家税务总局规定的特定应税行为，可以选择适用简易计税方法计税，但一经选择，36 个月内不得变更。

（3）纳税人发生应税行为适用免税、减税规定的，可以放弃免税、减税，依照本办法的规定缴纳增值税。放弃免税、减税后，36 个月内不得再申请免税、减税。

此外，纳税人提供建筑服务选择简易计税方法计税的，允许差额扣除支付的分包款，但在开票时可以全额开具，由下游纳税人全额抵扣，实际上也是对简易计税方法缺陷的一种补救措施。

（三）计税方法决策

前已述及，对于工期跨 2016 年 5 月 1 日的工程项目，其工程造价包含的只有 3.48% 的营业税，改为增值税以后，如果直接按照 11% 的税率征收增值税，将使建筑业企业的不含税收入下降幅度较大。但这一结论的前提是建筑产品的价格已经确定，且不再调整，如果建筑业企业通过分析测算，并经甲方同意增加造价，在甲方也选择一般计税方法计税的前提下，一定可以实现甲乙双方的双赢。

【例 3－1】环球建设公司为一般纳税人，下属甲工程项目开工于 2016 年 4 月 30 日之前，营业税下的造价为 100 万元，预计成本 90 万元（分包成本 30 万元，其他成本 60 万元）。不考虑附加税费的影响，营业税下该项目的总体损益为：100 －90 － （100 －30） ×3% =7.9（万元）。

2016 年 5 月 1 日，该项目已确认会计收入 50 万元，实际收款 40 万元，已付分包款并取得分包发票 12 万元，申报缴纳营业税（40 －12） ×3% =

① 此类事项的典型代表为财税〔2017〕58 号文的规定，一般纳税人为特定甲供工程提供建筑服务，只能适用简易计税方法。

0.84（万元）。营改增时点项目的阶段性损益为：营业税下会计收入50－营业税下会计成本40－营业税税金0.84＝9.16（万元）。

（1）如选择简易计税则项目的总体损益为：

9.16＋简易计税方法下会计收入（50÷1.03）－简易计税会计成本50＝9.16＋48.54－50＝7.7（万元）。

（2）假定项目尚需发生的50万元成本中可抵扣进项税额的比例为50%，综合抵扣率10%。则选择一般计税项目的总体损益为：

9.16＋一般计税方法下会计收入（50÷1.11）－一般计税会计成本（50×50%＋50×50%÷1.10）＝9.16＋45.05－47.73＝6.48（万元）。

（3）两种计税方法下利润差额为：7.70－6.48＝1.22（万元），单从施工企业看，应选择简易计税，但增值税是产业链的概念，需要把视线转向甲方。

对甲方而言，在保持工程造价100万元不变的前提下，如环球公司选择简易计税则其可抵扣进项税额为：（100－40）÷1.03×3%＝1.75（万元），如选择一般计税则其可抵扣进项税额为：（100－40）÷1.11×11%＝5.95（万元），二者差额4.20万元（5.95－1.75），这个4.2万元既是甲方进项税额的增加量，也是其投资成本的降低量和利润的增加量。

（4）假定甲方同意弥补环球公司选择一般计税方法带来的损失，即同意增加含税工程造价1.22×1.11＝1.35（万元），则环球公司两种计税方法下利润持平，均为7.70万元；而甲方的调价成本增加1.22万元，抵扣额增加4.33万元（4.2＋0.13），总投资成本降低从而利润增加3.11万元（4.33－1.22）。

当然，建筑业企业也可以与甲方谈判，通过提高调价空间，分享一部分筹划利润。

三、价税分离对企业管理的影响与对策

（一）投标管理

工程投标是建筑业企业经营活动的开端，工程价款直接决定了其收入水平，因此，建筑业企业务必在投标阶段就高度重视增值税的因素。

目前我国各类工程的计价规则均已按照价税分离的原则进行调整，各个省份也都相继出台了适用本省的计价规则。建筑业企业应当认真研判业主发布的招标文件，结合所在省份的计价规则和本企业的实际，根据价税分离的原则，选择适当的计税方法进行报价，确保税金的足额计取。

（二）招标管理

招标工作是建筑业企业生产要素配置的关键环节，是建筑业企业作为招标方对分包商、供应商的选择，核心的问题是在满足生产所需的前提下，如何最大程度地降低建筑业企业的采购成本。

基本的原则有两个，一是按照不含税价格进行比价，选择价格最低者；二是不含税价格相同的前提下，选择一般计税方法者。具体分析详见本章第二节。

（三）合同条款

招投标过程结束后，建筑业企业应当以合同的方式将涉税事项固定化。在合同条款签订时，建筑业企业要注意在合同明确约定计税方法和发票开具类型，同时将合同价款与增值税额分别列示，这样，一方面可以减少合同执行过程中的争议，另一方面按照价税分离的原则签订建安合同，还可以降低印花税。

根据国家税务总局2016年4月25日视频会议精神：

“第四，关于印花税计税依据问题。

这次两部委下发的《通知》中没有提到印花税计税依据问题。主要是营改增之前，这一问题就已明确，没有变化。各地执行口径仍按照印花税条例规定，依据合同所载金额确定计税依据。合同中所载金额和增值税分开注明的，按不含增值税的合同金额确定计税依据，未分开注明的，以合同所载金额为计税依据。”

据此，建议建筑业企业在合同中按照以下方式列示价款和税额：

“本合同约定的含税价款________元人民币，其中不含增值税价款为________元人民币，增值税税额________元人民币。

乙方针对本合同项下业务适用________方法计税，在________时向甲方开具税率/征收率为________的________发票。

乙方对发票的真实性和合法性负责，由于乙方发票不合规等原因导致甲方遭受损失的，乙方应当向甲方承担赔偿责任。”

（四）工程结算

工程结算既包括与业主的工程价款结算，也包括对分供商的价款结算。在合同条款按照价税分离原则签订的条件下，工程结算工作相对比较容易。

工程结算中的价税分离，要注意与纳税义务发生时间的匹配，也就是说，尽管结算环节分别列示了价款和税金，但如果此时尚未发生纳税义务，则收款方无须开具发票，也无须确认销项税额或者应纳税额。

（五）票据管理

招投标和合同签订都属于事前管理，在合同执行过程中，如何保证价税分离理念真正落地，还需要财税部门加强票据管理，核心目标是防止由于票据不合规等原因导致建筑业企业的不含税成本“变成”含税成本。

具体措施包括，一是要确保及时取得合同约定的合规扣税凭证；二是对于需要勾选的凭证，如增值税专用发票，应按规定勾选确认并申报抵扣。

（六）会计核算

价税分离对会计核算的影响主要包括两个方面四类事项：一是如何反映收入侧现实的纳税义务和未来的纳税义务；二是如何反映成本侧现实的抵扣权利和未来的抵扣权利。具体核算方式参见第五章第三节相关内容。

（七）业绩评价

价税分离对业绩评价的影响主要包括两个方面，一是以历史财务指标为主的评价体系，这项工作依赖于会计核算系统对价税分离的反映；二是以统计指标或者非财务指标为主的评价体系，如对分子公司市场营销工作、新签合同额、完成产值等业绩的考核。

第二节　空间管理观念

站在建筑业企业的角度，材料设备供应商、建筑分包企业以及其他企业共同构成了建筑业企业的上游企业；房地产开发企业以及其他建设单位构成了建筑业企业的下游企业；它们与建筑业企业一道构成了建筑业企业的增值税价值链。

如果考虑到股权关系以及内部隶属关系，建筑业企业的母子公司、总分公司，乃至同一公司的公司总部与项目部之间，也可以看成是增值税价值链的组成部分。

一、外部增值税价值链

以总承包企业为核心企业的外部增值税价值链可用图 3 –3 表示。

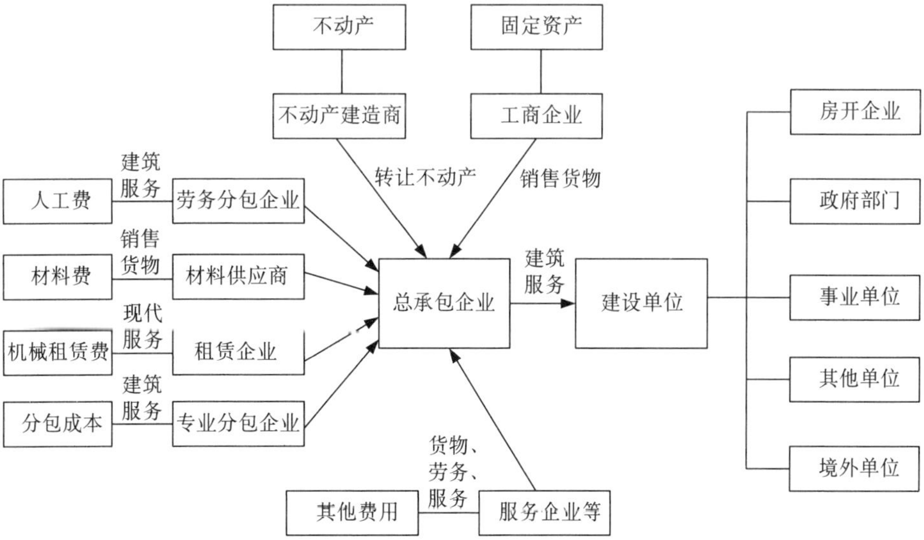

图 3 –3　建筑业增值税价值链

（一）上游企业及其增值税政策

1. 工商企业。工商企业主要向建筑业企业销售材料、设备等货物，如工程用钢材、水泥、混凝土等，对应于建造合同中的材料成本。此外，建筑业企业采购施工机械等固定资产，活动板房等临时设施，以及电脑、耗材等办公用品，销售方也通常是工商企业。

工商企业在税收政策上被称为销售“货物”的纳税人，增值税政策中的货物特指“有形动产”，也就是说，除了无形资产和不动产以外其他有形的商品均属于货物。

货物适用的税率有两档：9% 和 13%，前者适用于特定范围的 23 类货物[①]，后者适用除特定范围以外的其他货物；货物的征收率统一为 3%。

针对工商企业适用的增值税政策，建筑业企业还要注意以下三个要点：

第一，工商企业属于原增值税纳税人，也就是说，自 1994 年起，销售货物即应当缴纳增值税，且其税率和价格不会因建筑业营改增有所变化，因此对于个别材料供应商所谓开专票要涨价的借口，都是不成立的。

第二，一般纳税人销售货物，绝大多数均适用一般计税方法，按照适用税率征税，极个别可以选用简易计税方法计税，按照 3% 的征收率征税，如一般纳税人销售自产的下列货物：

（1）县级及县级以下小型水力发电单位生产的电力。小型水力发电单位，是指各类投资主体建设的装机容量为 5 万千瓦以下（含 5 万千瓦）的小型水力发电单位。

（2）建筑用和生产建筑材料所用的砂、土、石料。

（3）以自己采掘的砂、土、石料或其他矿物连续生产的砖、瓦、石灰（不含粘土实心砖、瓦）。

（4）自来水。

（5）商品混凝土（仅限于以水泥为原料生产的水泥混凝土）。

---

① 具体包括：农产品（含粮食）、自来水、暖气、石油液化气、天然气、食用植物油、冷气、热水、煤气、居民用煤炭制品、食用盐、农机、饲料、农药、农膜、化肥、沼气、二甲醚、图书、报纸、杂志、音像制品和电子出版物。

以上适用简易计税方法计税的一般纳税人可以自行开具增值税专用发票。

第三，工商企业销售特定货物适用免税政策，与建筑业关系比较密切的有：

（1）农业生产者销售自产的农产品免征增值税，《中华人民共和国增值税暂行条例》（中华人民共和国国务院令第691号）。

（2）自2018年1月1日起至2020年12月31日，免征图书批发、零售环节增值税，《财政部、国家税务总局关于延续宣传文化增值税和营业税优惠政策的通知》（财税〔2018〕53号）。

（3）部分农业生产资料免征增值税，《财政部　国家税务总局关于若干农业生产资料征免增值税政策的通知》（财税〔2001〕113号）。

（4）饲料产品免征增值税，《财政部　国家税务总局关于豆粕等粕类产品征免增值税政策的通知》（财税〔2001〕30号），《财政部　国家税务总局关于饲料产品免征增值税问题的通知》（财税〔2001〕121号）。

（5）有机肥免征增值税，《财政部　国家税务总局关于有机肥产品免征增值税的通知》（财税〔2008〕56号）。

（6）自2019年1月1日至2020年供暖期结束，对供热企业向居民个人供热而取得的采暖费收入免征增值税，《财政部　国家税务总局关于供热企业增值税　房产税　城镇土地使用税优惠政策的通知》（财税〔2019〕38号）。

（7）部分鲜活肉蛋产品免征增值税，《财政部　国家税务总局关于免征部分鲜活肉蛋产品流通环节增值税政策的通知》（财税〔2012〕75号）。

（8）蔬菜免征增值税，《财政部　国家税务总局关于免征蔬菜流通环节增值税有关问题的通知》（财税〔2011〕137号）。

根据有关规定，销售货物适用免税政策的，除国有粮食购销企业销售免税的粮食以外，不得开具增值税专用发票。

2. 建筑企业。此处所指的建筑企业，特指作为劳务分包单位和专业分包单位的建筑业企业。它们向总承包企业提供建筑服务，具体适用的税收政策参见第二章相关内容，兹不赘述。

3. 不动产建造商。为了满足生产经营需要，建筑业企业还有可能外购不动产。根据现行政策规定，一般纳税人转让2016年4月30日之前取得（包括自建和非自建两类，下同）的不动产，可以选用简易计税方法计税，按照

5%的征收率全额开具增值税专用发票；一般纳税人转让2016年5月1日后取得的不动产，适用一般计税方法计税，按照9%的税率全额开具增值税专用发票。

4. 服务企业。此处所称的服务企业是指向建筑业企业提供劳务和应税服务的企业，包括加工和修理修配劳务、交通运输服务、邮政服务、电信服务、金融服务、现代服务和生活服务。建筑业企业向服务企业发生的购进业务包括：

（1）加工和修理修配费。加工，是指受托加工货物，即委托方提供原料及主要材料，受托方按照委托方的要求，制造货物并收取加工费的业务，如建筑业企业提供水泥，委托商混公司加工商品混凝土；修理修配，是指受托对损伤和丧失功能的货物进行修复，使其恢复原状和功能的业务，如对发生故障的施工机械进行修理。

一般纳税人提供加工和修理修配劳务，只能适用一般计税方法计税，适用税率13%；小规模纳税人适用征收率为3%。

（2）机械租赁费。即机械设备出租方提供的有形动产租赁服务，一般计税方法税率为13%，简易计税方法征收率为3%。

一般纳税人以纳入营改增试点之日前取得的有形动产为标的物提供的经营租赁服务，可以选择适用简易计税方法。需要指出的是，此处的“纳入营改增试点之日前”，是指有形动产租赁服务纳入营改增试点之前。有形动产租赁服务属于现代服务业，其纳入营改增试点的时间最早是2012年1月1日，并非2016年5月1日。全国各地有形动产租赁服务纳入营改增试点的时间如下：

①上海市为2012年1月1日；

②北京市为2012年9月1日；

③江苏省、安徽省为2012年10月1日；

④福建省、广东省为2012年11月1日；

⑤天津市、浙江省、湖北省为2012年12月1日；

⑥其他地区为2013年8月1日。

（3）运输费。即交通运输企业提供的运输服务，税率为9%。

建筑业企业要区分交通运输服务与收派服务的区别，后者特指纳税人接受寄件人委托，在承诺的时限内完成函件和包裹的收件、分拣、派送服务的业务活动。

收件服务，是指从寄件人收取函件和包裹，并运送到服务提供方同城的集散中心的业务活动。

分拣服务，是指服务提供方在其集散中心对函件和包裹进行归类、分发的业务活动。

派送服务，是指服务提供方从其集散中心将函件和包裹送达同城的收件人的业务活动。

收派服务属于现代服务中的物流辅助服务，适用税率为6%。一般纳税人提供收派服务，可以选择适用简易计税方法计税，适用3%的征收率。

（4）不动产租赁费。即单位和个人提供的不动产经营租赁服务，标的资产为2016年4月30日前取得的，可以选择简易计税方法计税，按照5%的征收率计算缴纳增值税，并可全额开具增值税专用发票；标的资产为2016年5月1日之后取得的，适用一般计税方法计税，按照9%的税率计算缴纳增值税，并可全额开具增值税专用发票。

（5）劳务派遣费。即劳务派遣单位提供的劳务派遣服务，具体政策参见第二章第六节相关内容。

（6）装卸搬运费。装卸搬运服务，是指使用装卸搬运工具或者人力、畜力将货物在运输工具之间、装卸现场之间或者运输工具与装卸现场之间进行装卸和搬运的业务活动。

装卸搬运服务属于现代服务中的物流辅助服务，适用税率为6%。一般纳税人提供装卸搬运服务，可以选择适用简易计税方法计税，适用3%的征收率。

（二）下游企业及其增值税政策

建筑业企业的下游企业，又称建设单位、业主或发包方，依其适用税收政策的不同又可分为两类。

1. 经营型业主。经营型业主包括房地产开发企业和其他一般纳税人企业，它们共同的特点是对进项税额有抵扣需求，所支付的建安费用对应的进项税额可以抵扣。

建筑业企业还要注意房地产开发企业的土地增值税问题，根据《国家税务总局关于土地增值税清算有关问题的通知》（国税函〔2010〕220 号）第二条的规定，房地产开发企业在工程竣工验收后，根据合同约定，扣留建筑安装施工企业一定比例的工程款，作为开发项目的质量保证金，在计算土地增值税时，建筑安装施工企业就质量保证金对房地产开发企业开具发票的，按发票所载金额予以扣除；未开具发票的，扣留的质保金不得计算扣除。

根据第二章所述建筑服务的纳税义务发生时间，如果建筑业企业向房地产开发企业提前开具了质保金的发票，则增值税的纳税义务随之发生，为了保证税收利益，建筑业企业可要求房开企业支付提前开票对应的销项税额。

2. 非经营型业主。非经营型业主主要是指没有抵扣需求的建设单位，如小规模纳税人，适用简易计税或免税的学校、医院等事业单位，以及境外单位等。

根据税收政策的规定，非经营型业主的进项税额不得抵扣，将全部变为不动产投资成本。

二、内部增值税价值链

内部价值链要解决的主要问题是，如何确定纳税主体的界限，也就是说，如何正确处理增值税的纳税主体与建筑业企业常见的分级管理体制之间的关系。

（一）纳税主体

根据 2016 年 36 号文附件一第四十六条的规定，固定业户应当向其机构所在地或者居住地主管税务机关申报纳税。总机构和分支机构不在同一县（市）的，应当分别向各自所在地的主管税务机关申报纳税；经财政部和国家税务总局或者其授权的财政和税务机关批准，可以由总机构汇总向总机构所在地的主管税务机关申报纳税。

1. 公司总部。公司总部是企业管理主体中的最高层级，是最常见的纳税主体，对应于增值税政策中的机构或总机构概念，需要按照规定的期限向税务登记所在地的税务机关申报纳税。建筑业企业实行两级或三级管理模式的，项目部应通过公司总部向其所在地主管税务机关申报纳税。

2. 子公司。具备法人资格的子公司，本身就是独立的增值税纳税主体，它与母公司之间，或者兄弟公司之间发生应税行为，均需按照规定缴纳增值税。

3. 独立进行税务登记的分公司、事业部等。独立进行税务登记的分公司、事业部属于增值税中的分支机构概念，除不具备法人资格，一般不独立缴纳企业所得税外，其余的税务管理职能与总公司相同，可自行开具发票和纳税申报。

建筑业企业实行分公司直管项目的，项目部应通过分支机构向其所在地主管税务机关申报纳税。分支机构是独立的纳税人，其增值税管理流程在申报纳税后即已完结，无须再向总机构汇总。

4. 项目部以及未进行独立税务登记的分公司、事业部等。它们都属于建筑业企业内部的管理主体，不具备独立的税务管理职能，除异地施工的项目部需在建筑服务发生地主管税务机关预缴税款外，其他涉税事项均应由上级机构统筹管理。

（二）内部价值链增值税政策

1. 统借统贷业务。根据 2016 年 36 号文附件 3 的规定，统借统还业务中，企业集团或企业集团中的核心企业以及集团所属财务公司按不高于支付给金融机构的借款利率水平或者支付的债券票面利率水平，向企业集团或者集团内下属单位收取的利息免征增值税。

统借方向资金使用单位收取的利息，高于支付给金融机构借款利率水平或者支付的债券票面利率水平的，应全额缴纳增值税。

统借统还业务，是指：

（1）企业集团或者企业集团中的核心企业向金融机构借款或对外发行债券取得资金后，将所借资金分拨给下属单位（包括独立核算单位和非独立核算单位，下同），并向下属单位收取用于归还金融机构或债券购买方本息的业务。

（2）企业集团向金融机构借款或对外发行债券取得资金后，由集团所属财务公司与企业集团或者集团内下属单位签订统借统还贷款合同并分拨资金，并向企业集团或者集团内下属单位收取本息，再转付企业集团，由企业集团统一归还金融机构或债券购买方的业务。

根据《财政部　税务总局关于明确养老机构免征增值税等政策的通知》（财税〔2019〕2 号）的规定，自 2019 年 2 月 1 日至 2020 年 12 月 31 日，对企业集团内单位（含企业集团）之间的资金无偿清贷行为，免征增值税。

2. 内部资质共享。根据 2017 年 11 号公告的规定，建筑企业与发包方签订建筑合同后，以内部授权或者三方协议等方式，授权集团内其他纳税人（以下称“第三方”）为发包方提供建筑服务，并由第三方直接与发包方结算工程款的，由第三方缴纳增值税并向发包方开具增值税发票，与发包方签订建筑合同的建筑企业不缴纳增值税。发包方可凭实际提供建筑服务的纳税人开具的增值税专用发票抵扣进项税额。

对 2017 年 11 号公告的理解和运用要注意以下两点：

第一，必须是企业集团才可以适用这条政策。根据《国家市场监管管理总局关于做好取消企业集团核准登记等 4 项行政许可等事项衔接工作的通知》（国市监企注〔2018〕139 号）的规定，自 2018 年 8 月 17 日起，各地工商和市场监管部门按照国务院要求，不再单独登记企业集团，不再核发《企业集团登记证》，企业法人可以在名称中组织形式之前使用“集团”或者“（集团）”字样，该企业为企业集团的母公司。各级工商和市场监管部门对企业集团成员企业的注册资本和数量不做审查。

第二，集团内其他纳税人既包括子公司，也包括分公司，也就是说，只要是独立的增值税纳税主体，均可成为 2017 年 11 号公告所称的“第三方”。

（三）内部税务管理模式

分级管理模式下，建筑业企业内部存在多个管理主体，这些管理主体尽管会发生涉税事项，但其本身并不是纳税主体，税务机关并不掌握它们的信息。为便于建筑业企业准确完整地汇总其应纳税额，建议建筑业企业在内部实行“逐级申报、层层汇总”的税务管理模式，即各基层管理主体以上一级管理主体为“虚拟税务机关”，按纳税期限向其进行“虚拟纳税申报”，填报“内部增值税纳税申报表”，直至汇总至公司总部层级，由公司总部在纳税人整体范围内汇总后，向主管税务机关申报纳税（如图 3－4 所示）。

1. 应纳税额的汇总。无论建筑业企业实行几级管理模式，同一纳税主体的应纳税额均应是合并计算，也就是说在计算应纳税额的时候，应以独立的

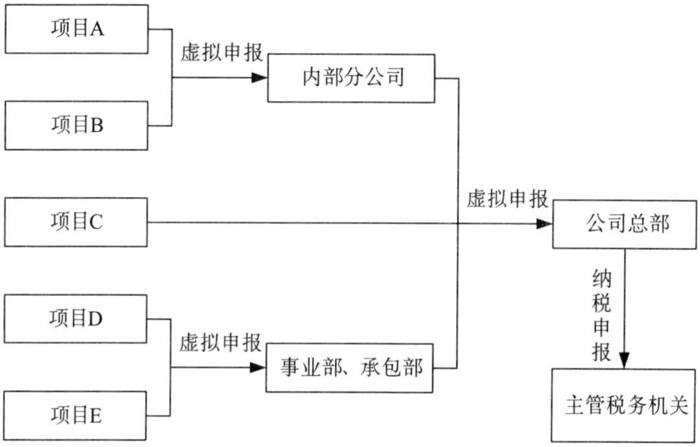

图 3－4 建筑业企业内部税务管理模式

纳税主体作为汇总的单位。

（1）一般计税方法应纳税额。一般计税方法下，当期所有应税行为发生后的销项税额，不再区分是哪个工程项目，也不再区分是什么业务，都应填报在当期纳税申报表的附列资料（一）相应栏次，也就是说各工程项目等建筑服务的销项税额，和公司总部出租不动产、销售货物等其他业务的销项税额，都是通过附列资料（一）汇总到纳税申报表主表的第 11 栏。

同样，当期允许抵扣的进项税额以及进项税额转出，也不再区分工程项目和具体业务，统一通过附列资料（二）汇总到纳税申报表主表的第 12 栏和第 14 栏。

【例 3－2】 昆仑建设公司为一般纳税人，其下属的工程项目中有三个选用一般计税方法计税，2×17 年 9 月公司总部及各项目的涉税数据如表 3－1 所示。

表 3－1　　昆仑建设公司 2×17 年 9 月一般计税项目涉税数据　　单位：万元

项目名称	销项税额	进项税额	进项税额转出
公司总部	30	3	0
A 项目	9	8	0
B 项目	10	15	4
C 项目	5	0	0
合计	54	26	4

解析：

昆仑建设公司2×17年9月一般计税方法应纳税额为：54－（26－4）＝32（万元）。

（2）简易计税方法应纳税额。简易计税方法下，建筑业企业应当区分不同类型的应税行为，一是简易计税但不允许差额计税的业务，如公司总部出租2016年4月30日之前取得的不动产，应以取得的全部价款和价外费用为销售额；二是简易计税且允许差额计税的业务，如一般纳税人为老项目提供的建筑服务，以取得的全部价款和价外费用扣除支付的分包款后的余额为销售额。

对于简易计税且全额计税的业务，按照规定的方法填报增值税纳税申报表附列资料（一）相应栏次；对于简易计税且差额计税的业务，除填报附列资料（一）以外，还需要填报增值税纳税申报表附列资料（三），实现差额扣除。

建筑业企业在差额计算建筑服务应纳税额时，同一纳税主体范围内分包款的扣除，无须区分具体的工程项目，也就是说，差额扣税时，只要是本企业支付的分包款，都可以在本企业收取的总包款中扣除。这一点与异地预缴差额扣除需要区分工程项目是不同的。

【例3－3】接例3－2，昆仑建设公司下属的工程项目中还有四个按照简易计税方法计税，2×17年9月各项目的收付款情况如表3－2所示，其中的付款均已取得合规凭证。

表3－2　　昆仑建设公司2×17年9月简易计税项目涉税数据　　单位：万元

项目名称	收业主款	付分包款
D项目	100	80
E项目	200	300
F项目	400	0
G项目	800	400
合计	1 500	780

解析：

昆仑建设公司2×17年9月简易计税项目应纳税额为：（1 500－780）÷

1.03 ×3% =20.97（万元）。

2. 预缴税款的抵减。根据2016年17号公告第八条的规定，建筑业企业预缴的增值税税款，可以凭完税凭证在当期增值税应纳税额中抵减，抵减不完的，结转下期继续抵减。

笔者一向主张，不同计税方法下以及不同业务的预缴税款与应纳税额是可以综合抵减的，即简易计税方法下预缴的税款可以抵减一般计税方法下的增值税应纳税额，建筑服务预缴的税款可以抵减其他应税行为的应纳税额，但具体抵减的金额应以纳税人当期实际预缴的税款和应纳税额为限。理由如下：

第一，从政策层面看，2016年17号公告第八条明确规定纳税人预缴的增值税税款，可以在当期增值税应纳税额中抵减，并未提到不同计税方法和不同业务。

第二，从技术层面看，已预缴税款的抵减，是通过填报增值税纳税申报表实现的。主表第19栏"一般计税方法应纳税额"，加上第21栏"简易计税方法的应纳税额"，得出第24栏"应纳税额合计"，然后抵减第28栏"分次预缴税额"，最终确定第34栏"本期应补（退）税额"。而"分次预缴税额"数据来源于附列资料（四）的第三行第四列，这一数据是不区分计税方法的。

第三，从理论层面看，预缴的税款是纳税人真金白银的现金流出，而且是提前流出，设置预缴环节本身已经牺牲了纳税人的利益，再规定分计税方法乃至分项目抵减应纳税额，也是不合情理的。

【例3-4】接例3-2和例3-3，假定截至2×17年9月征期，昆仑建设公司已经预缴且取得完税凭证的税款金额为25万元，则该公司2×17年10月申报期应补税额为：32+20.97-25=27.97（万元）。

3. 内部税款清算。公司总部汇总纳税意味着，进项税额的抵扣以及分包款的差额扣除突破了内部管理主体的空间范围，转为在公司整体范围内统筹汇总，可以有效降低建筑业企业的现金流出。随之而来的一个问题是，不同管理主体互相占用了税收抵扣或扣除权，为了分清内部单位的权责，建筑业企业有必要建立内部税款清算机制。具体方法将在第五章第三节结合税款的内部结转进行探讨。

三、决策指标与招投标策略

（一）决策指标

从招标方的角度看，无论是业主单位还是作为总包方的建筑业企业，其最重要的决策指标就是投资成本，也就是说，在其他条件满足的前提下，哪个方案成本最低，哪个方案就是最优方案。但从价值链的另一端看，保证中标价格最大化又是投标方的目标，这样投招标双方将围绕价格展开博弈，当某一投标方的某一报价符合招标方的成本预期时，这个报价将成为中标价。

决策主体的计税方法不同，其决策指标的含义也不同。对于没有抵扣需求的非经营型招标方而言，将以投标方的含税报价作为决策指标，无须进行价税分离；对于有抵扣需求的经营型招标方而言，将以投标方的不含税报价作为决策指标。

尽管增值税是价外税，不直接影响损益，但是选择不同计税方法将会影响纳税人现金流出的结构，从而导致附加税费有所变化，也就是说，不同计税方法的报价，对一般纳税人而言，还是会间接影响损益。

【例3-5】长江房地产开发企业为一般纳税人，其开发的某项目不含税招标控制价为10 800万元，该项目适用一般计税方法计税，附加税费率为12%。参与投标的环球建设公司和昆仑建设公司均为一般纳税人，环球建设公司按照简易计税方法含税报价为10 300万元，昆仑建设公司按照一般计税方法计税含税报价为10 900万元，均未超过长江公司的控制价，且不含税价均为10 000万元，长江公司应当选择哪个中标？

解析：

假定长江公司本项目的总体销项税额为A万元，选择环球建设公司，意味着其纳税现金流出为（A-300）万元；选择昆仑建设公司，意味着其纳税现金流出为（A-900）万元。选择后者比前者节省纳税现金流出（A-300）-（A-900）=600（万元），附加税费少交600×12%=72（万元），利润增加72万元。

因此，对于经营型业主而言，在招标时，各投标方不含税价格不同时，选择不含税价格较低者；不含税价格相同时，选择按照一般计税方法计税者。

需要指出的是，本例中不同计税方法计税的不含税报价相等（均为10 000万元），只是一种假设。实际上，由于简易计税方法计税不能抵扣进项，那么同样的利润水平，它的个别成本一定是高于一般计税方法计税，因此简易计税方法计税的不含税报价必然会高于一般计税方法计税报价，比如，应为（10 000 + X）万元，这个X即为简易计税纳税人不能抵扣的进项税额。

（二）招投标策略

1. 投标策略。建筑业企业应当认真研判招标文件。对于2016年5月1日之后发标的工程，如果招标文件没有甲供条款，建筑业企业只能按照一般计税方法报价。如果招标文件有甲供条款，则要进一步区分甲供的类型，对于符合2017年58号文规定的特定甲供工程，建筑业企业只能按照简易计税方法报价；而对于普通甲供工程，建筑业企业应当结合业主类型，选择相应的报价策略。

【例3－6】 黄河大学为一般纳税人，其提供的学历教育服务适用免税政策。2×17年9月决定投资建设一栋教学楼，公开发布的招标文件显示，该工程的含税招标控制价为1.2亿元，工程所需的部分教学设备由黄河大学采购。

解析： 建筑业企业在投标本工程时，要注意以下几点：

第一，含税投标报价不应当超过1.2亿元。

第二，该工程属于普通甲供工程，建筑业企业既可以选择简易计税方法计税，也可以按照一般计税方法计税。

第三，建筑业企业应当对不同计税方法下的报价水平进行测算，哪个含税价低，就按照哪个报。在测算时，如选择简易计税方法计税，可以参照营业税下的报价规则，如选择一般计税方法计税，应当遵循建办标〔2016〕4号文的精神。

【例3－7】 某制造业企业为一般纳税人，其产品均适用一般计税方法计税，2×17年9月决定投资建设一栋厂房，公开发布的招标文件显示，该工程的不含税招标控制价为1.2亿元，工程装饰所用的部分材料由该企业采购。

解析： 本项目的招标方为经营型业主，有进项税抵扣需求。前已述及，一般计税方法下费用项目的不含税价格一定要低于简易计税方法，因此建筑业企业应当按照一般计税方法计税进行报价，这样一方面可以使业主的投资成本最低，另一方面，建筑业企业通过要求其分供商也选用一般计税方法计税，还可以降低自身的成本水平。

2. 招标策略。建筑业企业的招标策略，与其对应工程项目适用的计税方法息息相关。适用简易计税方法计税的，建筑业企业视同非经营型业主；适用一般计税方法计税的，建筑业企业视同经营型业主，具体策略可参照上文所述内容。

第三节　时间管理观念

一、时间管理的意义

（一）纳税现金流出

纳税人发生纳税义务，要确认销项税额，发生购进业务，取得扣税凭证并经勾选确认后，可以抵扣对应的进项税额。涉及预缴税款的，已预缴的增值税税款，还可以在当期增值税应纳税额中抵减。

应补税额 = 当期销项税额 - 当期进项税额 - 已预缴税款

从上式可以看出，纳税人的纳税现金流出金额取决于“销项税额”“进项税额”以及“预缴税款”三个因素，要想降低纳税现金流出，只有从这三个因素着手。然而，在纳税人交易结构既定的前提下，根据税收政策的规定，其应纳税额的金额已经提前锁定。因此，为了降低纳税现金流出，人为地去降低销项税额，或者增加进项税额，显然都是不可取的。

但是，如果考虑到纳税分期和时间价值等因素，情况将有所变化。也就是说，在交易结构既定的情况下，通过合理规划各个涉税时间节点，尽管无法降低纳税现金流出的总额，但是可以改变其流出的结构，延迟现金流出时间，从而使纳税人获得资金的时间价值等方面的益处。

（二）纳税期间与资金时间价值

根据现行政策的规定，建筑业企业中的一般纳税人以一个月作为纳税期间，小规模纳税人通常以一个季度作为纳税期间，纳税人需要在每个纳税期间期满之日起15日内申报纳税。

【例3－8】黄河建设公司为一般纳税人，2×17年4月份，发生销项税额100万元，取得合规扣税凭证对应的进项税额80万元。

解析：

如果这80万元的进项税额在4月税款所属期抵扣，则黄河公司4月应纳税额为100－80＝20（万元）；如果这80万元的进项税额在4月以后的税款所属期抵扣，则黄河公司4月应纳税额为100万元。4月以后的期间，黄河公司如果没有销项税额或者销项税额不足，将会出现留抵现象，也就是说，前期流出的现金流量多，后期能否抵扣回来存在一定的不确定性，即便能够抵扣回来，也丧失了资金的时间价值。

（三）时间管理的基本模型

增值税时间管理的基本思路是，建筑业企业应尽量延迟纳税现金流出的时间，通过合理规划各涉税时间节点，将销项税额、进项税额和预缴税款尽量平衡在同一个纳税期间内，如图3－5、图3－6所示。

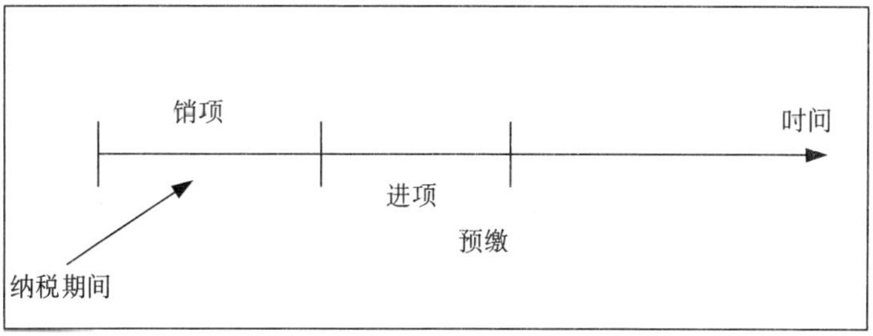

图3－5　规划前应纳税额情况

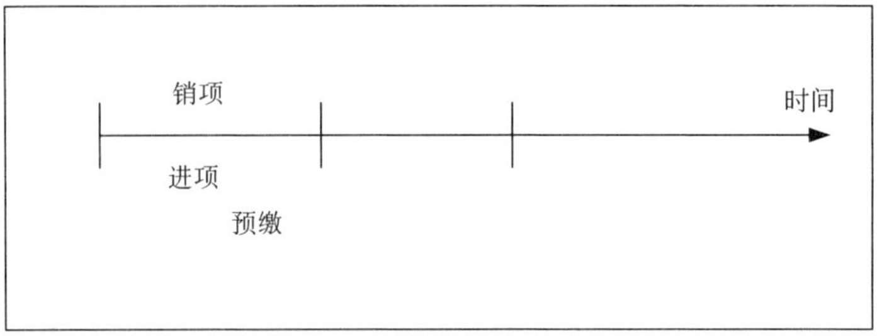

图3－6　规划后应纳税额情况

二、纳税义务发生时间管理

建筑业企业的纳税义务发生时间会对销项税额以及预缴税款产生直接影响，纳税义务发生了，就需要确认销项税额，涉及跨地级行政区施工的，还要在建筑服务发生地预缴增值税及其附加。

根据第二章第三节所述内容，触发建筑业企业纳税义务发生时间的因素有四个，即收工程款、开具发票、书面合同约定和工程竣工。其中，工程收款对建筑业企业而言，越早越好，而工程竣工则属于重要履约目标，因此，这两个因素均不存在管理和规划的空间。

建筑业企业应当重点关注发票开具时间和书面合同约定的付款日期这两个因素的规划和管理。

（一）发票开具时间的管理

1. 发票开具时间的政策规定。

（1）《中华人民共和国发票管理办法》第23条规定，开具发票应当按照规定的时限、顺序，逐栏、全部联次一次性如实开具，并加盖单位财务印章或者发票专用章。

（2）《中华人民共和国发票管理办法实施细则》第26条规定，填开发票的单位和个人必须在发生经营业务确认营业收入时开具发票。未发生经营业务一律不准开具发票。

（3）《国家税务总局关于修订〈增值税专用发票使用规定〉的通知》（国税发〔2006〕156号）第11条规定，专用发票应按下列要求开具：项目齐全，与实际交易相符；字迹清楚，不得压线、错格；发票联和抵扣联加盖发票专用章；按照增值税纳税义务的发生时间开具。

从以上规定可以看出，发生经营业务是开票的前提，未发生经营业务一律不得开具发票，否则会面临法律风险。发生经营业务或应税行为，业主提出开票要求的，可以向其开具发票，同时就发票开具的金额发生纳税义务；达到纳税义务发生时间的，业主提出开票要求的，应当向其开具发票。

2. 实务操作要点。由于发票开具直接触发纳税义务发生，建议建筑业企业严格按照收付实现制进行开票，未收款不开票，确需提前开票的，应确保在纳税申报期之前收到款项，否则将会占用企业的资金。

【例3-9】环球建设公司为一般纳税人，所属甲项目适用一般计税方法计税，2×19年8月28日业主要求向其开具发票109万元。

解析：

环球公司2×19年8月28日开具发票后，9月15日前，应当承担9万元的纳税义务，如在9月15日前没有收到款项，这部分销项税额将由环球公司自行承担。

（二）合同约定付款日期的管理

书面合同确定的付款日期也是纳税义务发生时间的一个重要来源，在没有收款、也没有开具发票的情况下，建筑业企业将在书面合同确定的付款日期发生纳税义务。

书面合同既包括正式合同，也包括协议、备忘录、计量单、结算书等文书；约定付款日期既包括确定的日期，如2×17年1月22日，也包括根据书面文书可以推断出的日期，如每月工程计量后14日内付款、结构封顶后支付至85%，结算后一年支付完毕等。

税收政策认可交易双方关于付款日期的约定，体现了对契约精神的尊重，只要交易双方在书面合同约定了付款日期，即便建筑服务在约定的付款日期之前完成，纳税人的纳税义务的发生时间仍然以合同约定的付款日期为准。但是，国家不会为民事主体之间的违约行为买单，也就是说，到达书面合同约定的付款日期，业主违约未支付的，建筑业企业仍然在约定的付款日期发生纳税义务。

因此，建筑业企业应当妥善处理付款时间约定条款与纳税义务之间的关系，充分考虑合同约定了付款日期但到期无法收款对纳税现金流出的影响。对于信用较好、但付款较慢的业主，如政府部门，以及业主为关联企业的，不妨将合同约定的付款日期适当延后。

三、预缴税款时间的管理

预缴税款包括预收款的预缴以及进度款的预缴，预收款的预缴以实际收到预收款的时间为时间节点，不具备时间管理的空间，重点要规划的是进度款的预缴，也就是纳税义务发生后的预缴。

（一）预缴税款的时间规定

根据 2016 年 36 号文和 2016 年 17 号公告规定，预缴增值税的时间按照建筑服务纳税义务发生时间和纳税期限执行，建筑业企业自应当预缴之月起超过 6 个月没有预缴税款的，由机构所在地主管税务机关依法处理。

在建筑服务发生地预缴税款首先要填报“增值税预缴税款表”，这个表不属于增值税纳税申报表的组成部分，是一张单独的报表，也就是说，发生一次纳税义务，就需要填报一次，预缴一次。

纳税申报时可以抵减本期已经预缴的税款，一般纳税人首先填入《增值税纳税申报表附列资料（四）》，然后再将可抵减税额带入主表的第 28 栏“分次预缴税额”；小规模纳税人直接填入“增值税纳税申报表”第 21 栏“本期预缴税额”。

（二）实务操作要点

预缴的具体时间把握至关重要，逾期不预缴将会面临处罚风险，预缴的时间太早，又有可能因尚未取得分包发票，导致当期预缴税款现金流出虚增。建议建筑业企业在纳税义务发生后，及时支付分包单位款项并取得分包发票及税务机关要求的其他凭证[①]，以保证总分包单位预缴税款现金总流出最小

① 从实际工作看，总包方预缴税款时，部分地区税务机关要求提供分包方已在本税务机关预缴税款的完税凭证，才允许扣除分包款，建筑业企业应关注当地要求，督促分包单位及时预缴。

化，达到共赢。具体要把握两点：

第一，当月发生纳税义务，如收款、开票、达到合同约定的收款日期、工程项目竣工验收等，应在申报期结束前向建筑服务发生地预缴增值税，凭取得的完税凭证，在申报期内申报抵减。

至于预缴税款与发票开具时间的先后，税收政策并没有明确规定，有的单位是先开发票，凭发票和合同去预缴税款，也有的单位是先预缴，凭预缴后取得的完税凭证向公司总部申请开具发票，这两种做法都是可以的。

第二，已发生纳税义务，由于特殊情况没有在次月申报期前预缴税款的，为避免被处罚的风险，应确保在纳税义务发生之月起6个月内完成预缴。

需要指出的是，发生纳税义务无论是否预缴，纳税人均应在下一申报期向机构所在地主管税务机关申报纳税。未及时预缴税款的，申报时未取得完税凭证，导致应在异地预缴的税款，被“转移”到机构所在地入库，纳税人当期的缴税现金流出并没有减少，后续再预缴时，将面临又一次现金流出。因此，这种做法纯属补救性措施，笔者并不提倡。

四、小微企业增值税时间管理

根据2019年13号文和2019年4号公告，自2019年1月1日起，小规模纳税人发生增值税应税销售行为，合计月销售额未超过10万元（以1个季度为1个纳税期的，季度销售额未超过30万元）的，免征增值税。按固定期限纳税的小规模纳税人可以选择以1个月或1个季度为纳税期限，一经选择，一个会计年度内不得变更。

建筑业企业中的小规模纳税人要注意把控好销售额的时间分布，并做好与纳税期间的匹配工作，在满足生产经营的前提下，尽量享受小微企业免税优惠政策。

【例3-10】 长江建设公司为小规模纳税人，按季度纳税，2×19年7月至9月的销售额分别为10万元、10万元和11万元。

解析：

长江建设公司本季度的销售额为31万元，按照规定不能享受免征增值税优惠。假如该公司通过合理规划纳税义务发生时间，将9月11万元的销售额降至10万元以下，则可享受30万元免税政策，或者申请改为按月纳税，则7月和8月每月销售额不超过10万元，可以享受20万元免税优惠。

【例3-11】黄河建设公司为小规模纳税人，按月度纳税，2×20年1月至3月的销售额分别为1万元、1万元和28万元。

解析：

黄河建设公司3月的销售额为28万元，按照规定该月不能享受免征增值税优惠。假如该公司通过合理规划纳税义务发生时间，将3月28万元销售额中的18万元提前到1月和2月确认，则1~3月的销售额为每月10万元，可享受30万元免税政策，或者申请改为按季度纳税，则本季度销售额不超过30万元，可以享受免税优惠。

第四章

建筑业企业收入成本确认

本章第一节介绍了现行三个序列的会计制度对建造合同收入和成本的确认思路，第二节至第四节分三节内容介绍《企业会计制度》《企业会计准则》和《小企业会计准则》关于建筑业企业收入和成本确认模式。考虑到与以后章节的衔接，本章暂未考虑流转税费的影响。

第一节　现行会计制度下建造合同的处理

本书第一章第二节提到，建筑业企业的经营特点之一是建筑产品的价值较高，建造周期较长，往往跨越多个会计期间。理论上讲，待工程全部完工结算以后，再进行会计处理，确定损益，能保证会计信息最为可靠，但及时性和相关性最差。因此，为综合权衡会计信息的质量要求，必须将一般会计原则和建筑业企业的经营特点结合起来。

建筑业企业以工程项目作为基本生产单元，每一项目的收入构成了建筑企业的主营业务收入。在会计制度中，建设工程施工合同被称为建造合同，关于建造合同收入和成本的确认，目前不同序列会计制度①存在一定的差异。

一、《企业会计制度》

（一）建造合同的定义

建造合同，是指为建造一项资产或者在设计、技术、功能、最终用途等方面密切相关的数项资产而订立的合同。建造合同分为固定造价合同和成本加成合同。

固定造价合同，是指按照固定的合同价或固定单价确定工程价款的建造合同。例如，某银行建造一座办公楼，合同约定总造价为 8 亿元；某高速路运营公司建造一条高速公路，合同规定每公里单价为 1.2 亿元。

成本加成合同，是指以合同约定或其他方式议定的成本为基础，加上该成本的一定比例或定额费用确定工程价款的建造合同。例如，建造一段地铁，合同总价款以建造该段地铁的实际成本为基础，加 2 000 万元利润计取。

在我国目前建设领域，建筑业企业签订的合同绝大多数是固定总价合同。

（二）建造合同收入

建造工程合同收入包括合同中规定的初始收入和因合同变更、索赔、奖励等形成的收入。

1. 合同规定的初始收入，即建筑业企业与业主签订的合同中最初商定的合同总金额，它是合同收入的基本内容。

2. 合同变更（洽商）收入。合同变更，是指业主为改变合同规定的作业内容和建筑业企业因生产要素市场价格涨幅超出双方约定的范围而提出的调整。合同变更收入同时满足下列条件，才能确认合同收入：

（1）业主能够签认变更而增加的收入。因作业内容变更，要取得经设计、监理、业主共同签认的技术变更文书；因市场人工、材料等涨价变更，要取得业主签认的价格调整文书。

---

① 不同序列会计制度的适用范围和适用时间，参见本书第一章第三节。

（2）该收入能够可靠地计量，是指合同变更的金额是确定的，符合会计确认的条件，实际工作中是根据取得的相关变更资料是否有确定的金额确定的。

例如，某建筑公司与业主签订一项工程合同，建设期 3 年。第二年，客户要求将原设计中采用的铝合金门窗改为塑钢门窗，并同意增加合同造价 100 万元，该建筑公司应在第二年将因合同变更而增加的收入 100 万元认定为合同收入的组成部分。

3. 索赔收入。索赔收入，是指因业主或第三方的原因造成的、向业主或第三方收取的、用于补偿不包括在合同造价中成本的款项。索赔收入同时满足下列条件，才能确认合同收入：

（1）根据谈判情况，预计对方能够同意该项索赔，是指通过会议纪要或函件往来证据认定业主同意承担该项索赔。

（2）对方同意接受的金额能够可靠地计量，是指具体的索赔金额已经取得对方的书面确认。

例如，某建筑公司与业主签订一项工程合同，施工过程中由于业主手续不完善原因，导致该公司发生停工损失 100 万元，经谈判，业主同意补偿损失 80 万元，则该建筑公司应在业主签认当年将 80 万元的索赔收入计入合同预计总收入。

4. 奖励收入。奖励收入是指工程达到或超过规定的标准，业主同意支付的额外款项。奖励款同时满足下列条件，才能确认合同收入：

（1）根据合同目前完成情况，足以判断工程进度和工程质量能够达到或超过规定的标准。

（2）奖励金额能够可靠地计量。按照合同约定的具体条款计算奖励款。

例如，某建筑公司与业主签订一项工程合同，经过参施各方共同努力，提前半年实现竣工，业主同意支付工期奖 100 万元，则该建筑公司应在业主同意当年将 100 万元的奖励收入计入合同预计总收入。

（三）建造合同成本

建造承包商建造工程合同成本应当包括从合同签订开始至合同完成止所发生的、与执行合同有关的直接费用和间接费用。

1. 直接费用。直接费用包括耗用的人工费用、耗用的材料费用、耗用的机械使用费和与设计有关的技术援助费用、施工现场材料的二次搬运费、生产工具和用具使用费、检验试验费、工程定位复测费、工程点交费用、场地清理费用等其他直接费用。由于目前建筑业专业分包较为普遍，可以直接归属于合同成本核算对象的专业分包成本，也属于直接费用的范围。

直接费用在发生时应当直接计入合同成本。

2. 间接费用。间接费用是企业下属的施工单位或生产单位为组织和管理施工生产活动所发生的费用，包括临时设施摊销费用和施工，生产单位管理人员工资、奖金、职工福利费、劳动保护费，固定资产折旧费及修理费，物料消耗，低值易耗品摊销，取暖费，水电费，办公费，差旅费以及财产保险费、工程保修费、环保税等。

对于一个施工单位（项目部等）组织和管理多个项目所发生的间接费用，应当在期末按照系统、合理的方法分摊计入各合同成本。

3. 期间费用。即企业行政管理部门为组织和管理生产经营活动所发生的管理费用、销售费用、企业筹集生产经营所需资金而发生的财务费用和因订立合同而发生的有关费用，应当直接计入当期费用。

4. 与合同有关的零星收益，如合同完成后处置残余物资取得的收益，应当冲减合同成本。例如，施工过程中或完成后处置残余物资取得的收益。由于工程领用材料时已将领用材料的价值直接计入了工程成本，材料物资的下脚料已包括在合同成本中，因此，处置这些残余物资取得的收益应冲减合同成本。

（四）合同收入及费用确认

建造承包商建造工程合同收入及费用应按以下原则确认和计量：

1. 如果建造合同的结果能够可靠地估计，企业应当根据完工百分比法在资产负债表日确认合同收入和费用。完工百分比法，是指根据合同完工进度确认收入与费用的方法。

（1）固定造价合同的结果能够可靠估计，是指同时具备以下 4 项条件：合同总收入能够可靠地计量；与合同相关的经济利益能够流入企业；在资产负债表日合同完工进度和为完成合同尚需发生的成本能够可靠地确定；为完成合同已经发生的合同成本能够清楚地区分和可靠地计量，以便实际合同成本能够与以前的预计成本相比较。

（2）成本加成合同的结果能够可靠估计，是指同时具备以下 2 项条件：与合同相关的经济利益能够流入企业；实际发生的合同成本能够清楚地区分并且能够可靠地计量。

2. 建造合同当期收入和当期成本的确认。

建筑企业应在资产负债表日（年度、季度、月度等，下同）按实际合同总收入减去以前会计期间累计已确认的收入后的余额作为当期收入，同时按累计实际发生的合同成本减去以前会计期间累计已确认的费用后的余额作为当期费用。

当期收入 = 合同预计总收入 × 完工进度 − 以前会计期间累计已确认收入

当期费用 = 合同预计总成本 × 完工进度 − 以前会计期间累计已确认成本

合同毛利 = 当期合同收入 − 当期合同费用

3. 如果建造合同的结果不能可靠地估计，应当区别以下情况处理：

（1）合同成本能够收回的，合同收入根据能够收回的实际合同成本加以确认，合同成本在其发生的当期作为费用；

（2）合同成本不可能收回的，应当在发生时立即作为费用，不确认收入。

4. 在一个会计年度内完成的建造合同，应当在完成时确认合同收入和合同费用。

5. 如果合同预计总成本将超过合同预计总收入，应当将预计损失立即作为当期费用。

（五）合同完工进度

合同完工进度可以按累计实际发生的合同成本占合同预计总成本的比例、已经完成的合同工作量占合同预计总工作量的比例、已完合同工作的测量等方法确定。

采用累计实际发生的合同成本占合同预计总成本的比例确定合同完工进度时，累计实际发生的合同成本不包括：

（1）与合同未来活动相关的合同成本；

（2）在分包工程总工作量完成之前预付给分包单位的款项。

二、《企业会计准则》

《企业会计准则第14号——收入》（以下简称“收入准则”）将原收入准则和建造合同准则纳入统一的收入确认模型，不再区分销售商品、提供劳务和建造合同等具体交易形式，而是采用五步法模型确认和计量收入：第一步，识别与客户订立的合同；第二步，识别合同中的单项履约义务；第三步，确定交易价格；第四步，将交易价格分摊至各单项履约义务；第五步，履行各单项履约义务时确认收入。

（一）识别与客户订立的合同

此处的合同，是指双方或多方之间订立的有法律约束力的权利义务的协议，包括书面形式、口头形式和其他形式。

1. 并非签订的所有合同都需要确认收入，只有同时满足以下五个条件的合同，建筑企业才能在客户取得相关商品①控制权时确认收入：

（1）合同各方已批准该合同并承诺将履行各自义务；

（2）该合同明确了合同各方与所转让商品或提供劳务相关的权利和义务；

（3）该合同有明确的与所转让商品相关的支付条款；

（4）该合同具有商业实质，即履行该合同将改变企业未来现金流量的风险、时间分布或金额；

（5）企业因向客户转让商品而有权取得的对价很可能收回。

在合同开始日不符合上述条件的合同，建筑业企业应当对其进行持续评估，并在其满足上述条件时按照规定进行会计处理。

2. 建筑业企业与同一客户（或该客户的关联方）同时订立或在相近时间内先后订立的两份或多份合同，在满足下列条件之一时，应当合并为一份合同进行会计处理：

（1）该两份或多份合同基于同一商业目的而订立并构成一揽子交易。

（2）该两份或多份合同中的一份合同的对价金额取决于其他合同的定价

① 收入准则中的商品既包括商品，也包括服务，本节表述亦是如此。

或履行情况。

（3）该两份或多份合同中所承诺的商品（或每份合同中所承诺的部分商品）构成单项履约义务。

例如，某玻璃幕墙企业在相近时间内与同一业主签订了两份合同，一份为玻璃幕墙销售，一份为玻璃幕墙安装，这种情况下应当将这两份合同合并进行会计处理。

3. 建筑业企业应当关注收入准则中的合同变更概念。合同变更，是指经合同各方批准对原合同范围或者价格作出的变更。合同变更既可能形成新的具有法律约束力的权利和义务，也有可能是变更了合同各方现有的具有法律约束力的权利和义务。收入准则第八条区分了三种合同变更的情形：

（1）合同变更增加了可明确区分的商品及合同价款，且新增合同价款反映了新增商品单独售价的，应当将该合同变更部分作为一份单独的合同进行会计处理。此类合同变更不影响原合同的会计处理。

例如，某建筑业企业与业主签订建设工程施工合同，向业主提供土建工程服务，施工过程中，业主又与该企业变更合同范围，约定将本工程的市政及绿化工程也交由该企业施工。由于合同变更增加的市政及绿化工程为可明确区分的商品，其合同价款反映了单独售价，该建筑业企业应当将后续工程作为单独合同进行会计处理。

（2）合同变更作为原合同终止及新合同签订。

（3）合同变更部分作为原合同的组成部分。这种情况下，应将合同变更部分作为原合同的组成部分，在合同变更日重新计算履约进度，并调整当期收入和相应成本。

例如，某建筑企业与业主签订建设工程施工合同，为业主建造办公楼，在施工过程中，双方同意更改办公楼的装修材料和装修工艺，合同价格增加200万元。本例中，材料和工艺变更并未改变该合同仍为单项履约义务的事实，该建筑业企业应当将合同变更作为原施工合同的组成部分进行会计处理。调整增加交易价格（合同总收入）200万元，重新计算履约进度，对当期已确认收入和成本进行调整。

（二）识别合同中的单项履约义务

履约义务，是指合同中向客户转让可明确区分商品（服务）的承诺，对建筑业企业而言，向业主提供合同约定的建筑服务就是履约义务。判断合同中的承诺是否是单项履约义务，主要看提供的商品或服务是否可明确区分。

例如，某施工总承包企业以包工包料的方式为业主提供住宅建造服务，尽管建筑业企业向业主提供的单项商品可能包括人工、钢材、商品混凝土等，虽然这些单项商品均可使业主获益，但是，在该合同中，建筑业企业向业主承诺的是为其建造房屋，而非单独销售上述商品。建筑业企业还需要利用自身技术、经验等将其进行整合，最终向业主交付合格的建筑产品。因此，不能把上述不可单独区分的商品当成多项履约义务，而应将向业主提供房屋建造服务，作为单项履约义务。

再如，某设备厂商与客户签订合同，向客户出售一台其生产的设备并提供安装服务。该设备可以不经任何定制或改装而直接使用，不需要复杂安装，除该厂商外，市场上还有其他供应商也能提供此项安装服务。本例中，该设备仅需简单安装即可使用，该厂商并未对该设备和安装提供重大整合服务，两者之间不具有高度关联性，表明彼此之间可明确区分。因此，本合同包含两项履约义务，即销售设备和提供安装服务。

（三）确定交易价格

交易价格，是指企业因向客户转让商品而与其有权收取的对价金额。企业代第三方收取的款项（如增值税额）以及企业预期将退还给客户的款项，应当作为负债进行处理，不计入交易价格。通常情况下，合同标价能够代表交易价格，但企业在确定交易价格时，还应考虑可变对价、合同中存在的重大融资成分、非现金对价以及应付客户对价等因素的影响。

例如，某建筑企业与业主签订固定造价合同，为其建造一栋办公楼，合同价款为5 000万元。合同约定，该项工程的完工日期为2×21年3月31日，如果建筑业企业能够在该日期之前完工，则每提前一天，合同价款将增加5万元；相反，如果未能按期完工，则每推迟一天，合同价款将减少5万元。此外，合同约定，该项工程完工之后将参与省级优质工程奖的评选，如果能够获奖，业主将额外奖励建筑业企业300万元。本例中，与工期挂钩的奖惩款以及与质量挂钩的奖励款，均属于可变对价。建筑业企业在确定交易价格时，应当考虑可变对价的影响。

（四）履行各单项履约义务时确认收入

根据收入准则第九条的规定，合同开始日，企业应当对合同进行评估，识别该合同所包含的各单项履约义务，并确定各单项履约义务是在某一时段内履行，还是在某一时点履行，然后，在履行了各单项履约义务时分别确认收入。

1. 建筑施工合同属于某一时段内的履约义务。

根据收入准则第十一条的规定，满足下列条件之一的，属于在某一时段内履行履约义务；否则，属于在某一时点履行履约义务：

（1）客户在企业履约的同时即取得并消耗企业履约所带来的经济利益。

（2）客户能够控制企业履约过程中在建的商品。

（3）企业履约过程中所产出的商品具有不可替代用途，且该企业在整个合同期间内有权就累计至今已完成的履约部分收取款项。

具有不可替代用途，是指因合同限制或实际可行性限制，企业不能轻易地将商品用于其他用途。

有权就累计至今已完成的履约部分收取款项，是指在由于客户或其他方原因终止合同的情况下，企业有权就累计至今已完成的履约部分收取能够补偿其已发生成本和合理利润的款项，并且该权利具有法律约束力。

从建设工程施工合同执行过程看，建筑业企业向业主提供建筑服务的过程，就是业主取得并消耗建筑业企业履约所带来的经济利益的过程，假定某工程中途停工，业主再将工程发包给另一建筑企业。该继续履行合同的企业实质上无需重新执行企业累计至今已经完成的工作时，表明客户在企业履约的同时即取得并消耗了企业履约所带来的经济利益。

建设工程施工合同属于某一时段履行履约义务的最重要判定标准是，客户能够控制建筑业企业履约过程中在建的商品。在施工程和完工产品的所有权均为业主所拥有，设计方案由业主提供，在建造过程中，业主通常会委托监理进行过程中的监督和控制，这都表明客户能够控制建筑业企业履约过程中在建的商品。

2. 在某一时段内履行的履约义务的收入确认。

对于在某一时段内履行的履约义务，企业应当在该段时间内按照履约进度确认收入，但是，履约进度不能合理确定的除外。

（1）收入成本确认模式。

履约进度能够合理确定的，建筑业企业应当在资产负债表日按照合同的交易价格总额乘以履约进度扣除以前会计期间累计已确认的收入后的金额，确认为当期收入；同时按照相应期间实际发生的成本，确认为当期成本。

当期收入 = 合同交易价格总额 × 履约进度 − 以前会计期间累计已确认收入

当期费用 = 当期实际发生的成本

当履约进度不能合理确定时，企业已经发生的成本预计能够得到补偿的，应当按照已经发生的成本金额确认收入，直到履约进度能够合理确定为止。

当期收入 = 预计能够得到补偿的成本

当期费用 = 当期实际发生的成本

（2）履约进度的确定。

新收入准则给出了两种履约进度的确定方法，即产出法和投入法。

①产出法。产出法是指根据已转移给客户的商品对于客户的价值确定履约进度的方法，通常可采用实际测量的完工进度、评估已实现的结果、已达到的里程碑、时间进度、已完工或交付的产品等产出指标确定履约进度。

产出法类似于《企业会计制度》中“已经完成的合同工作量占合同预计总工作量的比例”和“已完合同工作的测量”，是从客户价值体验的角度界定履约进度的方法。

具体到建设工程施工合同，笔者认为，业主或监理验工计价金额，最能体现建筑业企业的产出对客户的价值，是最恰当的产出法，公式为：

产出法履约进度 = 验工计价金额 ÷ 合同交易价格总额

②投入法。投入法是指根据企业履行履约义务的投入确定履约进度的方法，通常可采用投入的材料数量、花费的人工工时或机器工时、发生的成本和时间进度等投入指标确定履约进度。当企业从事的工作或发生的投入是在整个履约期间内平均发生时，企业也可以按照直线法确认收入。

实务中，通常按照累计实际发生的成本占预计总成本的比例确定履约进度，这一方法也被称为成本法，它与《企业会计制度》中“累计实际发生的合同成本占合同预计总成本的比例”没有本质的区别。

成本法履约进度 = 累计实际发生的成本 ÷ 合同预计总成本

当建筑业企业已发生的成本与履约进度不成比例，在采用成本法确定履约进度时需要进行适当调整，通常仅以其已发生的成本为限确认收入。对于施工中尚未安装、使用或耗用的材料设备成本，当建筑业企业在合同开始日就预期能满足下列所有条件时，应在采用成本法确定履约进度时不包括下列成本：第一，该材料设备不可明确区分，即不构成单项履约义务；第二，客户先取得该材料货物的控制权，之后才接受与之相关的服务；第三，该材料设备的成本相对于预计总成本而言是重大的；第四，建筑业企业自第三方采购该材料设备，且未深入参与其设计和制造，对于包含该材料设备的履约义务而言，建筑企业是主要责任人。

【例 4－1】[①] 2×18 年 10 月，甲公司与客户签订合同，为客户装修一栋办公楼，包括安装一部电梯，合同总金额为 100 万元。甲公司预计的合同总成本为 80 万元，其中包括电梯的采购成本 30 万元。

2×18 年 12 月，甲公司将电梯运达施工现场并经过客户验收，客户已取得对电梯的控制权，但是，根据装修进度，预计到 2×19 年 2 月才会安装该电梯。截至 2×18 年 12 月，甲公司累计发生成本 40 万元，其中包括支付给电梯供应商的采购成本 30 万元以及因采购电梯发生的运输和人工等相关成本 5 万元。

假定：该装修服务（包括安装电梯）构成单项履约义务，并属于在某一时段内履行的履约义务，甲公司是主要责任人，但不参与电梯的设计和制造；甲公司采用成本法确定履约进度；上述金额均不含增值税。

解析：

本例中，截至 2×18 年 12 月，甲公司发生成本 40 万元（包括电梯采购成本 30 万元以及因采购电梯发生的运输和人工等相关成本 5 万元），甲公司认为其已发生的成本和履约进度不成比例，因此需要对履约进度的计算作出调整，将电梯的采购成本排除在已发生成本和预计总成本之外。在该合同中，

---

① 本例摘自《〈企业会计准则第 14 号——收入〉应用指南 2018》，财政部会计司编写组，中国财政经济出版社，第 43－44 页。

该电梯不构成单项履约义务，其成本相对于预计总成本而言是重大的，甲公司是主要责任人，但是未参与该电梯的设计和制造，客户先取得了电梯的控制权，随后才接受与之相关的安装服务，因此，甲公司在客户取得该电梯控制权时，按照该电梯采购成本的金额确认转让电梯产生的收入。

2×18年12月，该合同的履约进度为20%［（40－30）÷（80－30］，应确认的收入和成本金额分别为44万元［（100－30）×20%＋30］和40万元［（80－30）×20%＋30］。

需要指出的是，每一资产负债表日，建筑业企业应当对履约进度进行重新估计。当客观环境发生变化时，建筑业企业也需要重新评估履约进度是否发生变化，以确保履约进度能够反映履约情况的变化，该变化应当作为会计估计变更进行会计处理。对于每一项履约义务，建筑业企业只能采用一种方法来确定其履约进度，并加以一贯运用。对于类似情况下的类似履约义务，应当采用相同的方法确定履约进度。

（五）合同成本

1. 合同履约成本。

收入准则第二十六条规定，企业为履行合同发生的成本，不属于其他企业会计准则规范范围且同时满足下列条件的，应当作为合同履约成本确认为一项资产：

（1）该成本与一份当前或预期取得的合同直接相关，包括直接人工、直接材料、制造费用（或类似费用）、明确由客户承担的成本以及仅因该合同而发生的其他成本；

（2）该成本增加了企业未来用于履行履约义务的资源；

（3）该成本预期能够收回。

2. 合同取得成本。

收入准则第二十八条规定，企业为取得合同发生的增量成本预期能够收回的，应当作为合同取得成本确认为一项资产；但是，该资产摊销期限不超过1年的，可以在发生时计入当期损益。

增量成本，是指企业不取得合同就不会发生的成本（如销售佣金等）。

企业为取得合同发生的、除预期能够收回的增量成本之外的其他支出

(如无论是否取得合同均会发生的差旅费等)，应当在发生时计入当期损益，但是，明确由客户承担的除外。

收入准则关于合同取得成本的界定，与《企业会计准则解释第1号》的规定是一致的，即企业（建造承包商）为订立合同发生的差旅费、投标费等，能够单独区分和可靠计量且合同很可能订立的，应当予以归集，待取得合同时计入合同成本；未满足上述条件的，应当计入当期损益。

根据收入准则第二十九条的规定，合同履约成本和合同取得成本等与合同成本有关的资产，应当采用与该资产相关的商品收入确认相同的基础进行摊销，计入当期损益。

3. 当期损益。

收入准则第二十七条规定，企业应当在下列支出发生时，将其计入当期损益：

（1）管理费用。

（2）非正常消耗的直接材料、直接人工和制造费用（或类似费用），这些支出为履行合同发生，但未反映在合同价格中。

（3）与履约义务中已履行部分相关的支出。

（4）无法在尚未履行的与已履行的履约义务之间区分的相关支出。

三、《小企业会计准则》

根据《小企业会计准则》第五十八条的规定，收入，是指小企业在日常生产经营活动中形成的、会导致所有者权益增加、与所有者投入资本无关的经济利益的总流入。包括：销售商品收入和提供劳务收入。

（一）销售商品收入

销售商品收入，是指小企业销售商品（包括产成品、材料等）取得的收入。

1. 收入确认时点。

通常，小企业应当在发出商品且收到货款或取得收款权利时，确认销售商品收入。

（1）销售商品采用托收承付方式的，在办妥托收手续时确认收入。

（2）销售商品采取预收款方式的，在发出商品时确认收入。

（3）销售商品采用分期收款方式的，在合同约定的收款日期确认收入。

（4）销售商品需要安装和检验的，在购买方接受商品以及安装和检验完毕时确认收入。安装程序比较简单的，可在发出商品时确认收入。

（5）销售商品采用支付手续费方式委托代销的，在收到代销清单时确认收入。

（6）销售商品以旧换新的，销售的商品作为商品销售处理，回收的商品作为购进商品处理。

（7）采取产品分成方式取得的收入，在分得产品之日按照产品的市场价格或评估价值确定销售商品收入金额。

2. 收入确认金额。

小企业应当按照从购买方已收或应收的合同或协议价款，确定销售商品收入金额。

销售商品涉及现金折扣的，应当按照扣除现金折扣前的金额确定销售商品收入金额。现金折扣应当在实际发生时，计入当期损益。所谓现金折扣，是指债权人为鼓励债务人在规定的期限内付款而向债务人提供的债务扣除。

销售商品涉及商业折扣的，应当按照扣除商业折扣后的金额确定销售商品收入金额。所谓商业折扣，是指小企业为促进商品销售而在商品标价上给予的价格扣除。

3. 销售退回的处理。

小企业已经确认销售商品收入的售出商品发生的销售退回，不论属于本年度还是属于以前年度的销售，应当在发生时冲减当期销售商品收入。所谓销售退回，是指小企业售出的商品由于质量、品种不符合要求等原因发生的退货。

小企业已经确认销售商品收入的售出商品发生的销售折让，应当在发生时冲减当期销售商品收入。所谓销售折让，是指小企业因售出商品的质量不合格等原因而在售价上给予的减让。

（二）提供建筑劳务收入

小企业提供建筑劳务的收入，是指小企业从事建筑安装服务活动取得的收入。针对工期是否跨年底资产负债表日，可将提供建筑劳务收入分为两种确认模式。

1. 同一会计年度内开始并完成的劳务，应当在提供劳务交易完成且收到款项或取得收款权利时，确认提供劳务收入。提供劳务收入的金额为从接受劳务方已收或应收的合同或协议价款。

2. 劳务的开始和完成分属不同会计年度的，应当按照完工进度确认提供劳务收入。年度资产负债表日，按照提供劳务收入总额乘以完工进度扣除以前会计年度累计已确认提供劳务收入后的金额，确认本年度的提供劳务收入；同时，按照估计的提供劳务成本总额乘以完工进度扣除以前会计年度累计已确认营业成本后的金额，结转本年度营业成本。

当期收入 = 提供劳务收入总额 × 完工进度 − 以前年度已确认的提供劳务收入累计金额

当期成本 = 当期实际发生成本

3. 完工进度的确定有三种方法：

（1）已完工工作量的测量，如完成的工程形象进度。例如，某建筑业小企业为某社区盖居民活动中心大楼，一共5层，在18个月的时间内完成，第1年年底盖完了2层，则第1年完成的工程进度为40%。

（2）已经提供的劳务量占应提供劳务总量的比例，如已挖土石方量占总土石方量的比例。例如某建筑业小企业承揽土方挖运工程，总土方量为10万方，时间为2×18年7月1日至2×19年6月30日，在2×18年12月31日，经测算共挖土方量为6万方，则2×18年12月31日完成的工程进度为60%。

（3）已经发生的成本占估计的提供劳务成本总额的比例，例如，某工程预计总成本为600万元，分2年完工，第1年实际发生的工程成本为270万元，则第1年完成的工程进度为45%。

（三）小企业收入确认的特殊之处

1. 收入确认以年度为会计期间。

与《企业会计制度》和《企业会计准则》不同的是，《小企业会计准则》仅要求小企业在年度资产负债表日对跨年度劳务按照完工百分比法确认收入和成本。

年度中间，为了简化核算，可以按照当月收到的合同款项确认主营业务收入，按照当月发生的工程成本计入“工程施工”科目。月度或者季度企业所得税预缴申报需要报送财务报表时，可以采用“表结法”填报利润表。“表结法”又称“调表不调账”，即根据当期“工程施工”借方发生额，直接填入利润表的“营业成本”项目，而无需编制主营业务成本结转分录。这种做法可以保证“工程施工”科目能够反映全年工程成本的全貌，有利于建筑业企业年末计算完工进度时取数。

年度终了，在编制年度利润表时，应当按照完工百分比法进行调整，做到“账表一致”，即“营业收入”报表项目本年发生额应为按照完工百分比法计算得出的金额，且与“主营业务收入”科目的发生额相一致；“营业成本”报表项目的本年发生额应为结转的工程成本金额，且与“主营业务成本”科目的发生额相一致。

2. 一个合同既有销售商品又有提供劳务的处理。

小企业与其他企业签订的合同或协议包含销售商品和提供劳务时，销售商品部分和提供劳务部分能够区分且能够单独计量的，应当将销售商品的部分作为销售商品处理，将提供劳务的部分作为提供劳务处理。销售商品部分和提供劳务部分不能够区分，或虽能区分但不能够单独计量的，应当作为销售商品处理。

《小企业会计准则》对小企业的混合销售，采取了“能拆尽拆”的原则，然后分别按照销售商品和提供劳务两种原则进行收入确认，如果实在无法进行分拆，统一按照销售商品确认收入。

第二节 《企业会计制度》收入成本确认

一、科目设置和账务处理流程

（一）主要会计科目设置

建筑业企业应当设置“工程施工”和“工程结算”两个一级会计科目。

1. 工程施工（5401）。

本科目核算建筑业企业实际发生的工程施工合同成本和确认的合同毛利或亏损。

本科目应按施工工程项目进行辅助核算，然后再设置“合同成本”“合同毛利”两个二级明细科目，其中“合同成本”明细科目下设“人工费”“材料费”“机械使用费”“其他直接费”“间接费用”“分包工程成本”等六个三级明细科目，各明细科目具体核算范围参见本书第一章第三节相关内容。

“工程施工——合同成本”科目期末余额在借方，反映建筑业企业已经实际发生的合同成本；“工程施工——合同毛利”明细科目期末余额如在借方，反映累计实现的合同毛利，期末余额如在贷方，反映累计发生的合同亏损。

本科目在工程竣工结算之前不进行结转，工程竣工结算之后，与“工程结算”科目对冲。

2. 工程结算（5402）。

本科目核算建筑业企业根据合同的施工进度向业主和工程监理单位报送已完工程计量单办理结算的价款。

本科目为工程施工科目的备抵科目，应按施工工程项目进行辅助核算，一般不设置明细科目。

本科目期末余额在贷方，反映建筑业企业已完成工程量被业主认可的金额。

本科目在工程竣工结算之前不进行结转，工程竣工结算之后，与“工程施工”科目对冲。

（二）账务处理流程

1. 归集合同成本。将实际发生的合同成本通过“工程施工——合同成本”科目进行归集。

2. 价款结算。根据向业主办理的工程价款结算金额，借记“应收账款”等科目，贷记“工程结算”科目。

3. 回收工程款。根据实际收到的工程款，借记“银行存款”科目，贷记“应收账款”等科目。

4. 确认当期合同收入和合同费用。根据完工进度和合同总收入、合同预计总成本计算确定当期合同收入和合同费用的金额，借记“主营业务成本”科目，贷记“主营业务收入”科目，按其差额，借记或贷记“工程施工——合同毛利”科目。

5. 计提合同预计损失。合同预计总成本超过合同总收入时，应计提减值准备，根据当期应计提的合同预计损失，借记“资产减值损失”科目，贷记“存货跌价准备”科目。转回时作相反会计分录。

6. 转销合同预计损失准备。合同完工办理完工总结算时，按已计提的合同预计损失准备，借记“存货跌价准备”科目，贷记“主营业务成本”科目。

7. 合同竣工结算，对冲工程施工与工程结算，借记“工程结算”科目，贷记“工程施工”科目。

以上账务处理流程可用图4－1表示：

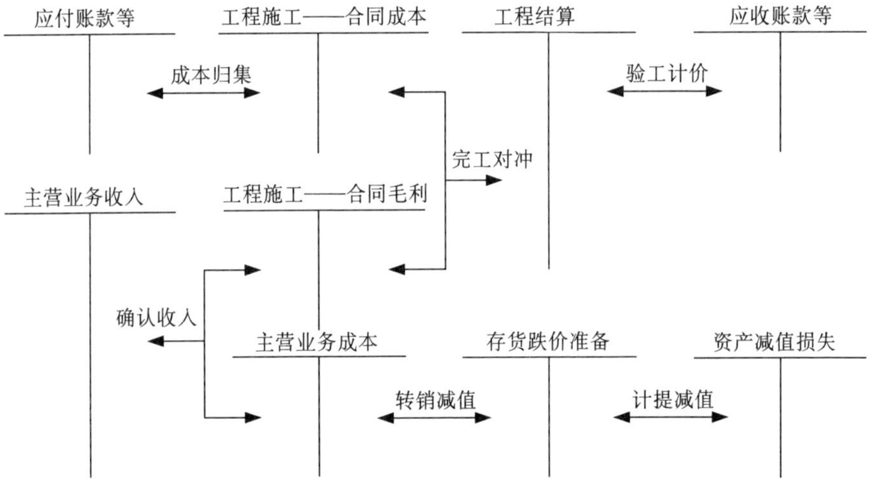

图4－1　建筑业企业收入成本确认（《企业会计制度》）

二、案例分析

【例4－2】 黄河建设公司与业主签订了一项金额为2 700万元的固定造价合同，工程于2×15年2月开工，预计2×17年9月完工。工程按时开工后，业主根据合同约定支付预付款700万元，其余各年资料及账务处理如下，不考虑流转税费的影响。

解析：

（1）2×15 年：

工程发生成本 800 万元，经成本预测小组测算，为完成合同尚需发生成本 1 700 万元，业主计量 1 000 万元，按合同约定付款比例应支付工程款 800 万元，扣除预付款后实际收到工程款价款 100 万元。

①收到预收款时：

借：银行存款　　700 万元

　　贷：预收账款　　700 万元

②发生合同成本时：

借：工程施工——合同成本——人工费等　　800 万元

　　贷：原材料、应付账款等　　800 万元

③验工计价时：

借：预收账款　　700 万元

　　应收账款　　300 万元

　　贷：工程结算　　1 000 万元

④收取工程款时：

借：银行存款　　100 万元

　　贷：应收账款　　100 万元

⑤确认合同收入和合同费用时：

至 2×15 年底累计完工进度为：800 ÷（800 + 1 700）×100% = 32%

当期合同收入 = 2 700 × 32% = 864（万元）

当期合同费用 = 2 500 × 32% = 800（万元）

当期合同毛利 = 864 − 800 = 64（万元）

借：主营业务成本　　800 万元

　　工程施工——合同毛利　　64 万元

　　贷：主营业务收入　　864 万元

（2）2×16 年：

本年工程发生成本 1 300 万元，自开工累计发生成本 2 100 万元，经成本预测小组测算，为完成合同尚需发生成本 900 万元，业主计量 1 100 万元，按合同约定付款比例应支付工程款880万元，款项已收到。

①发生合同成本时：

借：工程施工——合同成本——人工费等　　1 300万元

　　贷：原材料、应付账款等　　1 300万元

②验工计价时：

借：应收账款　　1 100万元

　　贷：工程结算　　1 100万元

③收取工程款时：

借：银行存款　　880万元

　　贷：应收账款　　880万元

④确认合同收入和合同费用时：

至2×16年底累计完工进度＝2 100÷（2 100＋900）×100%＝70%

当期合同收入＝2 700×70%－864＝1 026（万元）

当期合同费用＝3 000×70%－800＝1 300（万元）

当期合同毛利＝1 026－1 300＝－274（万元）

借：主营业务成本　　1 300万元

　　贷：主营业务收入　　1 026万元

　　　　工程施工——合同毛利　　274万元

⑤截至2×16年底，该工程合同预计总成本3 000万元大于合同总收入2 700万元，预计发生亏损300万元，已在“工程施工——合同毛利”科目中反映了210万元（＝274－64），因此应将剩余的预计损失90万元确认为当期费用：

借：资产减值损失　　90万元

　　贷：存货跌价准备　　90万元

（3）2×17年：

本年工程发生成本850万元，自开工累计发生成本2 950万元，工程已完工，相关成本已发生完毕。通过与业主进行谈判，双方同意工程结算总额为3 000万元，本年业主支付工程款1 170万元。

①发生合同成本时：

借：工程施工——合同成本——人工费等　　850万元

贷：原材料、应付账款等 850 万元

②结算时：

借：应收账款 900 万元

贷：工程结算 900 万元

③收取工程款时：

借：银行存款 1 170 万元

贷：应收账款 1 170 万元

④确认合同收入和合同费用时：

本年合同收入 =3 000 -864 -1 026 =1 110（万元）

本年合同费用 =2 950 -800 -1 300 =850（万元）

本年合同毛利 =1 110 -850 =260（万元）

借：主营业务成本 850 万元

工程施工——合同毛利 260 万元

贷：主营业务收入 1 110 万元

⑤转销合同预计损失准备时：

借：存货跌价准备 90 万元

贷：主营业务成本 90 万元

⑥对冲工程施工和工程结算时：

借：工程结算 3 000 万元

贷：工程施工——合同成本 2 950 万元

——合同毛利 50 万元

以上例 4 -2 是针对建造合同结果可以可靠估计的情形，如果建造合同的结果不能可靠估计，则不能采用完工百分比法确认和计量合同收入和费用，而应区别以下两种情况进行会计处理：

（1）合同成本能够收回的，合同收入根据能够收回的实际合同成本予以确认，合同成本在其发生的当期确认为合同费用。

（2）合同成本不可能收回的，应在发生时立即确认为合同费用，不确认合同收入。

使建造合同的结果不能可靠估计的不确定因素不复存在的，应转为按照完工百分比法确认合同收入和费用。

【例4－3】长江建设公司与业主签订了一项总金额为180万元的建造合同。第一年实际发生工程成本40万元，双方均能履行合同规定的义务，但长江建设公司在年末时对该项工程的完工进度无法可靠确定。

解析：

由于无法可靠确定该工程的完工进度，因此该公司不能采用完工百分比法确认收入。考虑到业主能够履行合同，当年发生的成本均能收回，所以长江建设公司可将当年发生的成本金额同时确认为当年的收入和费用，当年不确认利润。其账务处理如下：

借：工程施工——合同成本　　40万元

　　贷：原材料、应付账款等　　40万元

借：应收账款　　40万元

　　贷：工程结算　　40万元

借：主营业务成本　　40万元

　　贷：主营业务收入　　40万元

【例4－4】如果例4－3中的长江建设公司当年与客户只办理价款结算15万元，其余款项可能收不回来。

解析：

这种情况下，长江建设公司只能将15万元确认为当年的收入，40万元应确认为当年的费用。其账务处理如下：

借：工程施工——合同成本　　40万元

　　贷：原材料、应付账款等　　40万元

借：应收账款　　15万元

　　贷：工程结算　　15万元

借：主营业务成本　　40万元

　　贷：主营业务收入　　15万元

　　　　工程施工——合同毛利　　25万元

【例4－5】接例4－4，如果到第二年，完工进度无法可靠确定的因素消除。第二年实际发生成本为30万元，预计为完成合同尚需发生的成本为70万元。

解析：

长江建设公司应当计算合同收入和费用如下：

第二年合同完工进度 =（40 + 30）÷（40 + 30 + 70）×100% = 50%

第二年确认的合同收入 = 180 × 50% − 15 = 75（万元）

第二年确认的合同费用 =（40 + 30 + 70）×50% − 40 = 30（万元）

第二年确认的合同毛利 = 75 − 30 = 45（万元）

账务处理如下：

借：主营业务成本　　　　　　　　　　　　30 万元

　　工程施工——合同毛利　　　　　　　　45 万元

　　贷：主营业务收入　　　　　　　　　　　75 万元

三、会计报表列示

由于“工程施工”和“工程结算”科目在完工对冲前只有借方或贷方发生额，在期末编报会计报表时，如直接以科目余额列示，将无法真实客观地反映建筑业企业的财务状况。

根据《企业会计制度》的规定，期末应对“工程施工”和“工程结算”科目余额进行比较，前者大于后者的，差额在资产负债表“存货”项目中列示，后者大于前者的，差额在“预收账款”项目中列示。

【例 4 − 6】 接例 4 − 2，黄河建设公司 2 × 15 年至 2 × 17 年会计报表列示（不考虑其他损益事项）。

解析：

（1）2 × 15 年：

预收账款项目 136 万元（工程结算科目余额 1 000 万元 − 工程施工科目余额 864 万元）

应收账款项目 200 万元；

营业收入项目 864 万元；

营业成本项目 800 万元；

营业利润项目 64 万元。

（2）2 × 16 年：

预收账款项目 210 万元（工程结算科目余额 2 100 万元 − 工程施工科目余额 1 890 万元）；

存货跌价准备余额90万元，应作为存货项目的抵减项列示；

应收账款项目420万元；

营业收入项目1 026万元；

营业成本项目1 300万元；

资产减值损失项目90万元；

营业利润项目 -364万元（主营业务收入1 026万元 - 主营业务成本1 300万元 - 资产减值损失90万元）。

（3）2×17年：

预收账款项目余额为零；

应收账款项目150万元；

营业收入项目1 110万元；

营业成本项目760万元；

营业利润项目350万元。

第三节 《企业会计准则》收入成本确认

一、科目设置和账务处理流程

（一）主要会计科目设置

建筑业企业应当设置“合同履约成本”“合同履约成本减值准备”“合同取得成本”“合同取得成本减值准备”“合同资产”“合同负债”“合同结算”等若干个一级会计科目。

1. 合同履约成本。

本科目核算建筑业企业为履行当前或预期取得的合同所发生的、不属于其他企业会计准则规范范围且按照收入准则应当确认为一项资产的成本。企业因履行合同而产生的毛利不在本科目核算。

本科目应按合同或者施工工程项目进行辅助核算，应当设置“工程施工”二级明细科目，然后在“工程施工”明细科目下设“人工费”“材料费”“机械使用费”“其他直接费”“间接费用”“分包工程成本”等六个三级明细科目，各明细科目具体核算范围参见本书第一章第三节相关内容。

“合同履约成本——工程施工”科目需要在资产负债表日结转至“主营业务成本”科目，本科目期末余额在借方，反映建筑业企业已经实际发生但尚未结转的合同履约成本。

2. 合同履约成本减值准备。

本科目核算与合同履约成本有关的资产的减值准备，应按合同或施工工程项目进行辅助核算。

本科目期末余额在贷方，反映建筑业企业已计提但尚未转销的合同履约成本减值准备。

3. 合同取得成本。

本科目核算建筑业企业取得合同发生的、预计能够收回的增量成本。

本科目应按合同或者施工工程项目进行辅助核算。

本科目期末余额在借方，反映建筑业企业已经实际发生但尚未结转的合同取得成本。

4. 合同取得成本减值准备。

本科目核算与合同取得成本有关的资产的减值准备，应按合同或施工工程项目进行辅助核算。

本科目期末余额在贷方，反映建筑业企业已计提但尚未转销的合同取得成本减值准备。

5. 合同资产。

本科目核算建筑业企业已向客户转让商品而有权收取对价的权利。仅取决于时间流逝因素的权利不在本科目核算，在“应收账款”科目中核算。本科目应按合同或施工工程项目进行辅助核算。

6. 合同负债。

本科目核算建筑业企业已收或应收客户对价而应向客户转让商品的义务，应按合同或施工工程项目进行辅助核算。建筑业企业因提供建筑服务而收到的预收款不再使用“预收账款”科目，而是计入本科目。

本科目期末贷方余额，反映企业在向客户转让商品之前，已经收到的合同对价或已经取得的无条件收取合同对价权利的金额。

7. 合同结算。

本科目核算建筑业企业同一合同下属于在某一时段内履行履约义务涉及与客户结算对价的合同资产或合同负债，应按合同或施工工程项目进行辅助核算。

本科下设置“价款结算”和“收入结转”两个明细科目，前者反映定期与客户进行结算的金额，后者反映按履约进度结转的收入金额。

本科目期末余额在借方，代表建筑业企业向业主结算价款的金额大于按照履约进度确认的收入金额；期末余额在贷方，代表建筑业企业按照履约进度确认的收入金额大于建筑业企业向业主结算价款的金额。

（二）账务处理流程

1. 收取预收款。根据实际收到的预收款，借记“银行存款”科目，贷记“合同负债”科目。

2. 归集合同成本。将实际发生的合同成本通过“合同履约成本——工程施工”科目进行归集。

3. 价款结算。根据向业主办理的工程价款结算金额，借记“应收账款”“合同资产”等科目，贷记“合同结算——价款结算”或“合同负债”科目。

4. 获得无条件收款权利。根据获得无条件收款的金额，借记“应收账款”科目，贷记“合同资产”科目。

5. 回收工程款。根据实际收到的工程款，借记“银行存款”科目，贷记“应收账款”科目。

6. 确认当期合同收入和合同费用。资产负债表日，根据履约进度和合同交易价格计算确定当期合同收入，借记“合同结算——收入结转”科目，贷记“主营业务收入”科目；根据本期实际发生的成本，借记“主营业务成本”科目，贷记“合同履约成本——工程施工”科目。

7. 确认亏损合同的预计负债。当合同预计总成本超过合同交易价格时，该亏损合同产生的义务满足相关条件时，应当对亏损合同确认预计负债。根据为完成合同将发生的合同预计损失，借记“主营业务成本”科目，贷记

"预计负债"科目。转回时作相反会计分录。

以上账务处理流程可用图 4－2 表示：

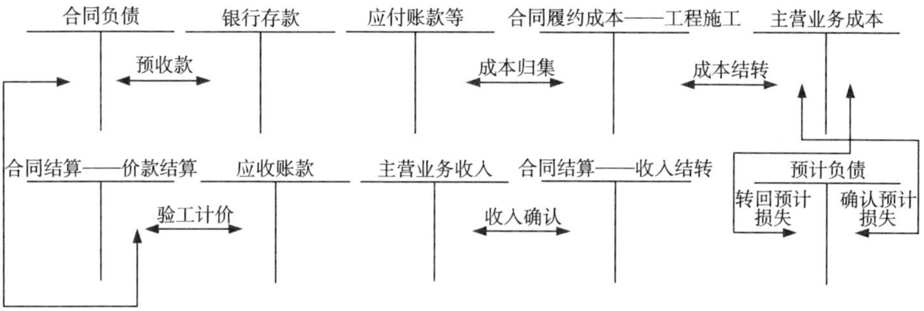

图 4－2　建筑业企业收入成本确认（《企业会计准则》）

二、案例分析

【例 4－7】 2×20 年 1 月 1 日，泰山建设公司与业主签订一项建设工程施工合同，合同造价为 12 600 万元，工程期限为 1 年半。业主根据监理公司确认的工程完工量，每半年与泰山建设公司结算一次；预计 2×21 年 6 月 30 日竣工；预计合同总成本为 8 000 万元。假定该工程整体构成单项履约义务，并属于某一时段履行的履约义务，泰山建设公司采用投入法中的成本法确定履约进度。不考虑增值税的影响。

解析：

（1）2×20 年 6 月 30 日：

工程累计发生成本 3 000 万元，业主本期计量工程款 5 000 万元，泰山建设公司本期实际收到工程款 4 000 万元。

①归集成本时：

借：合同履约成本——工程施工　　　　3 000 万元

　　贷：原材料、应付账款等　　　　　　3 000 万元

②验工计价时：

借：应收账款　　　　5 000 万元

　　贷：合同结算——价款结算　　　　5 000 万元

③收款时：

借：银行存款　　　　4 000万元

　　贷：应收账款　　　　4 000万元

④确认收入时：

至2×20年6月30日，履约进度=3 000÷8 000=37.5%

当期合同收入=12 600×37.5%=4 725（万元）

借：合同结算——收入结转　　　　4 725万元

　　贷：主营业务收入　　　　4 725万元

⑤结转成本时：

借：主营业务成本　　　　3 000万元

　　贷：合同履约成本——工程施工　　　　3 000万元

（2）2×20年12月31日：

工程累计发生成本6 000万元，业主本期计量工程款2 200万元，泰山建设公司本期实际收到工程款2 000万元。

①归集成本时：

借：合同履约成本——工程施工　　　　3 000万元

　　贷：原材料、应付账款等　　　　3 000万元

②验工计价时：

借：应收账款　　　　2 200万元

　　贷：合同结算——价款结算　　　　2 200万元

③收款时：

借：银行存款　　　　2 000万元

　　贷：应收账款　　　　2 000万元

④确认收入时：

至2×20年12月31日，履约进度=6 000÷8 000=75%

当期合同收入=12 600×75%−4 725=4 725（万元）

借：合同结算——收入结转　　　　4 725万元

　　贷：主营业务收入　　　　4 725万元

⑤结转成本时：

借：主营业务成本　　　　3 000万元

贷：合同履约成本——工程施工　　3 000 万元

（3）2×21 年 6 月 30 日：

工程竣工，累计发生成本 8 200 万元，业主本期结算剩余工程款 5 400 万元，泰山建设公司本期收到剩余工程款 6 600 万元。

①归集成本时：

借：合同履约成本——工程施工　　2 200 万元

贷：原材料、应付账款等　　2 200 万元

②验工计价时：

借：应收账款　　5 400 万元

贷：合同结算——价款结算　　5 400 万元

③收款时：

借：银行存款　　6 600 万元

贷：应收账款　　6 600 万元

④确认收入时：

至 2×21 年 6 月 30 日，履约进度为 100%

当期合同收入 = 12 600 - 4 725 - 4 725 = 3150（万元）

借：合同结算——收入结转　　3 150 万元

贷：主营业务收入　　3 150 万元

⑤结转成本时：

借：主营业务成本　　2 200 万元

贷：合同履约成本——工程施工　　2 200 万元

【例 4-8】黄山建设公司与其业主签订的一项固定造价的建筑工程施工合同，合同总价为 5 800 万元，业主按照监理公司确认的工程完工量，每一年与黄山建设公司结算一次。该工程已于 2×20 年 2 月开工，预计 2×23 年 6 月完工。该合同初始预计总成本为 5 500 万元，随着施工进度预计总成本工程成本不断增加，该合同的其他资料如表 4-1 所示：

表 4-1　　黄山建设公司某工程合同数据资料　　单位：万元

项目	2×20 年	2×21 年	2×22 年	2×23 年	2×24 年
至年末累计发生成本	1 540	3 000	4 880	6 100	—

续表

项目	2×20年	2×21年	2×22年	2×23年	2×24年
年末预计完成合同尚需发生成本	3 960	3 000	1 220	—	—
合同预计总成本	5 500	6 000	6 100	—	—
本期结算合同价款	1 740	1 960	1 800	300	—
本期实际收到价款	1 700	1 900	1 900	—	300

按照合同约定，工程完工后，业主将扣留300万元的质保金，在2×24年底缺陷责任期结束，且未发生重大质量问题方能付款。

假定该工程整体构成单项履约义务，并属于某一时段履行的履约义务，黄山建设公司采用投入法中的成本法确定履约进度。不考虑增值税和所得税因素。

解析：

(1) 2×20年12月31日：

①归集成本时：

借：合同履约成本——工程施工　　　　1 540万元

　　贷：原材料、应付账款等　　　　1 540万元

②验工计价时：

借：应收账款　　　　1 740万元

　　贷：合同结算——价款结算　　　　1 740万元

③收款时：

借：银行存款　　　　1 700万元

　　贷：应收账款　　　　1 700万元

④确认收入时：

至2×20年12月31日，履约进度=1 540÷5 500×100% =28%

当期合同收入=5 800×28% =1 624（万元）

借：合同结算——收入结转　　　　1 624万元

　　贷：主营业务收入　　　　1 624万元

⑤结转成本时：

借：主营业务成本　　　　1 540万元

　　贷：合同履约成本——工程施工　　　　1 540万元

(2) 2×21 年 12 月 31 日：

①归集成本时：

借：合同履约成本——工程施工　　1 460 万元

　　贷：原材料、应付账款等　　1 460 万元

②验工计价时：

借：应收账款　　1 960 万元

　　贷：合同结算——价款结算　　1 960 万元

③收款时：

借：银行存款　　1 900 万元

　　贷：应收账款　　1 900 万元

④确认收入时：

至 2×21 年 12 月 31 日，履约进度 =3 000 ÷6 000 ×100% =50%

当期合同收入 =5 800 ×50% -1 624 =1 276（万元）

借：合同结算——收入结转　　1 276 万元

　　贷：主营业务收入　　1 276 万元

⑤结转成本时：

借：主营业务成本　　1 460 万元

　　贷：合同履约成本——工程施工　　1 460 万元

⑥确认合同预计损失：

截至 2×21 年 12 月 31 日，该合同已经变成亏损合同，合同预计总损失 200 万元（6 000 -5 800），已经在收入和成本中确认损失 100 万元［(1 460 -1 276) -(1 624 -1 540)］，剩余的 100 万元应当确认为预计负债。

借：主营业务成本　　100 万元

　　贷：预计负债　　100 万元

(3) 2×22 年 12 月 31 日：

①归集成本时：

借：合同履约成本——工程施工　　1 880 万元

　　贷：原材料、应付账款等　　1 880 万元

②验工计价时：

借：应收账款　　1 800 万元

贷：合同结算——价款结算　　1 800万元

③收款时：

借：银行存款　　1 900万元

贷：应收账款　　1 900万元

④确认收入时：

至2×22年12月31日，履约进度=4 880÷6 100×100%=80%

当期合同收入=5 800×80%-1 624-1 276=1 740（万元）

借：合同结算——收入结转　　1 740万元

贷：主营业务收入　　1 740万元

⑤结转成本时：

借：主营业务成本　　1 880万元

贷：合同履约成本——工程施工　　1 880万元

⑥转回合同预计损失：

截至2×22年12月31日，该亏损合同预计总损失300万元（6 100-5 800），已经在收入和成本中确认损失240万元［（1 880-1 740）+（1 460-1 276）-（1 624-1 540）］，已于2×21年计提预计负债100万元，因此应当在本年转回预计损失40万元。

借：预计负债　　40万元

贷：主营业务成本　　40万元

（4）2×23年12月31日：

①归集成本时：

借：合同履约成本——工程施工　　1 220万元

贷：原材料、应付账款等　　1 220万元

②确认收入时：

至2×23年12月31日，履约进度=100%

当期合同收入=5 800-1 740-1 624-1 276=1 160（万元）

借：合同结算——收入结转　　1 160万元

贷：主营业务收入　　1 160万元

③结转成本时：

借：主营业务成本　　1 220万元

贷：合同履约成本——工程施工　　　　　　　　　　　1 220 万元

④转回合同预计损失：

截至2×23年12月31日，该合同共亏损300万元（6 100－5 800），且各年已在收入和成本中确认亏损300万元［（1 220－1 160）＋（1 880－1 740）＋（1 460－1 276）－（1 624－1 540）］，因此应当在本年转回预计损失60万元。

借：预计负债　　　　　　　　　　　　　　　　60 万元

贷：主营业务成本　　　　　　　　　　　　　　60 万元

（5）2×24年12月31日：

①确认质保金：

假定到年底工程无重大质量问题，质保金的收回仅取决于时间流逝因素，应将合同资产（即合同结算科目借方余额）确认为应收账款。

借：应收账款　　　　　　　　　　　　　　　　300 万元

贷：合同结算——价款结算　　　　　　　　　　300 万元

②收回质保金时：

借：银行存款　　　　　　　　　　　　　　　　300 万元

贷：应收账款　　　　　　　　　　　　　　　　300 万元

三、会计报表列示

资产负债表日，“合同结算”科目的期末余额在借方的，根据其流动性，在资产负债表中分别列示为“合同资产”或“其他非流动性资产”项目；期末余额在贷方的，根据其流动性，在资产负债表中分别列示为“合同负债”或“其他非流动负债”项目。

需要注意的是，只有同一个合同的合同资产和合同负债才能以净额列示。因此，如果建筑业企业按照上述规则列报时，不同合同（包括同一业主的不同合同）的“合同结算”不能相互抵消，必须分别列报。

【例4－9】接例4－7，泰山建设公司2×20年部分会计报表项目列示。

解析：

（1）2×20年6月30日：

当日，“合同结算”科目的余额为贷方275万元（5 000－4 725），表明泰山建设公司已经与业主结算但尚未履行履约义务的金额为275万元，由于泰山建设公司预计该部分履约义务将在2×20年内完成，因此，应在资产负债表中作为合同负债项目列示。

（2）2×20年12月31日：

当日，“合同结算”科目的余额为借方2 250万元（4 725－2 200－275），表明泰山建设公司已经履行履约义务但尚未与业主结算的金额为2 250万元，由于泰山建设公司预计该部分金额将在2×21年内结算，因此，应在资产负债表中作为合同资产项目列示。

第四节　《小企业会计准则》收入成本确认

一、科目设置和账务处理流程

（一）主要会计科目设置

《小企业会计准则》下建筑业企业会计科目设置比较简单，不设“工程结算”或“合同结算”科目。与建造合同相关的科目只有一个一级科目“工程施工（4401）”，不设合同毛利二级明细科目，该科目的核算内容与《企业会计制度》下的“工程施工——合同成本”没有实质性的区别，也应该按照费用项目设置六个明细科目。

（二）账务处理流程

1. 归集合同成本。将实际发生的合同成本通过“工程施工”科目进行归集。

2. 年度中间，根据向业主办理的工程价款结算金额或者实际收款金额，借记“应收账款”“银行存款”等科目，贷记“主营业务收入”科目。

3. 向税务机关提交月度或者季度中期报表时，采用“表结法”填报利润表项目，即根据本期“工程施工”科目借方发生额，填报利润表中的“营业成本”项目。

4. 回收工程款。根据实际收到的工程款，借记“银行存款”科目，贷记“应收账款”等科目。

5. 年度终了，根据完工进度和合同总收入计算确定当年应确认的合同收入，扣除年度中间累计已经确认的收入，以其差额，借记“应收账款”科目，贷记“主营业务收入”科目，差额为负数，做相反分录。同时根据实际发生的合同总成本，借记“主营业务成本”科目，贷记“工程施工”科目。

以上账务处理流程可用图 4－3 表示：

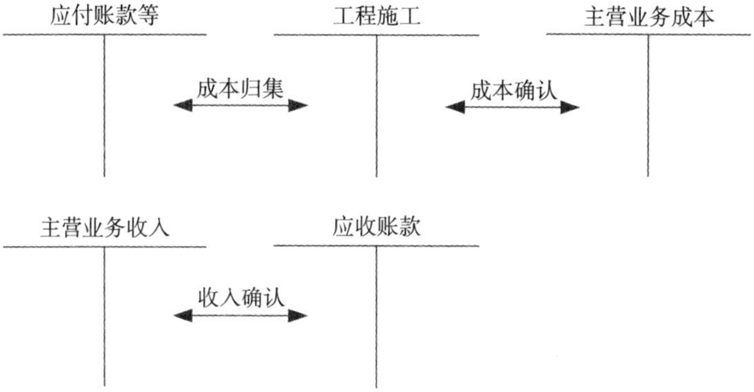

图 4－3 建筑业企业收入成本确认（《小企业会计准则》）

二、案例分析

【例 4－10】 淮河建设公司适用小企业会计准则，2×20 年 4 月与业主签订一项建设工程施工合同，合同总价 280 万元，工期 6 个月，2×20 年 10 月竣工验收，施工过程中发生工程成本 270 万元，11 月竣工结算，工程结算收入 300 万元，业主扣留质保金 9 万元，剩余的 291 万元已全部支付。

解析：

本合同属于一个会计年度完成的合同，应当采用完成合同法确认收入和成本，即 2×20 年度确认会计收入 300 万元，结转成本 270 万元。

（1）归集成本：

借：工程施工——人工费等　　270万元

　　贷：原材料、应付账款等　　270万元

（2）确认收入：

借：应收账款　　300万元

　　贷：主营业务收入　　300万元

（3）结转成本：

借：主营业务成本　　270万元

　　贷：工程施工——人工费等　　270万元

（4）收取工程款：

借：银行存款　　291万元

　　贷：应收账款　　291万元

【例4－11】 嵩山建设公司适用小企业会计准则，2×20年6月与业主签订一项建设工程施工合同，工期2年，2×22年5月竣工验收并结算。该工程合同总价980万元，合同最终结算收入1 000万元，合同最终总成本900万元。该公司按照季度预缴企业所得税和报送财务报表。其他资料如表4－2所示。

表4－2　　嵩山建设公司某工程合同数据资料　　单位：万元

项目	2×20年	2×21年	2×22年
至年末累计发生成本	170	510	900
年末预计完成合同尚需发生成本	680	340	—
合同预计总成本	850	850	—
本期结算合同价款	160	500	340
本期实际收到价款	136	425	409

解析：

本合同为跨多个年度完成的合同，应当采用完工百分比法确认收入和成本。

（1）2×20年：

①发生合同成本时：

借：工程施工——人工费等 170 万元

贷：原材料、应付账款等 170 万元

②年度中间，根据验工计价确认收入：

借：应收账款 160 万元

贷：主营业务收入 160 万元

③每季度预缴申报时，按照该季度“工程施工”的借方发生额，填报利润表“营业成本”报表项目，全年填报累计营业成本 170 万元。

④收取工程款时：

借：银行存款 136 万元

贷：应收账款 136 万元

⑤12 月 31 日确认合同收入和合同成本时：

至 2×20 年底累计完工进度为：170÷850×100% =20%

累计应确认合同收入 =980×20% =196（万元）

累计已确认合同收入 =160（万元）

当期补确认收入 =196 -160 =36（万元）

当期应确认成本 =850×20% =170（万元）

借：应收账款 36 万元

贷：主营业务收入 36 万元

借：主营业务成本 170 万元

贷：工程施工——人工费等 170 万元

（2）2×21 年：

①发生合同成本时：

借：工程施工——人工费等 340 万元

贷：原材料、应付账款等 340 万元

②年度中间，根据验工计价确认收入：

借：应收账款 500 万元

贷：主营业务收入 500 万元

③每季度报预缴申报时，按照该季度“工程施工”的借方发生额，填报利润表“营业成本”报表项目，全年填报累计营业成本 340 万元。

④收取工程款时：

借：银行存款　　425万元

　　贷：应收账款　　425万元

⑤12月31日确认合同收入时：

至2×21年底累计完工进度为：510÷850×100%=60%

累计应确认合同收入=980×60%=588（万元）

累计已确认合同收入=196+500=696（万元）

当期补确认收入=588−696=−108（万元）

当期应确认成本=850×60%−170=340（万元）

借：应收账款　　−108万元

　　贷：主营业务收入　　−108万元

借：主营业务成本　　340万元

　　贷：工程施工——人工费等　　340万元

（3）2×22年：

①发生合同成本时：

借：工程施工——人工费等　　390万元

　　贷：原材料、应付账款等　　390万元

②竣工验收时确认收入：

至2×22年5月累计完工进度为：100%

累计应确认合同收入=1 000（万元）

累计已确认合同收入=588（万元）

当期补确认收入=1 000−588=412（万元）

当期应确认成本=900−510=490（万元）

借：应收账款　　412万元

　　贷：主营业务收入　　412万元

借：主营业务成本　　390万元

　　贷：工程施工——人工费等　　390万元

③收取工程款时：

借：银行存款　　409万元

　　贷：应收账款　　409万元

三、会计报表列示

由于小企业会计准则下，“工程施工”科目随时结转，年底余额为零，所以其报表较为列示较为简单，兹不赘述。

第五章

建筑业增值税会计处理要览

本章首先介绍了最新增值税会计处理规定的主要内容，然后结合建筑业企业的经营特点和会计核算组织形式，对建筑业企业不同计税方法下的会计科目设置以及账务处理流程进行了阐述，最后提出了建筑业企业增值税会计处理要解决的三个核心问题。

第一节　增值税会计处理规定

2016 年 12 月 3 日，财政部发布了《增值税会计处理规定》（财会〔2016〕22 号，以下简称“2016 年 22 号文”），自发布之日起施行，2017 年 2 月 3 日，财政部会计司又发布了《关于〈增值税会计处理规定〉有关问题的解读》，对有关问题进行了明确。

《增值税会计处理规定》及其解读构成了我国现行会计制度中关于增值税会计处理的重要依据，此前规定与其不一致的，应按该规定执行。

一、会计科目体系

2016 年 22 号文对会计科目调整幅度较大，一是将“营业税金及附加”科目和报表项目改为“税金及附加”；二是新增“应收出口退税款”一级科目，核算纳税人出口货物按规定向税务机关申报应退回的增值税、消费税等；三是在“应交税费”科目下设置了若干个二级科目，以满足不同纳税人资格不同计税方法的会计核算需要。

（一）小规模纳税人科目设置

小规模纳税人应在“应交税费”科目下设置“应交增值税”“转让金融商品应交增值税”和“代扣代交增值税”等三个明细科目，不需要设置专栏（如图 5－1 所示）。

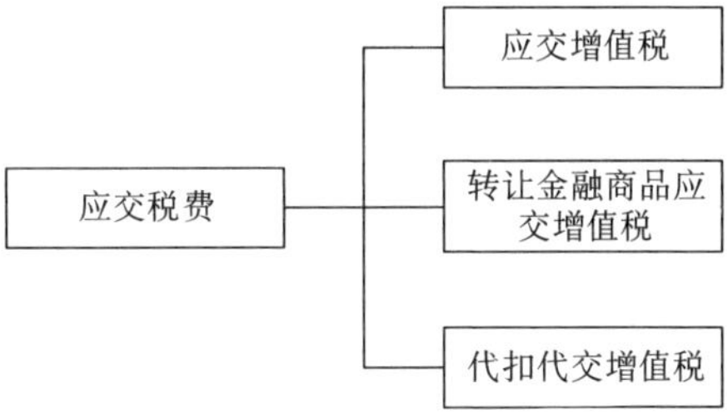

图 5－1　小规模纳税人增值税会计科目体系

1. “应交增值税”明细科目，该明细科目核算小规模纳税人除转让金融商品和代扣代缴业务之外的增值税的计提、预缴、抵减和缴纳。

2. “转让金融商品应交增值税”明细科目，该明细科目核算增值税纳税人转让金融商品发生的增值税额。

3. “代扣代交增值税”明细科目，该明细科目核算纳税人购进在境内未设经营机构的境外单位或个人在境内的应税行为代扣代缴的增值税。

（二）一般纳税人科目设置

一般纳税人应在“应交税费”科目下设置“应交增值税”“未交增值税”

“预交增值税”“待抵扣进项税额”“待认证进项税额”“待转销项税额”“增值税留抵税额”“简易计税”“转让金融商品应交增值税”“代扣代交增值税”等十个明细科目。

1. “应交增值税”明细科目，该明细科目核算一般纳税人除转让金融商品和代扣代缴业务之外的增值税的计算和结转，下设若干专栏。

本明细科目只核算一般计税方法的应交增值税，它是一个计算科目，而非缴纳科目，也就是说，纳税人先通过本科目下设的专栏分别核算涉税数据，月末本明细科目有贷方余额的，要结转至“未交增值税”明细科目。

2. “未交增值税”明细科目，该明细科目核算一般纳税人月度终了从“应交增值税”或“预交增值税”明细科目转入当月应交未交、多交或预缴的增值税额，以及当月缴纳以前期间未交的增值税额。

本明细科目只核算一般计税方法下的应纳税额，一般纳税人月末有应交增值税的，先通过“应交增值税”明细科目借方结转至本明细科目贷方，再抵减已预缴税款，剩余的应补税款通过本明细科目借方缴纳至税务机关。

3. “预交增值税”明细科目，该明细科目核算一般纳税人转让不动产、提供不动产经营租赁服务、提供建筑服务、采用预收款方式销售自行开发的房地产项目等，以及其他按现行增值税制度规定应预缴的增值税税额。

本明细科目核算一般计税方法下实际预缴的增值税，具体包括四类业务：

（1）根据2016年36号文附件2和国家税务总局公告2016年第14号的规定，纳税人销售其取得的不动产，应按照规定的方法向不动产所在地主管税务机关预缴税款，向机构所在地主管税务机关申报纳税。

（2）根据2016年36号文附件2和国家税务总局公告2016年第16号的规定，纳税人出租其取得的与机构所在地不在同一县（市、区）的不动产，应按照规定的方法向不动产所在地主管税务机关预缴税款，向机构所在地主管税务机关申报纳税。

（3）根据2016年17号公告、2017年58号文和2017年11号公告的规定，纳税人以预收款方式提供建筑服务，以及纳税人跨地级行政区提供建筑服务，应按照规定向机构所在地或者建筑服务发生地主管税务机关预缴税款，向机构所在地主管税务机关申报纳税。

（4）根据2016年36号文附件2和国家税务总局公告2016年第18号的规

定，房地产开发企业采取预收款方式销售所开发的房地产项目，在收到预收款时按照3%的预征率预缴增值税。

以上四类需要预缴增值税的业务，如果纳税人适用一般计税方法计税的，其实际预缴的增值税，在本明细科目核算。

4. “待抵扣进项税额”明细科目，该明细科目核算一般纳税人已取得增值税扣税凭证并经税务机关认证，按照现行增值税制度规定准予以后期间从销项税额中抵扣的进项税额。目前主要实行纳税辅导期管理的一般纳税人取得的尚未交叉稽核比对的增值税扣税凭证上注明或计算的进项税额。

本明细科目只核算一般计税方法下，扣税凭证已经认证或比对，但按照现行制度规定需要延后申报抵扣的进项税额。

5. “待认证进项税额”明细科目，该明细科目核算一般纳税人由于未经履行勾选确认等程序而不得从当期销项税额中抵扣的进项税额。包括：一般纳税人已取得增值税扣税凭证、按照现行增值税制度规定准予从销项税额中抵扣，但尚未履行勾选确认等程序的进项税额；一般纳税人已申请稽核但尚未取得稽核相符结果的海关缴款书进项税额。

6. “待转销项税额”明细科目，该明细科目核算一般纳税人销售货物、加工修理修配劳务、服务、无形资产或不动产，已确认相关收入（或利得）但尚未发生增值税纳税义务而需于以后期间确认为销项税额或应纳税额的增值税税额。

本明细科目既可用于一般计税方法，也可用于简易计税方法。

7. “增值税留抵税额”明细科目，该明细科目核算兼有销售服务、无形资产或者不动产的原增值税一般纳税人，截止到纳入营改增试点之日前的增值税期末留抵税额按照现行增值税制度规定不得从销售服务、无形资产或不动产的销项税额中抵扣的增值税留抵税额。

根据《国家税务总局关于调整增值税一般纳税人留抵税额申报口径的公告》（国家税务总局公告2016年第75号），自2016年12月税款所属期，增值税留抵税额转入一次性抵扣。因此，本明细科目实际上已经失去了意义。

8. “简易计税”明细科目，该明细科目核算一般纳税人采用简易计税方法发生的增值税计提、扣除、预缴、抵减、缴纳等业务。

本明细科目只用于一般纳税人选用简易计税方法计税业务。

9. “转让金融商品应交增值税”明细科目，该明细科目核算增值税纳税人转让金融商品发生的销项税额。

10. “代扣代交增值税”明细科目，该明细科目核算纳税人购进在境内未设经营机构的境外单位或个人在境内的应税行为代扣代缴的增值税。

一般纳税人增值税会计科目体系可用图 5－2 表示。

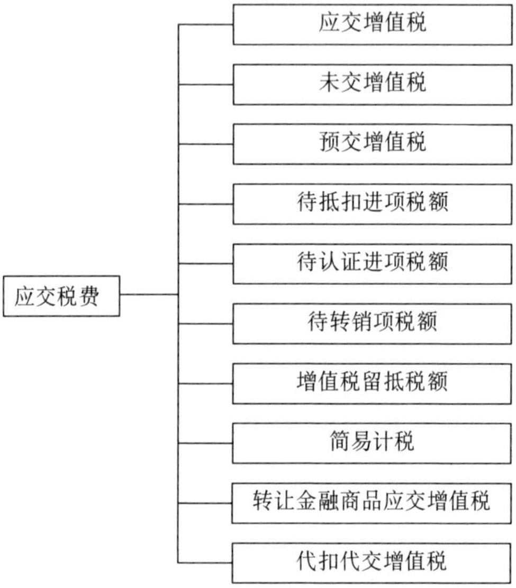

图 5－2　一般纳税人增值税会计科目体系

（三）增值税检查科目设置

根据《增值税日常稽查办法》（国税发〔1998〕44 号）的规定，增值税检查后的账务调整，应设立“应交税费——增值税检查调整”专门账户。凡检查后应调减账面进项税额或调增销项税额和进项税额转出的数额，借记有关科目，贷记本科目；凡检查后应调增账面进项税额或调减销项税额和进项税额转出的数额，借记本科目，贷记有关科目。

全部调账事项入账后，应结出本账户的余额，并对该余额进行处理：

1. 若余额在借方，全部视同留抵进项税额，按贷方余额数，借记“应交税费——应交增值税（进项税额）”科目，贷记本科目。

2. 若余额在贷方，且“应交税费——应交增值税”账户无余额，按贷方余额数，借记本科目，贷记“应交税费——未交增值税”科目。

3. 若本账户余额在贷方，“应交税费——应交增值税”账户有借方余额且等于或大于这个贷方余额，按贷方余额数，借记本科目，贷记“应交税费——应交增值税”科目。

4. 若本账户余额在贷方，“应交税费——应交增值税”账户有借方余额但小于这个贷方余额，应将这两个账户的余额冲出，其差额贷记“应交税费——未交增值税”科目。

二、应交增值税专栏

根据2016年22号文的规定，一般纳税人应在“应交增值税”明细账内设置“进项税额”“销项税额抵减”“已交税金”“转出未交增值税”“减免税款”“出口抵减内销产品应纳税额”“销项税额”“出口退税”“进项税额转出”“转出多交增值税”等十个专栏。

只有一般计税方法才需要使用专栏核算，简易计税方法直接用“简易计税”明细科目。

（一）专栏及核算内容

1. “进项税额”专栏，该专栏记录一般纳税人购进货物、加工修理修配劳务、服务、无形资产或不动产而支付或负担的、准予从当期销项税额中抵扣的增值税额。

2. “销项税额抵减”专栏，该专栏记录一般纳税人按照现行增值税制度规定因扣减销售额而减少的销项税额。

本专栏只用于核算一般计税方法下的差额计税业务，如房地产开发企业销售自行开发的房地产项目，一般纳税人提供旅游服务、经纪代理服务、客运场站服务等。由于建筑业企业提供建筑服务适用差额计税必须是简易计税方法，因此，建筑业企业不需要使用本专栏。

3. “已交税金”专栏，该专栏记录一般纳税人当月已交纳的应交增值税额。

根据现行增值税政策，“当月已交纳”的增值税额只有两种情形：

第一，根据2016年36号文附件一第四十七条的规定，以1日、3日、5日、10日或者15日为1个纳税期的纳税人，自期满之日起5日内预缴税款，于次月1日起15日内申报纳税并结清上月应纳税款。

第二，根据国税发〔2010〕40号文第九条的规定，辅导期纳税人一个月内多次领购专用发票的，应从当月第二次领购专用发票起，按照上一次已领购并开具的专用发票销售额的3%预缴增值税，未预缴增值税的，主管税务机关不得向其发售专用发票。

这两种情形的预缴税款，在本专栏核算，除此之外的纳税人无须使用本专栏。建筑业企业提供建筑服务预缴的税款，无论预缴的时间是否在当月，均不在本专栏核算。

4.“转出未交增值税”和“转出多交增值税”专栏，这两个专栏分别记录一般纳税人月度终了转出当月应交未交或多交的增值税税额。理解这两个专栏的核算要注意：

第一，这两个专栏的关键字是“当月”，也就是说，只用来核算当月应交未交或当月应交多交的增值税税额，上月或者前期应交未交或多交的增值税税额不通过这两个专栏核算。

第二，“转出多交增值税”专栏与“已交税金”专栏是共生关系，如果“已交税金”专栏没有发生额，也就用不到“转出多交增值税”专栏。建筑业企业可以将这两个专栏封存。

第三，“转出未交增值税”专栏，所有一般纳税人都会用到，但是，这个专栏与“销项税额”“进项税额”等不同的是，它一个月只用一次，也就是说，它平时没有发生额，只有在月末结转时才会用到。

5.“减免税款”专栏，该专栏记录一般纳税人按现行增值税制度规定准予减免的增值税税额。

6.“出口抵减内销产品应纳税额”专栏，该专栏记录实行“免、抵、退”办法的一般纳税人按规定计算的出口货物的进项税抵减内销产品的应纳税额。

7.“销项税额”专栏，该专栏记录一般纳税人销售货物、加工修理修配劳务、服务、无形资产或不动产应收取的增值税税额。

8.“出口退税”专栏，该专栏记录一般纳税人出口货物、加工修理修配劳务、服务、无形资产按规定退回的增值税税额。

9. “进项税额转出”专栏，该专栏记录一般纳税人购进货物、加工修理修配劳务、服务、无形资产或不动产等发生非正常损失以及其他原因而不应从销项税额中抵扣、按规定转出的进项税额。

本专栏与“进项税额”专栏是备抵关系，也就是说，只有已经计入“进项税额”专栏，后又发生不得抵扣情形从而需要转出的，才在本专栏核算，如果前期没有计入“进项税额”专栏，后期也不应计入本专栏。

（二）专栏与纳税申报表的对应关系

“专栏”不是明细科目，而是多栏式明细账的栏目，也就是说，以上10个专栏都是“应交增值税”明细账的组成部分，专栏核算的内容与增值税纳税申报表的构成要素应当是一致的。建筑业企业要注意增值税会计核算与纳税申报表填报的一致性（见图5－3）。

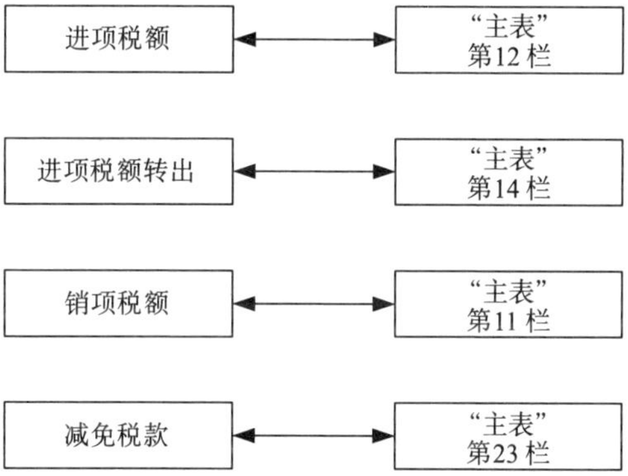

图5－3 应交增值税专栏与纳税申报表对应关系

【例5－1】环球建设公司为增值税一般纳税人，2×19年9月发生业务如下：

（1）采购原材料，取得专票1张，金额100万元，税额13万元。

（2）收取工程进度款，开具专票1张，金额200万元，税额18万元。

（3）前期采购钢材，进项税额已经抵扣，本月部分钢材用于建设职工食堂，对应材料成本10万元，进项税额转出1.3万元。

（4）本年发生税控系统技术维护费280元。

解析：

（1）进项税额13万元，通过《附列资料二》填入主表第12栏，会计核算计入“进项税额”专栏。

（2）销项税额18万元，通过《附列资料一》填入主表第11栏，会计核算计入“销项税额”专栏。

（3）进项税额转出1.3万元，通过《附列资料二》填入主表第14栏，会计核算计入“进项税额转出”专栏。

（4）税控系统技术维护费280元，可以全额抵减，通过《附列资料四》填入主表第23栏，会计核算计入“减免税款”专栏。

三、账务处理思路

从整体框架看（见图5－4），2016年22号文可以分成四条主线，也就是不同业务、不同纳税人、不同计税方法，其账务处理遵循不同的思路。

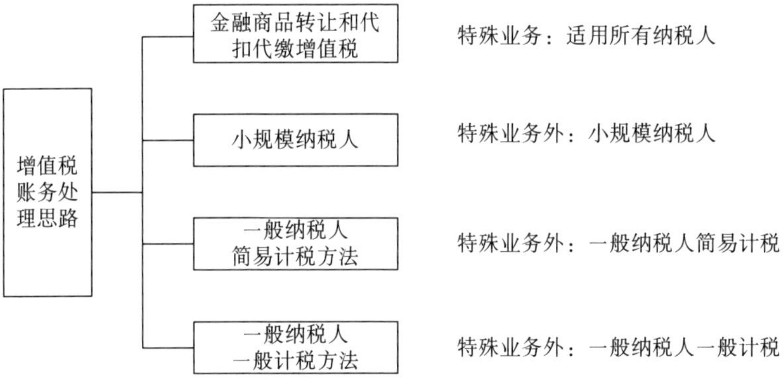

图5－4　22号文账务处理的四条主线

（一）两类特定业务的账务处理

2016年22号文把一般纳税人和小规模纳税人转让金融商品和代扣代缴增值税这两类业务的核算单列出来，与其他业务的账务处理呈并行关系。

1. 转让金融商品。根据现行政策规定，金融商品转让，按照卖出价扣除买入价后的余额为销售额。转让金融商品出现的正负差，按盈亏相抵后的余额为销售额。若相抵后出现负差，可结转下一纳税期与下期转让金融商品销售额相抵，但年末仍出现负差的，不得转入下一个会计年度。

会计核算方面，无论是一般纳税人还是小规模纳税人，发生金融商品转让业务其增值税均通过“转让金融商品应交增值税”明细科目核算。实际转让月末，如产生转让收益，则按应纳税额借记“投资收益”等科目，贷记“应交税费——转让金融商品应交增值税”科目；如产生转让损失，则按可结转下月抵扣税额，借记“应交税费——转让金融商品应交增值税”科目，贷记“投资收益”等科目。缴纳增值税时，应借记“应交税费——转让金融商品应交增值税”科目，贷记“银行存款”科目。年末，本科目如有借方余额，则借记“投资收益”等科目，贷记“应交税费——转让金融商品应交增值税”科目。

【例5－2】黄河建设公司为一般纳税人，2×20 年 1 月买入某股票 1 000 股，每股价格 10 元，发生手续费等 5 元；3 月全部卖出每股价格 11 元，发生手续费等 15 元。

解析：

借：交易性金融资产——成本　　10 000 元
　　投资收益——手续费　　5 元
　　贷：银行存款　　10 005 元

借：交易性金融资产——公允价值变动　　1 000 元
　　贷：公允价值变动损益　　1 000 元

借：银行存款　　10 985 元
　　投资收益——手续费　　15 元
　　贷：交易性金融资产——成本　　10 000 元
　　　　　　　　　　——公允价值变动　　1 000 元

借：公允价值变动损益　　1 000 元
　　贷：投资收益——价差　　1 000 元

借：投资收益——价差　　56.60 元
　　贷：应交税费——转让金融商品应交增值税　　56.60 元

借：应交税费——转让金融商品应交增值税　　56.60 元
　　贷：银行存款　　56.60 元

假定3月卖出价为9元，则最后一笔分录为：

借：应交税费——转让金融商品应交增值税　　56.60元

　　贷：投资收益——价差　　56.60元

2×20年内，若黄河建设公司又发生金融商品转让业务，产生正差需要缴纳增值税，通过“转让金融商品应交增值税”明细科目可实现应纳税额的自然抵减。年末，本科目如仍有借方余额，应借记“投资收益”等科目，贷记本科目。

一般纳税人发生金融商品转让业务，其正差对应的税额，实际上属于销项税额的组成部分，理应参与抵扣纳税人其他业务的进项税额，以抵扣之后的余额作为应纳税额。2016年22号文直接把转让正差的税额作为应纳税额，有可能会导致纳税人多交税。因此，有必要进行变通处理。

【例5－3】接例5－2，黄河建设公司2×20年3月买卖股票实现正差1 000元，当月其他业务销项税额100元，进项税额156.60元。

解析：

月末，黄河建设公司金融商品转让业务应交增值税为56.60元，反映在“转让金融商品应交增值税”明细科目的贷方，其他业务应交增值税为－56.60元，反映在“应交增值税”明细科目借方。如果按照2016年22号文的做法，黄河公司需要当期缴纳56.60元，同时又出现留抵税额56.60元。

笔者建议，一般纳税人“转让金融商品应交增值税”明细科目月末有贷方余额的，自借方转入“销项税额”专栏，参与抵扣进项税额。例5－3中黄河建设公司应做会计处理如下：

借：应交税费——转让金融商品应交增值税　　56.60元

　　贷：应交税费——应交增值税（销项税额）　　56.60元

2. 代扣代缴增值税

根据2016年36号文附件一第二十条的规定，境外单位或者个人在境内发生应税行为，在境内未设有经营机构的，扣缴义务人按照下列公式计算应扣缴税额：

$$应扣缴税额=\frac{购买方支付的价款}{1+税率}\times 税率$$

根据2016年22号文的规定，纳税人支付价款代扣的增值税计入本明细科目贷方，实际缴纳的增值税计入本明细科目的借方。

【例5－4】 海河建设公司为小规模纳税人，2×21年4月接受境外公司提供的咨询服务，该公司未在境内设立经营机构，付款8.48万元时应代扣增值税款为：8.48÷(1+6%)×6%=0.48（万元）。

借：管理费用　　8.48万元

　　贷：银行存款　　8万元

　　　　应交税费——代扣代交增值税　　0.48万元

借：应交税费——代扣代交增值税　　0.48万元

　　贷：银行存款　　0.48万元

如果例5－4中的海河建设公司为一般纳税人，则其代扣代缴的0.48万元进项税额，可凭解缴税款的完税凭证，以及书面合同、付款证明和境外单位的对账单或者发票，在当期销项税额中抵扣，申报抵扣的分录为：

借：应交税费——应交增值税（进项税额）　　0.48万元

　　贷：管理费用　　0.48万元

（二）小规模纳税人

小规模纳税人的账务处理比较简单，其资产和成本费用均按照价税合计数计量，取得收入按照适用征收率进行价税分离，应纳税额计入“应交增值税”明细科目。小规模纳税人比较特殊的一个问题是小微企业免征增值税的处理。

根据2016年22号文的规定，小微企业在取得销售收入时，应当按照税法的规定计算应交增值税，并确认为应交税费，在达到增值税制度规定的免征增值税条件时，将有关应交增值税转入当期损益。

【例5－5】 淮河建设公司为小规模纳税人，按季度申报纳税，2×19年1月提供建筑服务收入5.15万元，没有支付分包款。该公司适用《小企业会计准则》。

借：银行存款　　5.15万元

　　贷：主营业务收入　　5万元

　　　　应交税费——应交增值税　　0.15万元

假定2月、3月分别实现收入15.45万元，则一季度应缴纳增值税1.05万元。

借：应交税费——应交增值税　　　　　　　　　　1.05 万元

　　贷：银行存款　　　　　　　　　　　　　　　　1.05 万元

假定2月、3月分别实现收入10.30万元和15.45万元，则一季度不含税销售额为30万元，免征增值税，则应在3月底将前期已经确认的应交增值税0.9万元，转入当期损益。

借：应交税费——应交增值税　　　　　　　　　　0.9 万元

　　贷：其他业务收入或主营业务收入　　　　　　　0.9 万元

（三）一般纳税人简易计税方法

一般纳税人适用简易计税方法，对应项目所有的涉税事项均通过“简易计税”一个明细科目核算，基本思路可用图5－5表示。

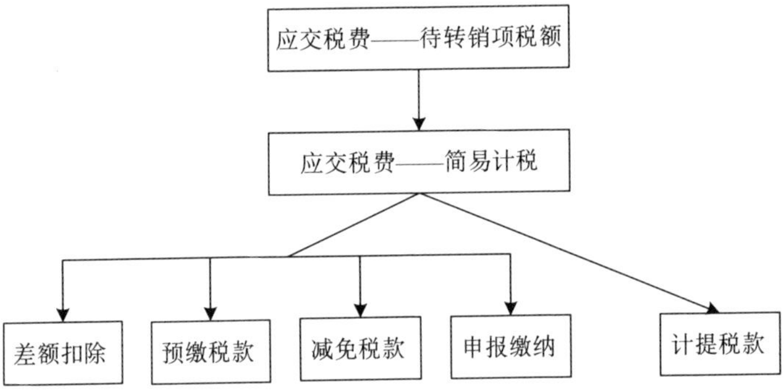

图5－5　一般纳税人简易计税账务处理思路

一般纳税人取得简易计税的收入，尚未发生纳税义务时，对应的应纳税额先计入“待转销项税额”明细科目的贷方，待纳税义务实际发生时，转入“简易计税”明细科目的贷方。

“简易计税”明细科目的贷方用来核算已发生的纳税义务，借方核算下列涉税事项：

1. 一般纳税人选用简易计税方法，允许差额扣除的成本费用对应的税额。

2. 实际预缴的税款。

3. 一般纳税人销售使用过的固定资产，按3%征收率减按2%征税，1%的减免部分。

4. 申报后实际补缴的税款。

(四)一般纳税人一般计税方法

一般纳税人适用一般计税方法，其账务处理较为复杂，基本流程可用图5－6表示。

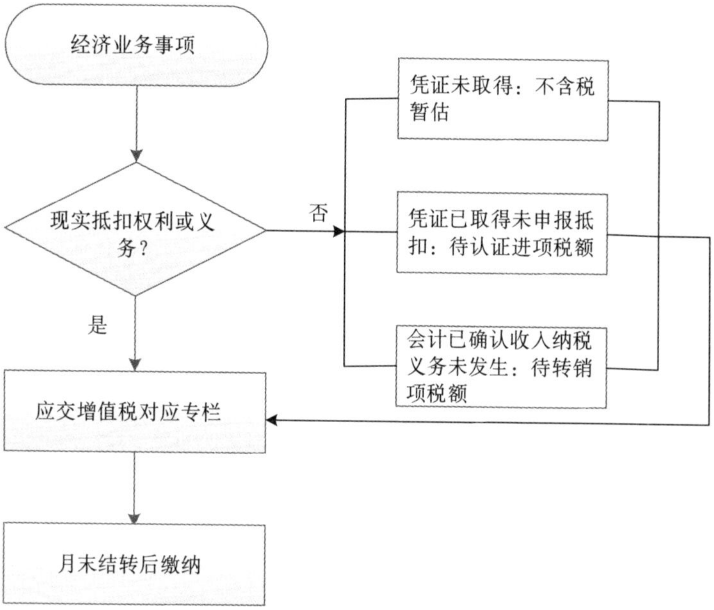

图5－6 一般计税方法账务处理思路

四、财务报表列示

根据2016年22号文的规定，“应交税费”科目下的“应交增值税”“未交增值税”“待抵扣进项税额”“待认证进项税额”“增值税留抵税额”等明细科目期末借方余额应根据情况，在资产负债表中的“其他流动资产”或“其他非流动资产”项目列示；“应交税费——待转销项税额”等科目期末贷方余额应根据情况，在资产负债表中的“其他流动负债”或“其他非流动负债”项目列示；“应交税费”科目下的“未交增值税”“简易计税”“转让金融商品应交增值税”“代扣代交增值税”等科目期末贷方余额应在资产负债表中的“应交税费”项目列示。具体列报方式可用图5－7表示。

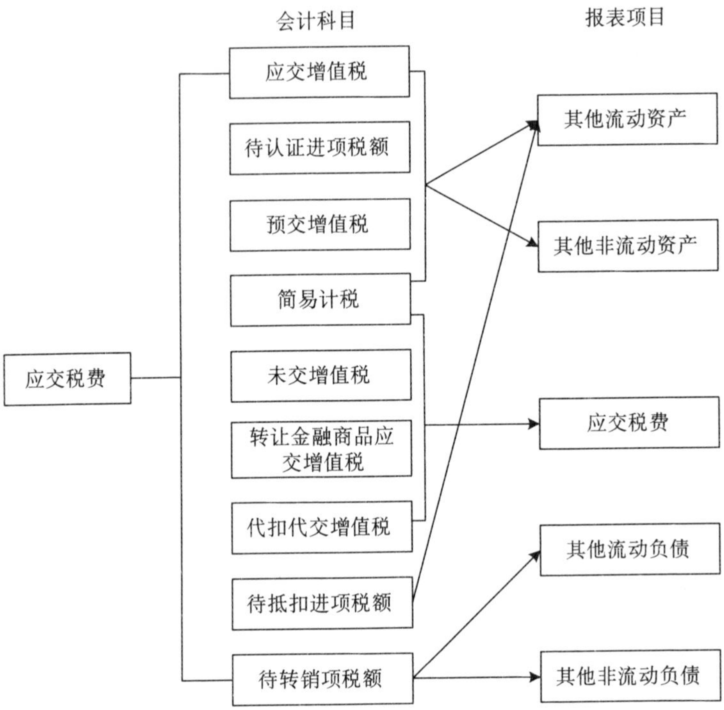

图5－7　增值税会计报表列示

第二节　建筑业企业科目设置及账务处理流程

2016年22号文是适用所有行业所有纳税人的会计制度，建筑业企业应当在其框架下结合行业和企业实际，科学合理设置会计科目，明确账务处理流程，以满足企业涉税管理的需要，提高会计信息的质量。

一、小规模纳税人

（一）科目设置

小规模纳税人应在“应交增值税”明细科目下设置“计提”“预交”和

“扣除”三个三级明细科目。

1. 计提。贷方核算小规模纳税人提供建筑服务发生纳税义务后的应纳税额，借方核算减免税款、预缴税款的抵减以及申报后的缴纳。

本明细科目只核算现实的纳税义务，以对外开具的发票等作为原始凭证。

2. 扣除。借方核算小规模纳税人提供建筑服务支付的分包款在全部价款和价外费用中允许差额扣除对应的税额，贷方核算差额扣除的结转。

本明细科目只核算已取得差额扣除凭证的业务，以取得的分包单位开具的符合规定的发票作为原始凭证。

3. 预交。借方核算小规模纳税人以预收款方式提供建筑服务，或者跨地级行政区提供建筑服务，按照规定实际预缴的税款，贷方核算以预缴税款抵减应纳税额。

本科目只核算实际预缴的增值税，以预缴增值税后取得的完税凭证作为原始凭证。

（二）账务处理

1. 小规模纳税人提供建筑服务，按照会计制度的规定，已经符合收入确认的条件，但是按照增值税政策的规定，尚未发生纳税义务的，应将未来纳税义务对应的税额计入“待转销项税额”明细科目贷方，待纳税义务发生后，将本明细科目余额自借方转入“应交税费——应交增值税——计提”科目。

【例5－6】清河建设公司为小规模纳税人，2×20年9月业主对其承包的甲工程验工计价412万元，11月清河建设公司收到计量款的50%，并向其开具专票，金额200万元，税额6万元。该公司适用《企业会计制度》。

解析：

（1）9月开单计量未发生纳税义务：

借：应收账款　　412万元

　　贷：工程结算　　400万元

　　　　应交税费——待转销项税额　　12万元

（2）11月收款发生纳税义务：

借：银行存款　　206万元

　　贷：应收账款　　206万元

借：应交税费——待转销项税额　　6万元

　贷：应交税费——应交增值税——计提　　6万元

2. 小规模纳税人提供建筑服务，在计算应纳税额时，可以在全部价款和价外费用中差额扣除支付的分包款，这部分分包款对应的应纳税额，计入“应交税费——应交增值税——扣除”明细科目的借方，月末结转时，自本明细科目的贷方结转至“应交税费——应交增值税——计提”明细科目的借方。

【例5-7】 珠江建设公司为小规模纳税人，下属的甲工程项目所在地与机构所在地在同一地级市，2×20年10月自业主收取工程进度款309万元，支付分包款103万元并取得分包方开具的发票。该公司适用《小企业会计准则》。

解析：

（1）收款时发生纳税义务：

借：银行存款　　309万元

　贷：主营业务收入　　300万元

　　应交税费——应交增值税——计提　　9万元

（2）付款时差额扣除：

借：工程施工——合同成本——分包成本　　100万元

　应交税费——应交增值税——扣除　　3万元

　贷：银行存款　　103万元

（3）结转缴纳时：

借：应交税费——应交增值税——计提　　9万元

　贷：应交税费——应交增值税——扣除　　3万元

　　银行存款　　6万元

3. 小规模纳税人提供建筑服务按现行规定实际预缴的税款，计入“应交税费——应交增值税——预交”明细科目的借方，实际抵减时，自本明细科目的贷方结转至“应交税费——应交增值税——计提”明细科目的借方。

【例5-8】 香山建设公司为小规模纳税人，下属的甲工程项目所在地与机构所在地不在同一地级行政区，2×20年6月自业主收取工程进度款206万元，支付分包款103万元并取得分包方开具的发票。该公司适用《企业会计制度》。

解析：

（1）6月收取工程款206万元，发生纳税义务，应在建筑服务发生地预缴增值税及其附加。

借：银行存款　　206万元
　　贷：工程结算　　200万元
　　　　应交税费——应交增值税——计提　　6万元
借：应交税费——应交增值税——预交　　3万元
　　贷：银行存款　　3万元
借：应交税费——应交城建税　　0.21万元
　　　　　　——应交教育费附加　　0.09万元
　　　　　　——应交地方教育附加　　0.06万元
　　贷：银行存款　　0.36万元

（2）确认差额扣除的税额：

借：工程施工——合同成本——分包成本　　100万元
　　应交税费——应交增值税——扣除　　3万元
　　贷：银行存款　　103万元

（3）月末结转和抵减时

借：应交税费——应交增值税——计提　　6万元
　　贷：应交税费——应交增值税——扣除　　3万元
　　　　　　　　　　　　　　——预交　　3万元

二、一般纳税人

（一）涉税科目

一般纳税人提供建筑服务，适用一般计税方法计税的，无须设置“增值税留抵税额”明细科目，“应交增值税”下属专栏通常只会用到“进项税额”“转出未交增值税”“减免税款”“销项税额”“进项税额转出”五个专栏。

对于一般纳税人提供建筑服务，适用简易计税方法计税的，统一通过“简易计税”明细科目核算，为了能够提供明细信息，建议建筑业企业在该明细科目下设置“计提”“预交”和“扣除”三个三级明细科目。具体核算内容和核算流程参见本节关于小规模纳税人的相关内容。

（二）中转科目

为了在会计核算中充分体现价税分离理念，正确核算建筑业企业的税会差异，建议在“其他应付款”科目下设置“待转税额”明细科目（见图5－8）。

本明细科目的借方用来核算未来的抵扣或者扣除的税额，贷方核算现实的抵扣或者扣除的税额，具体核算方法参见本章第三节相关内容。

（三）分级结转科目

对于实行分级管理、分级核算的建筑业企业，为了单独反映同一纳税人内部不同核算主体的税收利益，建议设置“内部往来”一级科目，并在该科目下设置“结转税款”明细科目（见图5－8）。

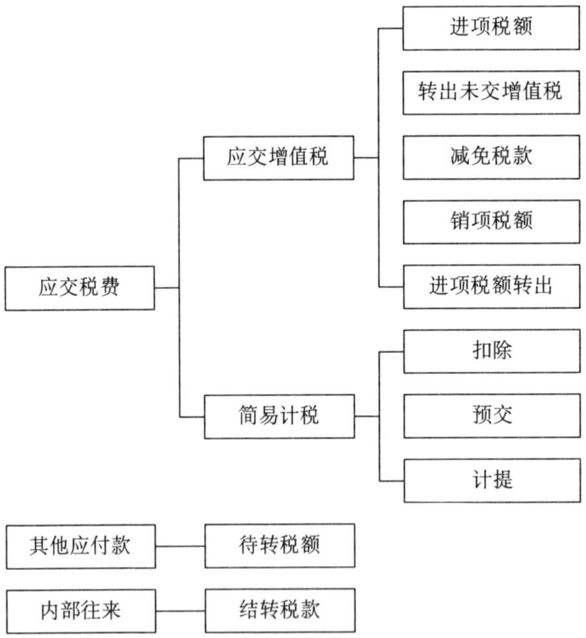

图5－8　建筑业增值税会计核算科目体系

1. 本明细科目用来核算纳税人内部清算的税款，只核算公司总部与各项目部、事业部以及未独立税务登记的分公司（以下简称“内部独立核算单位”）之间增值税税款往来，各内部独立核算单位之间不进行往来核算。

2. 公司总部应按照内部独立核算单位对本明细科目进行明细或者辅助核算。

3. 本明细科目借方余额，对内部独立核算单位而言为公司总部欠付本单位的税款；对公司总部而言为应收内部独立核算单位的税款。本明细科目贷方余额，对内部独立核算单位而言为本单位欠付公司总部的税款；对公司总部而言为欠付内部独立核算单位的税款。

4. 公司总部与各内部独立核算单位本明细科目的余额合计应为零。

三、分级管理模式下增值税的结转

在分级管理模式下，为使纳税人能够准确完整地核算其涉税事项，保证税务管理与会计核算的协调一致性，有必要将各内部管理主体的增值税应纳税额逐级向上结转至公司总部，由公司总部申报纳税，各内部管理主体之间的税款清算事项需要单独核算。

（一）增值税的逐级结转

1. 一般计税方法下的结转。

【例5-9】昆仑建设公司为一般纳税人，下属甲、乙两个项目，均适用一般计税方法，其中，甲项目按照规定需要预缴增值税，乙项目不需要预缴。2×21年8月，甲项目销项税额为100万元，进项税额为120万元，已预缴增值税3万元；乙项目销项税额为200万元，进项税额为150万元。假定公司总部没有发生涉税业务。

解析：

从甲项目的角度看，本月应补税额为：100-120-3=-23（万元）。

从乙项目的角度看，本月应纳税额为：200-150=50（万元）。

从昆仑公司的角度看，本月应纳税额为：(100+200)-(120+150)=30（万元），应补税额为：30-3=27（万元）。

昆仑建设公司9月申报期应向税务机关补缴增值税27万元，小于各项目独立纳税的合计数，原因在于，乙项目占用了甲项目的税收抵扣权益，在甲乙两项目单独核算的情况下，通过内部逐级结转，可以明确权责。

（1）甲项目月末逐级结转：

借：应交税费——应交增值税（销项税额）　　100万元

　　内部往来——结转税款　　23万元

　　贷：应交税费——应交增值税（进项税额）　　120万元

　　　　　　　　——预交增值税　　3万元

（2）乙项目月末逐级结转：

借：应交税费——应交增值税（销项税额）　　200万元

　　贷：应交税费——应交增值税（进项税额）　　150万元

　　　　内部往来——结转税款　　50万元

（3）昆仑公司总部月末结转：

借：应交税费——应交增值税（进项税额）　　270万元

　　　　　　——预交增值税　　3万元

　　内部往来——结转税款——乙项目　　50万元

　　贷：应交税费——应交增值税（销项税额）　　300万元

　　　　内部往来——结转税款——甲项目　　23万元

2. 简易计税方法下的结转。

【例5-10】泰山建设公司为一般纳税人，下属甲、乙两个老项目，均选用简易计税方法，其中甲项目按照规定需要预缴增值税，乙项目不需要预缴。2×21年8月，甲项目收取工程款206万元，支付的分包款309万元；乙项目收取工程款1 030万元，支付分包款721万元，均取得分包方开具的增值税发票。

解析：

从甲项目的角度看，本月全部价款和价外费用小于支付的分包款，应纳税额和应预缴税款均为零，未扣除完的总分包差103万元，可在下期继续扣除。

从乙项目的角度看，本月应纳税额为：(1 030－721)÷1.03×3%＝9（万元）。

从泰山公司的角度看，本月应纳税额为：[(206＋1 030)－(309＋721)]

$\div 1.03 \times 3\% = 6$（万元）。

泰山公司9月申报期应向税务机关缴纳增值税6万元，小于各项目独立纳税的合计数，原因在于，乙项目占用了甲项目的差额扣除权益，需要通过泰山公司总部进行结转。

（1）甲项目月末逐级结转：

借：应交税费——简易计税——计提　　6万元

　　内部往来——结转税款　　3万元

　　贷：应交税费——简易计税——扣除　　9万元

（2）乙项目月末结转：

借：应交税费——简易计税——计提　　30万元

　　贷：应交税费——简易计税——扣除　　21万元

　　　　内部往来——结转税款　　9万元

（3）泰山公司总部月末结转：

借：应交税费——简易计税——扣除　　30万元

　　内部往来——结转税款——乙项目　　9万元

　　贷：应交税费——简易计税——计提　　36万元

　　　　内部往来——结转税款——甲项目　　3万元

3. 内部结转账务流程。日常，项目部等内部管理主体核算本单位发生的所有涉税事项，简易计税方法下，其当期应纳税额由“应交税费——简易计税——计提”“应交税费——简易计税——扣除”和“应交税费——简易计税——预交”三个科目余额共同决定；一般计税方法下，其应纳税额由“应交税费——应交增值税”科目下属“销项税额”“进项税额”“进项税额转出”等专栏余额共同决定，涉及按现行规定需要预缴增值税的，已预缴的税款在“应交税费——预交增值税”科目反映。

期末，项目部应将构成本期应纳税额的科目余额，通过“应交税费”及其明细科目和“内部往来——结转税款”科目全部结转至上级管理主体，后者做相反分录。上级管理主体为独立增值税纳税人的，月末结转后向税务机关申报纳税；上级管理主体不是独立增值税纳税人的，还需要再向上结转，直至公司总部。

结转后，项目部等账套内涉税科目余额全部为零，相关数据反映在公司总部账套的相应科目内，为了明确责任，维护各管理主体的税收利益，需要将“应交税费”和“内部往来”科目按管理主体进行明细或辅助核算，目前主流财务软件均设有“辅助核算”功能，该功能足以满足内部涉税事项清算的需要。

以上流程可用图5-9表示。

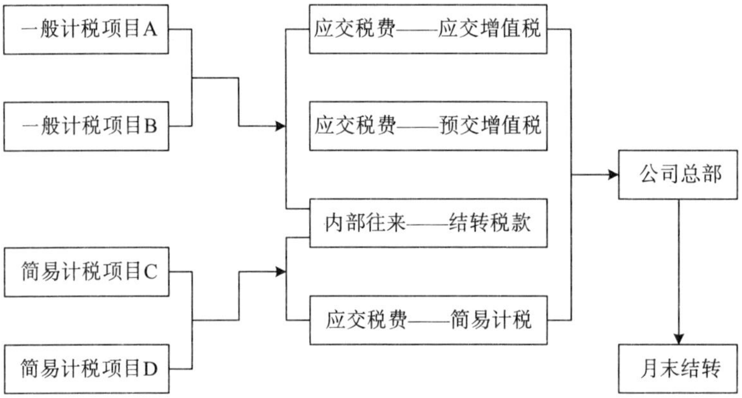

图5-9　建筑业企业增值税内部结转流程

（二）附加税费的处理

以上关于内部结转的讨论，都没有考虑附加税费的影响。在分级核算分级管理模式下，由于增值税的综合抵扣特性，各会计主体的“应纳税额”合计数并不等于纳税人整体的应纳增值税额，涉及预缴增值税的，无论纳税人整体是否需要在机构所在地补缴税额，作为纳税人组成部分的相关会计主体均需按规定预缴增值税及其附加税费。

为了妥善解决附加税费税务管理和账务处理的矛盾，笔者提出以下建议：

1. 核算基础按照收付实现制。无论是公司总部还是内部独立核算单位，增值税对应的附加税费均不按权责发生制预提，在实际缴纳或预缴增值税后，按照实际缴纳数或预缴数为基数依所在地税（费）率计算缴纳，按照完税凭证记载的金额，借记“应交税费——应交城建税”等科目，贷记“银行存款”等科目。当期无应补税额或应预缴税额，从而没有实际缴纳或预缴增值税的，相关会计主体无须核算附加税费。

2. 预缴的附加税费不逐级结转，由预缴主体自行承担。内部独立核算单位预缴的附加税费，由该会计主体核算并承担，按照完税凭证记载的金额，借记“应交税费——应交城建税”等科目，贷记“银行存款”等科目，期末将“应交税费——应交城建税”等科目余额结转至“税金及附加”科目。

也就是说，哪个会计主体预缴的增值税，对应的附加税费就由哪个会计主体承担，为明确责任，预缴事项对应的附加税费由责任主体核算，计入该会计主体的当期损益。

3. 其他涉税事项产生的附加税费，由公司统一核算。除预缴之外的事项，作为纳税人整体的附加税费，对应的是纳税人整体的当期实际缴纳的增值税税额，只有在纳税人层面进行汇总才能准确计算，下属独立核算的会计主体只是公司作为独立纳税人的内部单位，其应纳税额对应的附加税费与公司实际应缴纳的对应税费不一致，由其单独计算缴纳附加税费不切实际。

因此，为简便核算程序，建议将除预缴事项之外所产生的附加税费，由公司本部统一核算缴纳，统一由公司本部承担，期末计入公司本部的损益；实行责任会计，对下属会计主体进行业绩考核的企业，也可以按照合理的标准将附加税费分配至各会计主体承担。

第三节　建筑业企业增值税会计处理的关键问题

建筑业企业在会计制度和税收政策上均有别于其他行业，再加上税务与会计分属不同的业务系统，其目标、方法均不同，二者产生差异是不可避免的，也是正常的。由于税收的特点之一即为强制性，纳税人应当按照税法的规定，履行纳税义务，因此，建筑业企业的增值税会计处理要准确核算涉税事项，正确处理税会差异。

一、准确核算涉税事项

建筑业企业应当严格按照税收政策要求，结合企业管理模式和管理流程，完整、准确地核算本纳税人的所有涉税事项，最终目的是实现税务管理和会计处理的协调一致，保证公司的留抵税额或者应补税额与其纳税申报表相关数据一致。具体流程可以概括为以下五步：

第一步，各会计主体各司其职，分别核算本单位的涉税事项。项目部等内部独立核算单位以及公司总部，发生纳税义务或者取得扣税凭证并申报抵扣时，在各自账套内确认销项税额、进项税额或应纳税额。

第二步，月末，由下到上进行内部逐级结转，具体方法参见本章第二节相关内容。

第三步，月末，在内部结转之后，由公司总部对当期应纳税额进行分析结转。

1. “应交税费——应交增值税”明细科目余额如果在借方，代表建筑业企业当月存在留抵税额，暂不做任何会计处理。后期，如果建筑业企业符合2019年39号公告的规定，实际办理了增量留抵退税，则根据实际收到的退税金额，借记“银行存款”科目，贷记“应交税费——应交增值税（进项税额转出）”科目。然后根据留抵税额的构成，分别退还至各项目部，借记“内部往来——结转税款”科目，贷记“银行存款”科目，项目部做相反分录。

2. “应交税费——应交增值税”明细科目余额如果在贷方，代表建筑业企业当月存在应纳税额，需要进行月末结转。

根据“应交税费——应交增值税”明细科目的贷方余额，借记“应交税费——应交增值税（转出未交增值税）”科目，贷记“应交税费——未交增值税”科目。

结转分录做完以后，“应交税费——应交增值税”明细科目余额为零，一般计税方法项目本月应纳税额，反映在“应交税费——未交增值税”科目的贷方。

3. “应交税费——简易计税”明细科目余额如果在贷方，说明“计提”明细科目余额大于“扣除”和“预交”明细科目余额之和，代表建筑业企业本月简易计税项目存在应纳税额，转入第四步进行综合抵减。

4. “应交税费——简易计税”明细科目余额如果在借方，建筑业企业应分析出现借方余额的原因。

如果是因为“计提”明细科目余额小于“扣除”明细科目余额，说明当月简易计税项目应纳税额小于零，总分包负差可在下期继续扣除，“预交”明细科目的借方余额，转入第四步进行综合抵减。

如果是因为“计提”和“扣除”明细科目余额之差小于“预交”明细科目余额，说明简易计税项目的预缴税款抵减应纳税额后仍有余额，转入第四步进行综合抵减。

第四步，综合抵减应纳税额。将不同计税方法下预缴的税款和应纳税额进行综合抵减。

建筑业企业应将“应交税费——简易计税”明细科目中的已预缴尚未抵减的余额以及“应交税费——预交增值税”明细科目的余额，按照已预缴增值税和当期应纳税额孰低的原则，自上述两明细科目贷方结转至“应交税费——未交增值税”及“应交税费——简易计税”明细科目借方。

第五步，申报缴纳。经过综合抵减之后，“应交税费——未交增值税”和“应交税费——简易计税”明细科目仍有贷方余额的，应在申报后缴纳时，借记上述明细科目，贷记“银行存款”等科目。

【例 5－11】昆仑建设公司为一般纳税人，下属甲、乙、丙、丁四个工程项目，其中甲、乙项目为简易计税方法计税，丙、丁项目为一般计税方法计税，甲、丙项目需要预缴增值税，乙、丁项目不要预缴增值税。2×21 年 9 月末，四个项目的相关数据如表 5－1 至表 5－4 所示：

表 5－1　　昆仑建设公司甲项目 2×21 年 9 月涉税数据　　单位：万元

科目或专栏	余额	方向
应交税费——简易计税——计提	50	贷
应交税费——简易计税——扣除	20	借
应交税费——简易计税——预交	30	借
应交税费——简易计税	0	

表 5－2　　昆仑建设公司乙项目 2×21 年 9 月涉税数据　　单位：万元

科目或专栏	余额	方向
应交税费——简易计税——计提	100	贷
应交税费——简易计税——扣除	140	借
应交税费——简易计税——预交	0	
应交税费——简易计税	40	借

表5－3　　昆仑建设公司丙项目2×21年9月涉税数据　　单位：万元

科目或专栏	余额	方向
应交税费——应交增值税（销项税额）	200	贷
应交税费——应交增值税（进项税额）	140	借
应交税费——应交增值税（进项税额转出）	10	贷
应交税费——应交增值税	70	贷
应交税费——预交增值税	20	借

表5－4　　昆仑建设公司丁项目2×21年9月涉税数据　　单位：万元

科目或专栏	余额	方向
应交税费——应交增值税（销项税额）	400	贷
应交税费——应交增值税（进项税额）	430	借
应交税费——应交增值税（进项税额转出）	5	贷
应交税费——应交增值税	25	借
应交税费——预交增值税	0	

假定昆仑建设公司总部本月没有涉税业务，不考虑附加税费的影响。

解析：经过逐级结转后，昆仑建设公司账套内涉税数据如表5－5所示。

表5－5　　昆仑建设公司2×21年9月涉税数据　　单位：万元

科目或专栏	余额	方向
应交税费——简易计税——计提	150	贷
应交税费——简易计税——扣除	160	借
应交税费——简易计税——预交	30	借
应交税费——简易计税	40	借
应交税费——应交增值税（销项税额）	600	贷
应交税费——应交增值税（进项税额）	570	借
应交税费——应交增值税（进项税额转出）	15	贷
应交税费——应交增值税	45	贷
应交税费——预交增值税	20	借

（1）一般计税方法计税项目月末结转。

借：应交税费——应交增值税（转出未交增值税）　　45万元

　　贷：应交税费——未交增值税　　45万元

（2）“应交税费——简易计税”明细科目借方余额为40万元，经过分析发现，由总分包负差对应的税额10万元和预缴税款30万元两部分构成，其中的10万元可以在下期继续差额扣除，30万元预缴税款可以参与综合抵减。

（3）昆仑公司本月应纳税额合计为：45＋0＝45（万元），可供抵减的预缴税款为：20＋30＝50（万元），以45万元为限进行抵减。

借：应交税费——未交增值税　　45万元

　　贷：应交税费——简易计税——预交　　25万元

　　　　——预交增值税　　20万元

（4）经过抵减之后，昆仑公司本月应补税额为零。

二、科学体现价税分离

会计处理中体现价税分离要解决两个问题，一是价税分离的对象，也就是对哪个会计科目进行分离；二是价税分离的环节，也就是在什么时候进行分离。

（一）购进业务的价税分离

1. 购进资产或发生期间费用。建筑业企业购进资产和发生期间费用（销售费用、财务费用和管理费用）时，取得增值税扣税凭证且申报抵扣的，应将扣税凭证上注明的进项税额计入“应交税费——应交增值税（进项税额）”科目，资产或费用的入账价值为除税价格，基本会计分录如下：

借：资产或期间费用

　　应交税费——应交增值税（进项税额）

　　贷：资产或负债

2. 工程成本。建筑业企业购进货物用于施工生产，其进项税额是在购进环节抵扣的，后期领用时，对应的成本费用不包括增值税，这种情况下不存在进项税额的问题。如建筑业企业采购原材料时，进项税额已经抵扣，后期领用时的基本会计分录为：

借：工程施工或合同履约成本

　　贷：原材料

但对于购进即直接投入生产的服务，如周转材料租赁费、机械租赁费、分包支出、水电费、运输费等，同样需要在购进环节进行价税分离，价税分离的会计科目应定位于“工程施工”或“合同履约成本”科目。

建筑业企业发生工程成本时，取得增值税扣税凭证且申报抵扣的，应将扣税凭证上注明的进项税额计入“应交税费——应交增值税（进项税额）”科目，基本会计分录如下：

借：工程施工或合同履约成本

　　应交税费——应交增值税（进项税额）

　　贷：资产或负债

对于一般纳税人提供建筑服务选用简易计税方法计税的，其支付的分包款可以差额扣除的，对应的税额计入“应交税费——简易计税——扣除”科目，基本会计分录如下：

借：工程施工或合同履约成本

　　应交税费——简易计税——扣除

　　贷：资产或负债

（二）销售业务的价税分离

销售业务的价税分离方法与收入确认的账务处理流程相关，适用的会计制度不同，价税分离的对象与环节也不同。

1.《企业会计制度》。

前已述及，《企业会计制度》下收入成本确认的基本会计分录为：

借：主营业务成本

　　工程施工——合同毛利（亏损在贷方）

　　贷：主营业务收入

“主营业务收入”和“主营业务成本”科目出现在同一笔分录内，且其本身均为不含税口径，因此，在收入成本确认环节进行价税分离无法操作。

笔者主张，《企业会计制度》下，建筑业收入价税分离的对象应为“工程结算”科目，价税分离的时间确定为工程价款结算环节，基本的会计分录为：

借：银行存款、应收账款等

　　贷：工程结算

应交税费——应交增值税（销项税额）

应交税费——简易计税——计提

应交税费——待转销项税额

2.《企业会计准则》。

新收入准则下，建筑业企业确认收入的基本分录为：

借：合同结算——收入结转

　贷：主营业务收入

与《企业会计制度》类似，该笔收入确认分录对应的金额也为不含税口径，因此也只能在工程价款结算环节进行价税分离：

借：银行存款、应收账款等

　贷：合同结算——价款结算

　　应交税费——应交增值税（销项税额）

　　应交税费——简易计税——计提

　　应交税费——待转销项税额

3.《小企业会计准则》。

《小企业会计准则》关于建筑业收入确认的分录比较直观，一方面增加资产类科目，一方面增加收益类科目，可以在收入确认环节直接对“主营业务收入”科目进行价税分离：

借：银行存款、应收账款等

　贷：主营业务收入

　　应交税费——应交增值税（销项税额）

　　应交税费——简易计税——计提

　　应交税费——待转销项税额

三、正确处理税会差异

由于增值税纳税义务发生时间与收入确认时间，以及进项税额申报抵扣时间与成本费用的确认时间，经常会出现不同步现象，这些差异多属时间性差异。价外费用作为增值税销售额的组成部分，需要计算缴纳增值税，但有可能不属于建造合同收入，这类差异属于永久性差异。

（一）进项业务的税会差异处理

第一，购进货物等已验收入库，未付款且未取得增值税扣税凭证。

（1）2016年22号文处理方式。建筑业企业购进货物等已经验收入库，由于未付款，也没有取得发票等扣税凭证，无法得知确切的计量金额。为了贯彻会计核算的及时性原则，2016年22号文明确两步走的处理方式，即，先根据货物清单或相关合同协议上的不含税价格暂估入账，下月初用红字冲销原暂估入账金额；待取得相关增值税扣税凭证并经认证后，再进行正常处理。

（2）本书建议处理方式。由于建筑业企业付款周期通常会长于一个月，有的甚至会跨年，如果按照2016年22号文的上述处理方式，必然会导致多次红冲、多次暂估的无效劳动。笔者建议，将2016年22号文关于红冲暂估凭证的时间由“下月初”改为“取得扣税凭证且勾选确认申报抵扣后”。

①货物验收入库后，根据货物清单或相关合同协议上的不含税价格，借记“原材料”“库存商品”“固定资产”“无形资产”等科目，贷记“应付账款”等科目。

②取得相关增值税扣税凭证并勾选确认后，红字冲销原暂估入账金额，红字借记“原材料”等科目，红字贷记“应付账款”等科目。

③按应计入相关成本费用或资产的金额，借记“原材料”等科目，按申报抵扣的增值税额，借记“应交税费——应交增值税（进项税额）”科目，按应付金额，贷记“应付账款”等科目。

第二，购进货物等尚未验收入库，已取得增值税扣税凭证且申报抵扣。

建筑业企业采购材料设备等，已取得增值税扣税凭证且已勾选确认抵扣，但相应货物尚未验收入库的，应根据申报抵扣的进项税额，借记“应交税费——应交增值税（进项税额）”科目，根据扣税凭证上注明的价款金额，借记“在途物资”等科目，按应付或已付的金额，贷记“银行存款”“应付账款”等科目。

货物验收入库后，应将“在途物资”科目余额自贷方转入“原材料”“固定资产”等科目的借方。

第三，发生成本费用已经符合会计确认的条件，金额可以确定，但尚未取得扣税凭证。

（1）分包款。建筑业企业提供建筑服务过程中，与分包单位进行阶段性工程价款结算时，应按照价税分离原则进行计量，将不含税价格计入“工程施工”“合同履约成本”等科目，按照应支付的价税合计数计入“应付账款”科目，未来可抵扣或可差额扣除的“税额”先计入“其他应付款——待转税额”科目，待取得扣税凭证后，再转入“应交税费——应交增值税（进项税额）”或“应交税费——简易计税——扣除”科目。

【例5－12】黄山建设公司为一般纳税人，适用《企业会计准则》，其所总承包的甲项目为一般计税方法计税。香山建设公司是黄山建设公司甲项目的专业分包单位，也为一般纳税人。2×20年2月，黄山建设公司计量香山建设公司上月完成工程量218万元，根据合同约定3月向其支付工程款109万元，取得对方开具的专用发票109万元，税率为9%，已于3月税款所属期勾选确认。

解析：

黄山建设公司账务处理如下：

（1）2月计量分包款时：

借：合同履约成本——工程施工——分包成本　　200万元

　　其他应付款——待转税额　　18万元

　　贷：应付账款　　218万元

（2）3月付款取得专票且勾选确认时：

借：应付账款　　109万元

　　贷：银行存款　　109万元

借：应交税费——应交增值税（进项税额）　　9万元

　　贷：其他应付款——待转税额　　9万元

【例5－13】海河建设公司为一般纳税人，适用《企业会计制度》，其所总承包的乙项目为简易计税方法计税。清河建设公司是海河建设公司乙项目的劳务分包单位。2×20年2月，海河建设公司计量清河建设公司上月完成工程量309万元，根据合同约定3月向其支付工程款103万元，取得对方开具的普通发票103万元，税率为3%。

解析：

海河建设公司账务处理如下：

（1）2月计量分包款时：

借：工程施工——分包成本——人工费　　300万元

　　其他应付款——待转税额　　9万元

　　贷：应付账款　　309万元

（2）3月付款且取得发票：

借：应付账款　　103万元

　　贷：银行存款　　103万元

借：应交税费——简易计税——扣除　　3万元

　　贷：其他应付款——待转税额　　3万元

（2）其他成本费用。建筑业企业中的一般纳税人，按照权责发生制原则计提的可以抵扣的其他成本费用，如应支付未支付的房租、水电费、设计费、广告费、运输费、修理费等，应按照不含税价格计入相应成本费用，按照应支付的价税合计数计入“应付账款”等科目，未来可抵扣的“税额”计入“其他应付款——待转税额”科目。

此外，对于建筑业企业发生的所有购进业务，只要是金额和税额可以提前确定且可靠计量的，对未来可抵扣的进项税额均可按照上述原则进行处理。

第四，购进业务已发生，扣税凭证已取得，但尚未勾选确认和申报抵扣。

这一问题处理的基本模式是，将不含税价格计入资产或成本费用科目，将扣税凭证上注明的税额计入“待认证进项税额”明细科目借方，申报抵扣后，再自该明细科目贷方转入“应交税费——应交增值税（进项税额）”科目。

需要注意的是，在勾选确认抵扣前发生退货、销售折让，或者发生用途改变、非正常损失等情形的，由于进项税额尚未申报抵扣，建筑业企业不能直接作进项税额转出，而应将对应的税额从“待认证进项税额”明细科目中扣减，即，借记相关成本费用或资产科目，贷记“应交税费——待认证进项税额”科目。

第五，预付分包款项并取得增值税扣税凭证，且已申报抵扣或差额扣除，但会计上尚不符合成本费用的确认条件。

建筑业企业向分包单位预付工程款，已取得增值税扣税凭证且已认证抵扣或差额扣除，但会计上尚未达到成本费用确认的条件的，为总括反映资金往来，应作两笔会计分录：一是按预付款总额，借记“预付账款”科目，贷记“银行存款”等科目；二是根据扣税凭证上注明的税额，借记“应交税费——应交增值税（进项税额）”或“应交税费——简易计税——扣除”科目，贷记“其他应付款——待转税额”科目。

预付账款经计量达到成本确认的条件时，应按计量的不含税价，借记“工程施工”“合同履约成本”等科目，按对应的税额，借记“其他应付款——待转税额”科目，贷记“预付账款”科目。

【例5－14】 昆仑建设公司为一般纳税人，适用《企业会计准则》，其所总承包的丙项目为一般计税方法计税。祁连建设公司是昆仑建设公司丙项目的专业分包单位，也为一般纳税人，对丙项目采用一般计税方法计税。2×20年4月，昆仑建设公司预付祁连建设公司款项1 090万元，取得对方开具的专用发票1 090万元，税率为9%，已于4月税款所属期勾选确认。9月，昆仑建设公司计量祁连建设公司完成工程量3 270万元。11月，根据计量结果和合同约定扣回4月预付款1 090万元，支付2 180万元，取得对方开具的专用发票2 180万元，税率为9%，专票尚未勾选确认。

解析：

昆仑建设公司账务处理如下：

（1）4月支付预付款且勾选确认专票时：

借：预付账款　　1 090万元

　贷：银行存款　　1 090万元

借：应交税费——应交增值税（进项税额）　　90万元

　贷：其他应付款——待转税额　　90万元

（2）9月计量工程款时：

借：合同履约成本——工程施工——分包成本　　3 000万元

　其他应付款——待转税额　　270万元

　贷：应付账款　　3 270万元

（3）11月扣回预付款支付进度款时：

借：应付账款　　3 270万元

　贷：预付账款　　1 090万元

　　银行存款　　2 180万元

借：应交税费——待认证进项税额　　180 万元

　　贷：其他应付款——待转税额　　180 万元

第六，未付分包款但取得增值税扣税凭证，或付款金额小于扣税凭证的金额，且已申报抵扣或差额扣除。

建筑业企业未付款提前取得分包单位开具的增值税扣税凭证，或已付款但金额小于扣税凭证金额，且已认证抵扣或差额扣除的，如果前期预提分包成本时对“工程施工”“合同履约成本”等科目进行了价税分离，应根据申报抵扣的进项税额借记“应交税费——应交增值税（进项税额）”科目，根据申报差额扣除对应的税额借记“应交税费——简易计税——扣除”科目，贷记“其他应付款——待转税额”科目；如果前期未预提成本或已预提成本但未对“工程施工”科目进行价税分离，应根据申报抵扣的进项税额借记“应交税费——应交增值税（进项税额）”科目，根据申报差额扣除对应的税额借记“应交税费——简易计税——扣除”科目，红字借记“工程施工——合同成本”“合同履约成本”等科目。

【例 5－15】 黄河建设公司为一般纳税人，适用《企业会计制度》，其所总承包的丁项目为一般计税方法计税。珠江建设公司是黄河建设公司丁项目的专业分包单位，也为一般纳税人，对丁项目采用一般计税方法计税。

解析：

黄河建设公司 2×19 年 12 月至 2×20 年 4 月发生业务及账务处理如下。

（1）2×19 年 12 月，黄河建设公司计量珠江建设公司丁项目已完工程量 436 万元：

借：工程施工——合同成本——分包成本　　400 万元

　　其他应付款——待转税额　　36 万元

　　贷：应付账款　　436 万元

（2）2×20 年 4 月，珠江建设公司向黄河建设公司开具增值税专用发票 436 万元，税率 9%。黄河建设公司已于当月勾选确认，但未向其支付款项：

借：应交税费——应交增值税（进项税额）　　36 万元

　　贷：其他应付款——待转税额　　36 万元

假定，2×19 年 12 月，黄河建设公司计量珠江建设公司丁项目已完工程量 436 万元时，未做价税分离，即按照 436 万元的价税合计数计入“工程施工”科目，则2×20年4月取得珠江建设公司开具专票且勾选确认时，应做会计分录为：

借：应交税费——应交增值税（进项税额）　　36万元

　　借：工程施工——合同成本——分包成本　　-36万元

（二）销项业务的税会差异处理

销项业务的税会差异包括两类，一是工程价款结算时，符合会计收入确认条件，但尚未发生纳税义务；二是以预收款方式提供建筑服务，收到预收款开具发票，发生纳税义务，但尚不符合会计确认收入的条件。

1. 施工开始前收到预收款开具发票。建筑业企业收到预收款向业主开具发票的，根据税收政策规定发生纳税义务，但会计上尚未达到收入确认的条件。建筑业企业应作两笔会计分录：一是按预收款总额借记“银行存款”等科目，贷记“预收账款”“合同负债”等科目；二是根据应确认的销项税额或应纳税额借记“应交税费——待转销项税额”科目，贷记“应交税费——应交增值税（销项税额）”或“应交税费——简易计税——计提”科目。

待预收账款对应的工程量经业主确认后，按计量的价税合计数，借记“预收账款”“合同负债”“应收账款”等科目，按不含税计量数贷记“工程结算”“合同结算”“主营业务收入”等科目，按计量的税额贷记“应交税费——待转销项税额”科目。

【例5-16】接例5-14，2×20年4月，祁连建设公司收到昆仑建设公司支付的丙项目预收款1 090万元，向对方开具专用发票1 090万元，税率为9%。9月，业主工程量3 270万元。11月，根据计量结果和合同约定扣回4月预付款1 090万元，支付2 180万元，并向对方开具专用发票2 180万元，税率为9%。假定祁连建设公司适用《企业会计准则》。

解析：

祁连建设公司账务处理如下：

（1）4月收到预收款1 090万元，向昆仑建设公司开具专票，纳税义务发生：

借：银行存款　　1 090万元

　　贷：合同负债　　1 090万元

借：应交税费——待转销项税额　　90万元

　　贷：应交税费——应交增值税（销项税额）　　90万元

（2）9月昆仑建设公司计量工程款时：

借：应收账款　　3 270万元

　　贷：合同结算——价款结算　　3 000万元

　　　　应交税费——待转销项税额　　270万元

（3）11月扣回预付款、支付进度款时：

借：银行存款　　2 180万元

　　合同负债　　1 090万元

　　贷：应收账款　　3 270万元

借：应交税费——待转销项税额　　180万元

　　贷：应交税费——应交增值税（销项税额）　　180万元

2. 验工计价且未发生纳税义务。建筑业企业完成的工程量已经业主或监理计量确认，相关债权已符合会计确认条件，但由于尚未收款、开票或未达到合同约定的收款日期，从而纳税义务尚未发生，建筑业企业应按验工计价单记载的价税合计数，借记“应收账款”科目，按未来应确认的销项税额或应纳税额贷记“应交税费——待转销项税额”科目，按计量的不含税工程价款贷记“工程结算”“合同结算”“主营业务收入”等科目。

待纳税义务实际发生时，按应确认的销项税额或应纳税额借记“应交税费——待转销项税额”科目，贷记“应交税费——应交增值税（销项税额）”或“应交税费——简易计税——计提”科目。

工程质保金的账务处理比照上述思路。

3. 施工过程中未收款提前开具发票，或开票金额大于收款金额。建筑业企业提供建筑服务过程中或之后，未收款提前开具发票，或开票金额大于收款金额的，按税法规定就开票金额发生纳税义务，前期已对“工程结算”“合同结算”“主营业务收入”等科目进行价税分离的，建筑业企业应根据本次开具发票注明的增值税额借记“应交税费——待转销项税额”科目，贷记“应交税费——应交增值税（销项税额）”或“应交税费——简易计税——计提”科目；前期未计量或已计量但未对“工程结算”“合同结算”“主营业务收入”等科目进行价税分离的，根据本次开具发票注明的增值税额，红字贷记

“工程结算”“合同结算”“主营业务收入”等科目，贷记“应交税费——应交增值税（销项税额）”或“应交税费——简易计税——计提”科目。

此后收取款项时，借记“银行存款”等科目，贷记“应收账款”等科目，不再涉及增值税的处理。

【例5－17】接例5－15，珠江建设公司是黄河建设公司丁项目的专业分包单位，也为一般纳税人，对丁项目采用一般计税方法计税。假定珠江建设公司适用《小企业会计准则》。

解析：

珠江建设公司账务处理如下：

（1）2×19年12月黄河建设公司计量已完工程量436万元时：

借：应收账款　　436万元

　　贷：主营业务收入　　400万元

　　　　应交税费——待转销项税额　　36万元

（2）2×20年4月珠江建设公司向业主开具增值税专用发票436万元，税率9%，未收取工程款项：

借：应交税费——待转销项税额　　36万元

　　贷：应交税费——应交增值税（销项税额）　　36万元

假定2×19年12月黄河建设公司计量已完工程量436万元时，珠江建设公司确认收入时未做价税分离，即按照436万元的价税合计数计入“主营业务收入”科目，则2×20年4月向业主开具专票时，应做会计分录为：

借：应交税费——应交增值税（销项税额）　　36万元

　　借：主营业务收入　　－36万元

（三）价外费用的处理

根据2016年36号文附件一第三十七条的规定，价外费用，是指价外收取的除规定项目之外的各种性质的收费。《增值税暂行条例实施细则》第十二条进一步列举了价外费用的范围，如手续费、补贴、基金、集资费、返还利润、奖励费、违约金、滞纳金、延期付款利息、赔偿金、代收款项、代垫款项、包装费、包装物租金、储备费、优质费、运输装卸费以及其他各种性质的价外收费。

在增值税政策中，“全部价款和价外费用”合称为增值税的销售额，它们共同构成了增值税销项税额或者应纳税额的计税依据。在税目和计税方法的确定方面，它们具备同质性，也就是说，不管价外费用是什么性质什么名目的收费，它都应当和价款选择同一个税目计缴增值税，使用同一个编码开具发票。

根据会计制度的规定，建筑业企业获取的经济利益的流入，并不一定都确认为收入。对于经济利益流入中的价款部分应当作为合同收入计入主营业务收入，而对于价外费用则应具体情况具体分析，如收取的利息费用应冲减财务费用；收取的违约金、赔偿金、滞纳金应计入营业外收入；代收、代垫款项应计入往来；包装物租金等应计入其他业务收入。

对于增值税与会计收入口径不同产生的差异，会计处理的基本原则是，按照税法的规定确认销项税额或者应纳税额，按照会计制度的规定确认会计要素。

【例5－18】嵩山建设公司为一般纳税人，所属甲、乙两个项目均为一般计税方法计税，其中甲项目尚处于施工阶段，2×21年8月，业主支付工程进度款436万元，其中包含了文明施工奖励款20万元；乙项目已经结算完毕，2×21年8月业主按照约定支付了尾款327万元，其中包含了延期付款的利息30万元。

解析：甲项目的奖励款20万元和乙项目的利息30万元，均属于增值税的价外费用，属于嵩山建设公司向业主提供建筑服务的销售额，按照9%的税率缴纳增值税，按照“30501”的编码向业主开票。

会计核算时，甲项目的奖励款，属于建造合同收入的组成部分，统一在“主营业务收入”科目中核算；乙项目的延期收款利息，发生在工程竣工结算之后，因而不应作为建造合同收入，应按照不含税的金额，冲减当期财务费用。

第六章

项目部的税会处理

本章主要讨论项目法施工模式下工程项目部的税会处理，也就是在“公司总部——项目部”分级管理模式下，按照工程项目设置账套单独核算的，项目部建造合同收入和成本的核算流程，公司总部的涉税业务将在第七章阐述。对于未实行项目法施工的建筑业企业，可以参照本章相关内容进行核算。

第一节 工程老项目税制转换

建筑工程老项目是指建筑业企业2016年4月30日前开工的工程项目，老项目税制转换是指如何将建筑业企业的老项目由营业税转换为简易计税的增值税。老项目选用一般计税方法计税的调整，可以参照执行。

本节主要解决两个问题：第一，老项目营业税营业额与增值税销售额的划分；第二，税制转换涉及的其他财务指标的账务调整。本节内容以建筑业企业执行《企业会计制度》为前提，执行其他会计制度的企业，可参照执行。

一、划分营业额和销售额

（一）营业额和销售额的概念

营业额是营业税税制的概念，它是营业税的计税基础，建筑业企业将建筑工程分包给其他单位的，以其取得的全部价款和价外费用扣除支付给其他单位的分包款后的余额为营业额，建筑业企业应纳营业税额计算公式如下：

应纳营业税额 =（全部价款和价外费用 - 分包款）×3%

销售额是增值税税制的概念，它是增值税应纳税额的计税基础，建筑业企业提供建筑服务适用简易计税方法的，以其取得的全部价款和价外费用扣除支付的分包款后的余额为销售额。简易计税方法下应纳税额计算公式如下：

应纳增值税额 =（全部价款和价外费用 - 分包款）÷（1 +3%）×3%

（二）营业额和销售额的关系

从上述计算公式可以看出，老项目适用营业税和适用简易计税方法的增值税，其计税基础是一致的，只不过后者允许按照3%的征收率进行价税分离。根据相关政策的规定，除预收款外，建筑业企业的营业税和增值税纳税义务发生时间也是一致的。因此，同一项目的工作量或者造价，要么应纳营业税，要么应纳增值税，两者是非此即彼的互斥关系。

（三）正确确认营业额

营业额确认的截止时点为2016年4月30日，建筑业企业应对所属所有老项目进行逐一梳理，严格按照营业税纳税义务发生时间确认应纳营业税和营业额，剩余的工程造价即为未来的增值税销售额。具体方法是：根据营业税纳税义务发生时间的规定，对2016年4月30日所属各项目的“应交税费”科目余额进行序时分析。营业税纳税义务在2016年4月30日前已经发生的，必须依法缴纳或补缴营业税；营业税纳税义务没有发生，纯属对税法理解不准确，随会计收入确认环节计提的，属于会计差错，要按照会计差错更正的原则处理。

第一，“应交税费——应交营业税”等科目余额大于实际发生的纳税义务的，本期发现本期会计差错，红字借记“税金及附加”科目，红字贷记“应交税费——应交营业税”等科目；本期发现前期会计差错，红字借记“以前年度损益调整”科目，红字贷记“应交税费——应交营业税”等科目。

第二，“应交税费——应交营业税”等科目余额小于实际发生的纳税义务的，本期发现本期会计差错，借记“税金及附加”科目，贷记“应交税费——应交营业税”等科目；本期发现前期会计差错，借记“以前年度损益调整”科目，贷记“应交税费——应交营业税”等科目。

经过上述账务调整，“应交税费——应交营业税”等科目贷方余额反映的是建筑业企业真实的营业税纳税义务，正常情况下，应于2016年5月15日前向主管税务机关申报缴纳，或于后期补缴；借方余额反映的是建筑业企业多缴的营业税，应向原税务机关申请办理退税。

【例6－1】 环球建设公司所属甲项目，合同总造价为30 000万元，工程于2015年4月1日开工，截至2016年4月30日该项目“应交税费——应交营业税”等科目贷方余额337.6万元，自开工累计资料如下：

（1）业主计量工程量13 000万元，收款10 000万元，向业主开具营业税发票12 000万元。

（2）截至2015年12月31日确认主营业务收入16 000万元，2016年度未确认收入。

（3）对分包计量3 000万元，支付分包款2 000万元，取得分包方发票2 000万元。

（4）按照确认的主营业务收入计提营业税等537.6万元（16 000×3.36%），已缴纳200万元，余额337.6万元。

解析：

甲项目营业额＝发票与收款较大者－取得分包方发票金额＝12 000－2 000＝10 000（万元）。

甲项目应纳营业税等＝10 000×3.36%＝336（万元）。

甲项目已纳营业税等＝200（万元）。

甲项目真实欠税＝336－200＝136（万元）。

甲项目名义欠税＝337.6（万元）。

应调减应纳营业税额 = 337.6 − 136 = 201.6（万元）。

调整分录：

借：以前年度损益调整　　　　　　　　　　　　−201.6 万元

　　贷：应交税费——应交营业税等　　　　　　　　−201.6 万元

经过上述调整后，该项目应交税费科目贷方余额为 136 万元，此笔营业税款应在 2016 年 5 月申报期申报缴纳。

二、账务调整方法

在对营业额和销售额调整之后，建筑业企业还要对老项目的财务收入、工程结算、计税基数等数据进行分析调整。

（一）调整的原因

建筑业企业在生产经营过程中，经常涉及三个数据：一是主营业务收入，一般按照完工百分比计算确认；二是工程结算，按照甲方或监理计量工程量确认；三是流转税的计税基础，根据税法规定的时间和口径确认。

这三个数据，严格讲是同一事物的不同表现形式，都对应于合同总造价，竣工结算后其最终金额肯定是一致的。但在施工过程中，这三个数不可避免地会存在时间性差异，假如不涉及税制转换，这个时间性差异通常将会终结于竣工结算且收款完毕之日。

改为增值税以后，老项目剩余的工程造价要缴纳增值税，此后的计税要从剩余的工程造价中按照 3% 的征收率分离出一部分税金。因此，作为工程造价不同表现形式的财务收入、工程计量、计税基础都需要进行相应的调整。

（二）调整的方法

为了讨论的方便，以 X 代表营业税下合同总造价，以 Y 代表营改增后工程总造价，以 A 代表 2016 年 4 月 30 日前已确认的财务收入，以 B 代表 2016 年 4 月 30 日前业主已确认的工程量，以 C 代表 2016 年 4 月 30 日前已确认营业税义务的营业额，以 D 代表 2016 年 4 月 30 日前取得分包营业税发票的金额。

1. 营改增后工程总造价（Y）。营改增后按照两税纳税义务发生时间，可将工程总造价分为两部分，一部分是营业税下已确认营业税纳税义务的营业额，另一部分为原造价剩余部分的除税金额。

$Y = C + (X - C) \div 1.03$

Y 值对于建筑业企业意义重大，它既是营改增后项目确认财务收入的依据，也是业主或监理计量工程量的依据，其中的（X－C）部分还是此后项目增值税的计税依据。

【例 6－2】 接例 6－1，环球建设公司甲项目营改增后工程总造价 Y 为：10 000＋(30 000－10 000)÷1.03＝29 417.48(万元)。

2. 已确认财务收入（A）。主营业务收入是财务概念，其目标是提供决策有用的信息，其规范依据是《企业会计准则》，已经确认的金额不因税制改革而改变，因此，营改增转换调整时，只要不存在会计差错，不需要对已经确认的财务收入调账。

营改增以后，在资产负债表日，按照建造合同准则确认财务收入时，合同总收入应由 X 变为 Y，剩余待确认收入为（Y－A）。

【例 6－3】 接例 6－1，环球建设公司甲项目营业税下已确认主营业务收入 16 000 万元，不存在会计差错的情况下，期初不需要做任何调整。

2016 年 12 月 31 日确认财务收入时，假定完工进度为 70%：

甲工程项目应确认的合同收入为：29 417.48×70%－16 000＝4 592.24(万元)。

3. 已确认工程计量（B）。业主或监理对施工企业已完工程量的计量，在会计核算上以“工程结算”科目反映。通常情况下，“工程结算”科目余额要大于建筑业企业营业额和取得的分包款发票的合计数，在工程计量不及时，或者存在较大金额的预付款时，也会出现前者小于后者的情形。

（1）B＞C＋D。B＞C＋D 代表建筑业企业的“工程结算”科目包含了一部分（B－C－D）未来的纳税义务。在税制不变的情况下，这部分未来的纳税义务迟早将转换为现时的营业税纳税义务，但营改增后，这部分纳税义务届时将转换为价外的增值税纳税义务。

因此，在 B＞C＋D 的情况下，应将工程结算中“提前”确认的工程量，在税制转换期初进行价税分离，调减“工程结算”期初数，同时调减“应交税费——待转销项税额”科目金额，调整分录为：

借：应交税费——待转销项税额　　　$-(B-C-D)\div1.03\times3\%$

　　贷：工程结算　　　$-(B-C-D)\div1.03\times3\%$

【例6-4】接例6-1，环球建设公司甲项目营业税下“工程结算”科目贷方余额13 000万元（B），营业额10 000万元（C），已取得分包发票2 000万元（D）。$B-(C+D)=13\,000-10\,000-2\,000=1\,000$（万元），应调减未来的应纳税额为：$1\,000\div1.03\times3\%=29.13$（万元）。

借：应交税费——待转销项税额　　　-29.13万元

　　贷：工程结算　　　-29.13万元

经过上述调整后，业主再向建筑业企业支付工程款时，建筑业企业应做好台账，区分不同情况向业主开具发票。对于已开具营业税发票超过已收款的部分，本次收款不需要再开票；对于已缴纳营业税但未开营业税发票的，可选择603编码开具普通发票，税率为“不征税”；对于应纳增值税的收款，本次开票应选择建筑服务编码开具带税率的增值税发票。

【例6-5】接例6-1，2016年5月31日，业主向环球建设公司支付工程款3 000万元，由于环球公司前期多开了2 000万元的营业税发票，因此这笔收款中，有2 000万元属于已开营业税发票，剩余的1 000万元需向业主开具增值税发票，金额为970.87万元（$1\,000\div1.03$），税额为29.13万元（$970.87\times3\%$）。

借：银行存款　　　3 000万元

　　贷：应收账款　　　3 000万元

借：应交税费——待转销项税额　　　29.13万元

　　贷：应交税费——简易计税——计提　　　29.13万元

（2）$B<C+D$。$B<C+D$代表工程计量金额小于营业税的营业额，期初不需要进行账务调整，在甲方后续计量时，根据计量金额，首先将工程结算补足，即$B=C+D$，差额部分再按照增值税会计核算的要求进行价税分离。

【例6-6】昆仑建设公司2016年4月30日甲项目部有关数据如下：项目收款5 000万元，向业主开具营业税发票5 000万元，付款1 000万元，取得分包方开具的营业税发票1 000万元，已按照4 000万元（5 000-1 000）的营业额，缴纳营业税134.4万元（$4\,000\times3.36\%$），业主计量金额3 000万元。

“工程结算”科目贷方余额 3 000 万元 < 营业额 4 000 万元 + 分包款发票金额 1 000 万元，期初不做账务处理。

假定 2016 年 5 月 31 日，业主计量金额 2 500 万元，其中 2 000 万元先补足“工程结算”，差额的 500 万元再进行价税分离，不含税金额为：500 ÷ 1.03 = 465.44（万元），税额为：465.44 × 3% = 14.56（万元）。

借：应收账款　　2 000 万元

　　贷：工程结算　　2 000 万元

借：应收账款　　500 万元

　　贷：工程结算　　485.44 万元

　　　　应交税费——待转销项税额　　14.56 万元

2016 年 5 月 1 日之后收款时，基本处理方法与 B > C + D 情形相同。

第二节　合同成本的税会处理

一、人工费

合同成本中的人工费，特指直接从事工程建造人员的劳动报酬，应计入“人工费”明细科目①，工程项目部管理人员的薪酬，不在本明细科目核算，应计入“间接费用”明细科目。

（一）自有工人

自有工人是指与建筑业企业签订劳动合同或建立劳动关系的员工，他们的职工薪酬应由建造合同成本承担，包括短期薪酬、离职后福利、辞退福利和其他长期职工福利等内容。

① 本章提到的明细科目均为合同成本的明细科目。《企业会计制度》为“工程施工——合同成本”；《企业会计准则》为“合同履约成本——工程施工”；《小企业会计准则》为“工程施工”。

1. 月末计提自有工人工资时，根据应发工资总额以及单位承担的社会保险、住房公积金、工会经费和教育经费等，借记“人工费”明细科目，贷记“应付职工薪酬”科目。

2. 建筑业企业向自有工人支付工资、奖金、津贴时，借记“应付职工薪酬”科目，根据应由职工个人承担的社保费用、住房公积金等贷记“其他应付款”科目，根据实际支付给职工的货币资金，贷记“银行存款”“库存现金”等科目。

从应付职工薪酬中扣还的各种款项（如单位代垫的款项、个人所得税等)，借记“应付职工薪酬”科目，贷记“其他应收款”“应交税费——应交个人所得税”等科目。

3. 建筑业企业按照国家有关规定缴纳社会保险费和住房公积金时，根据单位承担金额借记“应付职工薪酬”科目，根据个人承担金额借记“其他应付款”科目，贷记“银行存款”科目。

4. 建筑业企业向自有工人支付福利费或发生福利费时，借记“应付职工薪酬”科目，贷记“银行存款”等科目。

5. 建筑业企业支付工会经费和职工教育经费用于工会活动和职工培训时，借记“应付职工薪酬”科目，贷记“银行存款”等科目。

根据增值税的基本原理，活劳动属于增值额的组成部分，因此，建筑业企业向自有工人支付的劳动报酬，无法抵扣进项税额，也无法作为支付的分包款差额扣除。

建筑业企业雇用季节工、临时工、实习生、返聘离退休人员等人员直接从事建造合同所发生的人工成本，比照自有工人的会计处理方式。

【例6-7】华山建设公司为一般纳税人，所属甲项目部适用简易计税方法计税，2×17年9月项目部当月应发工资120万元，其中：自有工人工资100万元；项目部管理人员工资20万元。甲项目部按照职工工资总额的20%、10%和8%计提并缴存养老保险费、医疗保险费和住房公积金，按照职工工资总额的2%和2.5%计提工会经费和职工教育经费。华山建设公司适用《企业会计制度》。

解析：

(1) 应计入合同成本的职工薪酬金额为：100 + 100 ×（20% + 10% + 8%

+2% +2.5%)=142.5(万元)。

应计入间接费用的职工薪酬金额为：20+20×(20%+10%+8%+2%+2.5%)=28.5(万元)。

借：工程施工——合同成本——人工费　　142.5万元
　　　　　　　　　　　——间接费用　　28.5万元
　　贷：应付职工薪酬——工资　　120万元
　　　　　　　　　——养老保险　　24万元
　　　　　　　　　——医疗保险　　12万元
　　　　　　　　　——住房公积金　　9.6万元
　　　　　　　　　——工会经费　　2.4万元
　　　　　　　　　——教育经费　　3万元

(2)华山建设公司职工个人承担的养老保险费、医疗保险费和住房公积金的比例分别为应发工资总额的8%、2%和8%。

应扣个人养老保险费为120×8%=9.6(万元)，应扣个人医疗保险费为120×2%=2.4(万元)，应扣个人住房公积金为120×8%=9.6(万元)。假定所有职工应交个人所得税为15万元，则发放时：

借：应付职工薪酬——工资　　120万元
　　贷：其他应付款——代扣养老保险　　9.6万元
　　　　　　　　——代扣医疗保险　　2.4万元
　　　　　　　　——代扣住房公积金　　9.6万元
　　　　应交税费——应交个人所得税　　15万元
　　　　银行存款　　83.4万元

(3)实际缴纳社保和住房公积金时：

借：应付职工薪酬——养老保险　　24万元
　　　　　　　　——医疗保险　　12万元
　　　　　　　　——住房公积金　　9.6万元
　　其他应付款——代扣养老保险　　9.6万元
　　　　　　——代扣医疗保险　　2.4万元
　　　　　　——代扣住房公积金　　9.6万元
　　贷：银行存款　　67.2万元

（二）劳务派遣

1. 业务规定。根据《中华人民共和国劳动合同法》以及《劳务派遣暂行规定》（人力资源和社会保障部令第 22 号）的相关规定，用工单位只能在临时性、辅助性或者替代性的工作岗位上使用被派遣劳动者，且用工单位使用的被派遣劳动者数量不得超过其用工总量的10%。

2. 企业所得税处理。建筑业企业根据以上规定选择劳务派遣方式用工的，应与具备资质的劳务派遣单位签订用工协议，明确劳务费用的支付方式，并根据《国家税务总局关于企业工资薪金和职工福利费等支出税前扣除问题的公告》（国家税务总局公告2015 年第34 号，以下简称“2015 年34 号公告”）采取相应的企业所得税前扣除策略。

（1）按照协议（合同）约定直接支付给劳务派遣公司的费用，应作为劳务费支出。

（2）直接支付给员工个人的费用，应作为工资薪金支出和职工福利费支出。其中属于工资薪金支出的费用，准予计入企业工资薪金总额的基数，作为计算其他各项相关费用扣除的依据。

3. 增值税处理。根据 2016 年 36 号文的相关规定，劳务派遣服务属于“现代服务”中的“商务辅助服务”，应当征收增值税，因此需要开具发票，作为进项税额抵扣、企业所得税税前扣除和会计核算的原始凭证，具体开票方式参见第二章第六节相关内容。

从发票开具的角度看，2015 年34 号公告带来了一个新问题，即，两种不同支付方式的劳务派遣，其发票开具的口径是否一致，目前尚无政策明确。对于按照全额支付给劳务派遣公司费用的，应当以支付的全额作为发票开具的价税合计数，这一点当无异议；而对于部分支付给员工个人、部分支付给劳务派遣公司的，其开票口径就有两种，一是根据合同约定的总额开票，二是以总额扣除用工单位直接支付给员工个人费用的差额开票。笔者倾向于后者。

两种开票口径不影响建筑业企业的会计核算和企业所得税税前扣除金额，但如果开具的发票为专用发票，有可能会影响建筑业企业的进项税额抵扣，因此，建议建筑业企业应在合同条款中约定开票口径和发票类型。

建筑企业支付的劳务派遣费用，用于一般计税方法计税项目的，可根据取得的合规扣税凭证抵扣进项税额；用于简易计税方法计税项目的，不得抵扣进项税额，同时，劳务派遣不属于建筑劳务分包，支付的劳务派遣费也不得作为差额扣除项目。

4. 会计处理。

（1）劳务费全额直接支付给劳务派遣公司的，建筑业企业按照权责发生制计提应付劳务费时，根据应付金额，借记“人工费”明细科目，用于一般计税方计税项目的，根据可抵扣的进项税额，借记“其他应付款——待转税额”科目，贷记“应付账款”科目。

实际支付时，借记“应付账款”科目，贷记“银行存款”科目。取得合规扣税凭证且申报抵扣进项税额时，根据申报抵扣的进项税额，借记“应交税费——应交增值税（进项税额）”科目，贷记“其他应付款——待转税额”科目。

月末，向公司总部结转税额时，借记“内部往来——结转税款”科目，贷记“应交税费——应交增值税（进项税额）”科目。

（2）劳务费部分支付给员工个人、部分支付给劳务派遣公司的，支付给个人的部分，比照上文“自有工人”用工方式处理；支付给劳务派遣公司部分的，比照“全额直接支付给劳务派遣公司”方式处理。

【例6－8】淮河建设公司为一般纳税人，其所属甲项目适用一般计税方法计税，根据与凤山劳务派遣公司签订的劳务派遣协议，每月劳务派遣费用共计55万元，其中的35万元直接支付给施工现场的100名工人，20万元支付给凤山劳务派遣公司。淮河建设公司适用《小企业会计准则》。

凤山劳务派遣公司为一般纳税人，收到的20万元中，为派遣职工支付的社保、住房公积金等共计15.8万元。

2×21年11月15日，淮河建设公司向100名工人支付了35万元工资费用，向凤山劳务派遣公司支付了派遣费20万元，取得该公司开具的差额征税的增值税专用发票1张，税额为0.2万元，金额为19.8万元，进项税额已于12月申报期申报抵扣。

解析：

（1）2×21年10月底，甲项目部计提应支付的劳务派遣费用。

借：工程施工——人工费　　54.8 万元
　　其他应付款——待转税额　　0.2 万元
　　贷：应付账款　　20 万元
　　　　应付职工薪酬——工资　　35 万元

（2）支付工人工资：

借：应付职工薪酬——工资　　35 万元
　　贷：银行存款　　35 万元

（3）支付派遣费并申报抵扣进项税额：

借：应付账款　　20 万元
　　贷：银行存款　　20 万元

借：应交税费——应交增值税（进项税额）　　0.2 万元
　　贷：其他应付款——待转税额　　0.2 万元

（4）11 月末，向公司总部结转税额

借：内部往来——结转税款　　0.2 万元
　　贷：应交税费——应交增值税（进项税额）　　0.2 万元

（三）劳务分包

1. 业务规定。根据《建筑业企业资质管理规定》（住房和城乡建设部令第 22 号），劳务分包企业是指取得施工劳务资质的建筑业企业。根据《建筑业企业资质标准》（建市〔2014〕159 号印发），取得施工劳务资质的企业，可以承接具有施工总承包资质或专业承包资质的企业分包的劳务作业。

2. 增值税处理。从增值税的角度看，劳务分包实际上属于建筑服务，但这种服务主要是以清包工的方式提供的，也就是说，劳务分包单位不采购建筑工程所需的材料或只采购辅助材料，并收取人工费、管理费或者其他费用。根据 2016 年 36 号文的规定，一般纳税人以清包工方式提供的建筑服务，可以选择适用简易计税方法计税，适用 3% 的征收率，并可自行开具专用发票。

建筑业企业所属项目适用一般计税方法计税的，取得的专票可以抵扣进项税额，适用简易计税方法计税的，取得的发票可以差额扣除。

3. 会计处理。从会计核算的角度看，由于劳务作业通常是先按月结算工程量，后期支付劳务费时才能取得发票，建筑业企业要注意税会差异的处理。

（1）简易计税方法计税项目。月末计量时，按照计量的不含税成本借记“人工费”明细科目，按照可以差额扣除的税额借记“其他应付款——待转税额”科目，按照价税合计数贷记“应付账款”科目。

支付时，借记“应付账款”科目，贷记“银行存款”等科目。

取得增值税发票时，借记“应交税费——简易计税——扣除”科目，贷记“其他应付款——待转税额”科目。

月末，向公司总部结转税额时，借记“内部往来——结转税款”科目，贷记“应交税费——简易计税——扣除”科目。

（2）一般计税方法计税项目。月末计量时，按照计量的不含税成本借记“人工费”明细科目，按照对应的税额借记“其他应付款——待转税额”科目，按照价税合计数贷记“应付账款”科目。

支付时，借记“应付账款”科目，贷记“内部往来”“银行存款”等科目。

取得专用发票尚未勾选确认时，借记“应交税费——待认证进项税额”科目，贷记“其他应付款——待转税额”科目。

专票勾选确认抵扣后，借记“应交税费——应交增值税（进项税额）”科目，贷记“应交税费——待认证进项税额”科目。

月末，向公司总部结转税额时，借记“内部往来——结转税款”科目，贷记“应交税费——应交增值税（进项税额）”科目。

二、材料费

合同成本中的材料费，是指在施工过程中耗用的、构成工程实体或有助于形成工程实体的各种材料支出，包括原材料、结构件、零配件、辅助材料、商品混凝土、周转材料的摊销费等。自外部租入的周转材料所支付的租赁费，一般也作为材料费核算。

项目部发生的材料费，无外乎两种来源：一是由公司总部统一采购然后再由项目部领用；二是由项目部自行采购或租入。

（一）增值税处理

公司统一采购或租入材料的，相应的进项税额由公司总部在购进时进行处理，材料用于一般计税方法计税项目的，其进项税额可以直接抵扣；用于简易计税方法计税项目的，进项税额应当转出。

项目部自行采购或者租入材料的，进项税额由项目部根据计税方法进行处理。

对于已抵扣的进项税额，在施工过程中，出现非正常损失的，应根据相关规定作进项税额转出。

（二）会计处理

由于建筑业企业的材料品种规格繁多，材料费在工程成本中占有很大比重，必须建立健全严格的材料收发领退制度，才能进行有效的材料费管理和核算。

1. 收料。项目部自公司总部收取统一采购的原材料的，根据材料结算单、点验单等凭据，借记“原材料”科目，贷记“内部往来”“银行存款”等科目。一般计税方法计税项目，材料的入账价值不含增值税，简易计税方法计税，材料的入账价值含增值税。

项目部自行采购原材料的，核算流程参见第五章第三节相关内容。

2. 发料。项目部财务部门对物资管理部门定期提供的“领料单”“定额领料单”“大堆材料耗用计算单”“退料单”等原始凭证进行审核后，填制领料凭证；对周转使用的模板、脚手架等周转材料，应根据实际耗用数量和周转材料的摊销方法，计算并编制“周转材料摊销分配表”。

根据上述凭证借记“材料费”明细科目，贷记“原材料”“应付账款”等科目。

【例6-9】黄山建设公司对下属项目部所用钢材和商品混凝土实行统一采购、统一供应，其余的材料由各项目部自行采购。黄山建设公司适用《企业会计准则》。

2×20年9月，公司总部共采购钢材10 000吨，取得增值税专用发票1张，金额4 000万元，税额520万元，专票已于当月申报抵扣。

所属甲项目部为一般计税方法计税项目，2×20年10月，自公司总部领用钢材3 000吨，材料结算单价格为1 200万元，钢材已于当月领用。

解析：

（1）甲项目部自公司领用时：

借：原材料　　　　　　　　　　　　　　　　1 200万元

　　贷：内部往来——内部存款　　　　　　　　　　1 200万元

（2）用于工程实体时：

借：合同履约成本——工程施工——材料费　　　1 200万元

　　贷：原材料　　　　　　　　　　　　　　　　　1 200万元

三、机械使用费

机械使用费是指，施工过程中使用自有施工机械发生的机械使用费和租入施工机械的租赁费，以及按规定支付的施工机械安装、拆卸和进出场费等。

（一）机械使用费的构成

1. 施工过程中使用自有施工机械所发生的机械台班费。
2. 工程所租入的施工机械的租赁费。
3. 机械进退场费。
4. 自有施工机械在工程施工期间发生的折旧、修理、燃料、替换设备及辅料等项支出。
5. 余土外运、土方回填所发生的运输费。
6. 远郊施工发生的材料、工具、设备等运输增加费及大型机械进退场增加费等。

（二）增值税处理

从增值税的角度看，机械使用费对应的税目包括：

1. 货物。建筑业企业如果自购机械或运输设备，以及采购燃料，属于购进货物，可以取得13%或3%的专用发票。

项目部从未进行独立税务登记的内部租赁分公司等租入机械设备，销售行为没有实现，属于同一纳税主体内部的经济事项，出租方无须缴纳增值税，也无须开具发票，只需进行内部结算。

2. 修理修配劳务。建筑业企业自购或者租入的机械设备发生故障需要维修的，维修费用（含替换零配件）属于修理修配劳务，可以取得13%或者3%的专用发票。

3. 交通运输服务。余土外运、土方回填所发生的运输费，以及单独签订运输合同的材料、工具、设备等运输费，属于购进货物运输服务，可以取得9%或3%的专用发票。

4. 有形动产租赁服务或建筑服务。建筑业企业自外部租入机械设备未配备操作人员的，属于购进有形动产租赁服务，适用13%的税率或3%的征收率；租入机械设备并配备操作人员的，出租方按照提供建筑服务缴纳增值税，可以取得9%或3%的专用发票。

5. 装卸搬运服务。建筑业企业发生的将货物在运输工具之间、装卸现场之间或者运输工具与装卸现场之间进行装卸和搬运的费用，属于购进装卸搬运服务，可以取得6%或3%的专用发票。

（三）会计处理

1. 自有机械设备。项目部使用自有机械设备进行机械作业所发生的各项费用，如折旧费、操作人员工资、应付内部单位租赁费、燃料费、修理费等，借记"机械使用费"明细科目，项目为一般计税方法计税的，根据申报抵扣的进项税额，借记"应交税费——应交增值税（进项税额）"科目，贷记"累计折旧""应付职工薪酬""银行存款"等科目。

2. 租入机械设备。项目部自外部租入施工机械的，月末应根据机械台班结算单计提租赁费，借记"机械使用费"明细科目，项目为一般计税方法计税的，根据应付租金对应的税额借记"其他应付款——待转税额"科目，贷记"应付账款"科目。

支付后取得扣税凭证并认证抵扣后，借记"应交税费——应交增值税（进项税额）"科目，贷记"其他应付款——待转税额"科目。

【例6-10】海河建设公司为一般纳税人，所属甲项目部为一般计税方法计税项目，2×20年7月甲项目部自市场租入一台塔吊（不带操作人员），租期1年，一次性支付租金135.6万元，取得专用发票1张，金额120万元，税额15.6万元。海河建设公司适用《小企业会计准则》。

解析：

（1）支付租金，且专票认证抵扣后：

借：预付账款　　120万元

　　应交税费——应交增值税（进项税额）　　15.6万元

　　贷：银行存款　　135.6万元

（2）每月摊销租金时：

借：工程施工——机械费　　10万元

　　贷：预付账款　　10万元

四、其他直接费

其他直接费是指在施工过程中发生的不能直接归属于人工费、材料费、机械使用费等费用中的其他可以直接计入合同成本核算对象的费用。

（一）其他直接费的构成

1. 环境保护费，是指施工现场为达到环保部门要求所需要的各项费用。
2. 文明、安全施工费、夜间施工增加费。
3. 施工现场材料二次搬运费，是指因施工现场狭小等特殊情况而发生的二次搬运费用。
4. 设计和技术援助费用。
5. 生产工具和用具使用费。
6. 工程定位复测费、工程点交费用及场地清理费。
7. 检验试验费。
8. 临时设施折旧费等。

（二）增值税处理

其他直接费项目众多，涉及的增值税征收范围较广，建筑业企业需要重点关注临时设施的税收政策。

临时设施是为了保证施工和管理的正常进行而建造的各种临时性生产、生活设施，包括工人宿舍、文化福利及公用设施，仓库、办公室、加工厂，以及规定范围内道路、水、电等设施。

临时设施的建造过程通常是建筑业企业购进活动板房、建筑材料、设备等，然后自行或者交由其他单位施工搭建而成。因此，从税收政策上看，临时设施是货物和建筑服务的组合。

根据现行政策的规定，适用一般计税方法计税的项目购建临时设施发生的成本费用，取得合规扣税凭证的，对应的进项税额可以自销项税额中一次性抵扣。

从用途的角度看，对于专用于职工（含工人和项目管理人员）住宿的临时设施，或专用于文化娱乐场所的临时设施，属于专用于集体福利的不动产，其进项税额不得抵扣，兼用于上述用途和应税项目的，可以全额抵扣。

施工结束后，临时设施拆除时，已经抵扣的进项税额不需要做进项税额转出，但对外销售可供回收的物资，需要按照销售货物缴纳增值税。

（三）会计处理

1. 临时设施之外的其他直接费。项目部发生的临时设施之外的其他直接费，可根据有关原始凭证中记载的实际结算金额直接计入“其他直接费”明细科目，项目为一般计税方法计税的，允许抵扣的进项税额计入“应交税费——应交增值税（进项税额）”科目。

2. 临时设施及其折旧。临时设施建造时，发生材料、人工等费用时，用于一般计税方法计税项目的，按照不含税价格借记“在建工程”科目，按照可以抵扣的进项税额借记“应交税费——应交增值税（进项税额）”科目，贷记“原材料”“应付职工薪酬”等科目；用于简易计税方法计税项目的，进项税额应当计入临时设施建造成本。

建造完工后，达到预定可使用状态时，按建造期间发生的实际成本，从“在建工程”科目转入“固定资产”科目，借记“固定资产”科目，贷记“在建工程”科目。

根据《企业会计准则应用指南》，适用企业会计准则的建筑业企业的临时设施在“固定资产”科目核算。当月增加的临时设施，当月不计提折旧，从下月起计提折旧；当月减少的临时设施，当月仍计提折旧，从下月起不计提折旧。

临时设施的折旧可采用工作量法，也可以采用工期（使用年限）法。在工程合同工期确定的情况下，应首选工期法计提折旧；对于合同工期不能确定的工程，可按照工作量法计提折旧。

（1）工期（使用年限）法是指以临时设施建造成本为基础，按照合同工期（使用年限）计提折旧的方法。

临时设施月折旧额＝（临时设施原值－预计净残值）/（合同工期或使用年限×12个月）

（2）工作量法是指将临时设施建造成本以合同收入为基础，按当期主营业务收入计提折旧的方法。

临时设施折旧率＝（临时设施原值－预计净残值）/合同收入

当期临时设施折旧额＝当期主营业务收入×临时设施折旧率

月末，项目部根据计算的临时设施折旧金额，借记“其他直接费”明细科目，贷记“累计折旧”科目。

【例6－11】泰山建设公司为一般纳税人，其所属甲项目为一般计税方法计税，项目工期为20个月。2×20年5月，甲项目部进场搭建办公区，自厂家购进活动板房支付价款22.6万元，发生安装费用2.06万元，均于当月取得增值税专用发票且认证抵扣。泰山建设公司适用《企业会计制度》。

解析：

（1）构建过程中发生的成本：

借：在建工程——办公区　　22万元

　　应交税费——应交增值税（进项税额）　　2.66万元

　　贷：银行存款等　　24.66万元

（2）达到预定可使用状态：

借：固定资产——办公区　　22万元

　　贷：在建工程——办公区　　22万元

（3）自6月起按照合同工期摊销，假定预计净残值为零，每月摊销金额为：22÷20＝1.1（万元）。

借：工程施工——合同成本——其他直接费　　1.1万元

　　贷：累计折旧　　1.1万元

五、分包成本

此处的分包成本特指总承包企业将专业工程发包给专业分包单位所发生的成本，不包括劳务分包成本，劳务分包成本直接计入“人工费”明细科目。

（一）增值税处理

专业分包企业属于建筑业企业，它所提供的建筑服务适用的增值税政策参见本书第二章第三节。在发票开具方面，需要注意专业分包单位适用税目的类型，以下内容以分包方为一般纳税人为例。

1. 设备安装专业分包工程。电梯、空调、机电设备等机器设备安装分包工程，如果机器设备为专业分包单位自产，应将设备和安装的销售额分别核算，设备价值部分应开具13%的增值税发票，安装价值部分可以开具3%的增值税发票，也可以开具9%的增值税发票；如果机器设备为专业分包单位外购，一般情况下应该按照混合销售，全部开具13%或者9%增值税发票，特殊情况下（即在专业分包合同中分别核算机器设备和安装服务销售额），也可以比照自产机器设备开具发票。

2. 除机器设备之外的专业分包工程，且材料为专业分包单位自产。如钢结构、活动板房、门窗、防水材料、玻璃幕墙等专业分包工程，应当在专业分包合同中分别注明材料和建筑服务的销售额，材料价值部分开具13%的增值税发票，安装价值部分开具9%的增值税发票。

3. 除机器设备之外的专业分包工程，且材料为专业分包单位外购。分包单位为建安企业的应统一开具9%税率的增值税发票；分包单位为工商企业的应统一开具13%的增值税发票。

专业分包发票的开具要求，以及可以差额扣除的分包款的注意事项，参见第二章第三节相关内容。

（二）会计处理

无论专业分包单位适用哪一种增值税政策，均应将分包成本计入“分包成本”明细科目，无须归集到人工费、材料费、机械使用费等明细科目。

1. 一般计税方法计税项目。月末计量时，按照计量的不含税成本借记“分包成本”明细科目，按照对应的税额借记“其他应付款——待转税额”科目，按照价税合计数贷记“应付账款”科目。

支付时，借记“应付账款”科目，贷记“内部往来”“银行存款”等科目。

取得专用发票尚未认证时，借记“应交税费——待认证进项税额”科目，贷记“其他应付款——待转税额”科目。

专票认证抵扣后，借记“应交税费——应交增值税（进项税额）”科目，贷记“应交税费——待认证进项税额”科目。

月末，向公司总部结转税额时，借记“内部往来——结转税款”科目，贷记“应交税费——应交增值税（进项税额）”科目。

2. 简易计税方法计税项目。月末计量时，按照计量的扣除分包成本允许差额的税额之后成本借记“分包成本”明细科目，按照可以差额扣除的税额借记“其他应付款——待转税额”科目，按照价税合计数贷记“应付账款”科目。

支付时，借记“应付账款”科目，贷记“内部往来”“银行存款”等科目。

取得增值税发票时，借记“应交税费——简易计税——扣除”科目，贷记“其他应付款——待转税额”科目。

月末，向公司总部结转税额时，借记“内部往来——结转税款”科目，贷记“应交税费——简易计税——扣除”科目。

【例6-12】环球建设公司为一般纳税人，适用《企业会计准则》，其所属甲项目为一般计税方法计税项目，甲项目所在地与公司机构所在地不在同一县市区，2×21年8月发生下列业务：

（1）收取工程进度款2 180万元，向业主开具增值税发票。

（2）向电梯分包单位支付电梯分包款123.3万元，取得增值税专用发票2张，其中，品名为电梯的发票，金额100万元，税额13万元；品名为安装服务的发票，金额10万元，税额0.3万元。

（3）向幕墙分包单位支付分包款404.4万元，玻璃幕墙为分包单位自产，取得增值税专用发票2张，其中，品名为玻璃幕墙的发票，金额300万元，税额39万元；品名为安装服务的发票，金额60万元，税额5.4万元。

（4）支付粗装修工程款545万元，取得品名为装饰服务的增值税专用发票1张，金额500万元，税额45万元。

解析：

（1）收款确认销项税额：

借：银行存款等　　2 180万元

　　贷：应收账款　　2 180万元

借：应交税费——待转销项税额　　180万元

　　贷：应交税费——应交增值税（销项税额）　　180万元

（2）预缴增值税：

甲项目应预缴增值税为：$(2\ 180-123.3-404.4-545)\div1.09\times2\%=20.32$（万元）。

借：应交税费——预交增值税　　20.32万元

　　贷：银行存款等　　20.32万元

注：预缴附加税费略。

（3）支付电梯分包款：

借：合同履约成本——工程施工——分包成本　　110万元

　　应交税费——应交增值税（进项税额）　　13.30万元

　　贷：银行存款等　　123.30万元

（4）支付幕墙分包款：

借：合同履约成本——工程施工——分包成本　　360万元

　　应交税费——应交增值税（进项税额）　　44.40万元

　　贷：银行存款等　　404.40万元

（5）支付装修款：

借：合同履约成本——工程施工——分包成本　　500万元

　　应交税费——应交增值税（进项税额）　　45万元

　　贷：银行存款等　　545万元

（6）向环球建设公司总部结转税款：

借：应交税费——应交增值税（销项税额）　　180万元

　　贷：应交税费——预交增值税　　20.32万元

　　　　　　　——应交增值税（进项税额）　　102.70万元

内部往来——结转税款　　　　　　　　56.98 万元

六、间接费用

间接费用是指为组织和管理施工生产活动所发生的费用，包括项目管理人员职工薪酬、工程保修费、固定资产折旧费及修理费、水电费、办公费、差旅费、劳动保护费、低值易耗品摊销、排污费、取暖费、财产保险费和其他间接费用。

（一）增值税处理

大多数间接费用的增值税政策可参照本书第三章第二节相关内容进行判别，此处重点介绍下工程水电费的增值税处理。

水和电都属于增值税征收范围中的货物，前者适用9%的税率，后者适用13%的税率。根据《财政部　国家税务总局关于部分货物适用增值税低税率和简易办法征收增值税政策的通知》（财税〔2009〕9号）以及《财政部　国家税务总局关于简并增值税征收率政策的通知》（财税〔2014〕57号）的规定，一般纳税人销售自产的自来水，可选择简易办法，按照3%的征收率缴纳增值税。

因此，购买方向自来水公司购买自来水时，一般会取得对方开具的3%征收率的发票，向电力公司购买电时，一般会取得对方开具的13%税率的发票。项目部发生的水电费，直接向水电公司结算的，就属于这种情况。

但从实际情况看，水电公司通常直接与总表单位（建设方、总包方等）进行结算开票，总表单位再向建筑业企业收取水电费用，对于发票问题，有两种处理方案：

1. 水电公司分开开具发票，建筑业企业根据发票进行税务处理。

2. 建筑业企业向总表单位支付水电费，总表单位属于转售货物，按照货物的适用税率①，向建筑业企业开具水电发票。

---

① 根据《关于物业管理服务中收取的自来水水费增值税问题的公告》（国家税务总局公告2016年第54号）的规定，总表单位如果属于物业公司，向服务接收方收取的自来水水费，以扣除其对外支付的自来水水费后的余额为销售额，按照简易计税办法依3%的征收率计算缴纳增值税，并向服务接收方开具3%征收率的发票。

（二）会计处理

项目法施工下，间接费用一般不存在分配的问题，也就是说，某一项目部发生的间接费用，可以直接计入“间接费用”明细科目。发生间接费用时，可根据相关原始凭证借记“间接费用”明细科目，用于一般计税方法计税项目的，按照可抵扣的进项税额，借记“应交税费——应交增值税（进项税额）”科目，贷记“应付职工薪酬”“银行存款”等科目。

【例6-13】昆仑建设公司为一般纳税人，适用《企业会计制度》，其所属甲项目部为水表和电表的总表单位，每月向水电公司支付水电费后，再根据费用分摊表向各分包单位收取水电费，并向其开具增值税发票。2×19年10月，甲项目部向电力公司交纳电费45.2万元，向自来水公司交纳水费10.3万元，均取得销售方开具的增值税专用发票。本月各单位水电费分摊情况如表6-1。

表6-1　昆仑建设公司2×19年10月水电费分摊表　单位：万元

费用及单位	A分包单位	B分包单位	昆仑公司	合计
电费	11.3	5.65	28.25	45.2
水费	2.18	1.09	7.03	10.3
合计	13.48	6.74	35.28	55.5

昆仑公司已收到分包单位支付的代垫款项，并已向对方开具增值税专用发票，电费部分，金额15万元，税额1.95万元，水费部分，金额3万元，税额0.27万元。

解析：

（1）向水电公司缴费时，取得增值税专用发票，并申报抵扣：

借：预付账款——水电费　50万元

　　应交税费——应交增值税（进项税额）　5.5万元

　　贷：银行存款　55.5万元

（2）收取分包单位缴纳水电费，并向其开具专票：

借：银行存款　20.22万元

　　贷：预付账款　18万元

应交税费——应交增值税（销项税额）　　　　2.22 万元

(3) 如甲项目部适用一般计税方法计税，则其水电费成本为：50－18＝32（万元）。

借：工程施工——合同成本——间接费用　　　　32 万元

　贷：预付账款　　　　32 万元

(4) 如甲项目部适用简易计税方法计税，则应将已抵扣的进项税额转出，计入合同成本。应转出的税额为：28.25÷1.13×13%＋7.03÷1.03×3%＝3.45（万元）。

借：工程施工——合同成本——间接费用　　　　35.45 万元

　贷：预付账款　　　　32 万元

　　应交税费——应交增值税（进项税额转出）　　　　3.45 万元

第三节　预收款的税会处理

一、预收款时未开具带税率发票

（一）增值税处理

1. 收款时。

(1) 预缴增值税及其附加。建筑业企业收取预收款时如未向发包方开具带税率发票，则增值税纳税义务此时不发生，但无论项目所在地与纳税人机构所在地是否在同一地级行政区，均需按照规定预缴增值税及其附加。

一般计税方法下应预缴税款＝(全部价款和价外费用－支付的分包款)÷(1＋9%)×2%

简易计税方法下应预缴税款＝(全部价款和价外费用－支付的分包款)÷(1＋3%)×3%

上式中的分包款，必须是同一项目的分包款，而且在预缴时必须取得合规凭证才允许差额扣除。

应预缴附加税费 = 实际预缴增值税税款 ×（适用城建税税率 +3% +2%）

预缴地点的确定，要看建筑服务发生地与建筑业企业机构所在地是不是在同一地级行政区，两者在同一地级行政区的，向机构所在地主管税务机关预缴增值税及其附加；不在同一地级行政区的，向建筑服务发生地主管税务机关预缴增值税及其附加。

（2）开具不征税发票。建筑业企业收取发包方支付的预收款，可以选择 612 编码向业主开具不征税发票，票面简称显示“＊建筑服务预收款＊”，税率栏显示“不征税”。

2. 实际扣还时。施工活动开始以后，根据合同的约定，发包方自工程计量款中实际扣还预收款时，建筑业企业应就实际扣还的部分发生纳税义务，确认销项税额或应纳税额，并在下一申报期申报纳税，此时可向业主开具带税率增值税发票。

需要注意的是，尽管此时预收款的纳税义务发生，但由于对应的预缴税款义务已经在预收款时履行，因此，无论建筑服务发生地与建筑业企业机构所在地是不是在同一地级行政区，均无须再次就预收款预缴税款。

（二）会计处理

1. 收款时。

（1）收到预收款时，根据银行进账单、收据等，借记“银行存款”“内部往来”等科目，贷记“合同负债”“预收账款”“应收账款”等科目。

（2）预缴税款时，根据增值税预缴税款表、完税凭证等，借记“应交税费——预交增值税”或“应交税费——简易计税——预交”“应交税费——应交城建税”“应交税费——应交教育费附加”“应交税费——应交地方教育附加”等科目，贷记“银行存款”等科目。

（3）月末内部结转时，借记“内部往来——税款结转”科目，贷记“应交税费——预交增值税”或“应交税费——简易计税——预交“科目。

（4）月末结转附加税费时，借记“税金及附加”科目，贷记“应交税费——应交城建税”“应交税费——应交教育费附加”“应交税费——应交地方教育附加”等科目。

2. 扣还时。实际扣还的前提是，发包方要先确认建筑业企业的已完工程量，根据计量的含税价款，借记“应收账款”科目，根据不含税的金额，贷记“工程结算”“合同结算”“主营业务收入”等科目，根据计量的税额，贷记“应交税费——待转销项税额”科目。

实际扣还时，根据业主实际扣还的预收款，借记“预收账款”“合同负责”等科目，贷记“应收账款”科目。

扣还时纳税义务发生，根据对应的销项税额或应纳税额，借记“应交税费——待转销项税额”科目，贷记“应交税费——应交增值税（销项税额）”或“应交税费——简易计税——计提”科目。

【例6-14】长江建设公司为一般纳税人，2×20年8月与某房地产开发公司签订了甲工程总承包合同，合同约定甲工程主体结构所需的部分钢材由发包方供应，开工证上注明的合同开工日期为11月1日，该工程所在地与长江建设公司为同一地级市，长江建设公司所在地城建税税率为7%。长江建设公司适用《企业会计准则》。

2×20年9月15日，长江建设公司自业主收取预收款1 030万元，已向其开具612编码发票，未支付分包款。

2×20年12月5日，业主计量11月工程量824万元。

2×20年12月31日，业主自当期计量款中扣还前期预付款515万元。

解析：

甲工程属于财税〔2017〕58号文所规范的特定甲供工程，适用简易计税方法计税，收到预收款开具612编码发票，不发生纳税义务，需要预缴税款。

应预缴增值税为：$1\,030 \div (1+3\%) \times 3\% = 30$（万元）

应预缴附加税费为：$30 \times (7\% + 3\% + 2\%) = 3.6$（万元）

（1）收到预收款时：

借：银行存款　　1 030万元

　　贷：合同负债　　1 030万元

（2）预缴税款时：

借：应交税费——简易计税——预交　　30万元

　　　　——应交城建税　　2.1万元

　　　　——应交教育费附加　　0.9万元

——应交地方教育附加　　0.6万元

贷：银行存款　　33.6万元

（3）月末内部结转预缴增值税时：

借：内部往来——税款结转　　30万元

贷：应交税费——简易计税——预交　　30万元

（4）月末结转附加税费时：

借：税金及附加　　3.6万元

贷：应交税费——应交城建税　　2.1万元

——应交教育费附加　　0.9万元

——应交地方教育附加　　0.6万元

（5）验工计价时：

借：应收账款　　824万元

贷：合同结算——价款结算　　800万元

应交税费——待转销项税额　　24万元

（6）实际扣还预收款时：

借：合同负债　　515万元

贷：应收账款　　515万元

借：应交税费——待转销项税额　　15万元

贷：应交税费——简易计税——计提　　15万元

（7）12月末内部结转应纳税额时：

借：应交税费——简易计税——计提　　15万元

贷：内部往来——结转税款　　15万元

二、预收款时开具带税率发票

（一）增值税处理

1. 收款时。收取预收款时如果向发包方开具发票，则增值税纳税义务在开具发票的当天发生，应当在下一申报期申报纳税。

建筑服务发生地与建筑业企业机构所在地在同一地级行政区的，无须预缴增值税及其附加，不在同一地级行政区的，应向建筑服务发生地主管税务机关预缴增值税及其附加，这种预缴属于空间上的预缴，预缴税款的计算方式同上文。

2. 实际扣还时。施工活动开始后实际扣还预收款时，不涉及增值税的处理。为了明确扣款事宜，建议建筑业企业向业主索取收据。

（二）会计处理

1. 收款时。

（1）根据银行进账单、发票等，借记“银行存款”“内部往来”等科目，贷记“预收账款”“应收账款”等科目；同时根据销项税额或应纳税额，借记“应交税费——待转销项税额”科目，贷记“应交税费——应交增值税（销项税额）”或“应交税费——简易计税——计提”科目。

（2）跨地级行政区预缴税款时，根据《增值税预缴税款表》、完税凭证等，借记“应交税费——预交增值税”或“应交税费——简易计税——预交”“应交税费——应交城建税”“应交税费——应交教育费附加”“应交税费——应交地方教育附加”等科目，贷记“银行存款”等科目。

（3）月末内部结转时，借记“应交税费——简易计税——计提”科目，贷记“应交税费——预交增值税”或“应交税费——简易计税——预交”科目，借记或贷记“内部往来——税款结转”科目。

（4）月末结转附加税费时，借记“税金及附加”科目，贷记“应交税费——应交城建税”“应交税费——应交教育费附加”“应交税费——应交地方教育附加”等科目。

2. 实际扣还时。根据业主开具的扣款收据，借记“预收账款”“合同负债”等科目，贷记“应收账款”科目。

【例 6－15】黄河建设公司为一般纳税人，适用《企业会计制度》，2×20 年 9 月与某房地产开发公司签订了甲工程总承包合同，招标文件没有约定甲供条款，开工证上注明的合同开工日期为 12 月 1 日，该工程所在地与黄河建设公司不在同一地级行政区，工程所在地城建税税率为 5%。

2×20 年 10 月 15 日，黄河建设公司自业主收取预收款 3 270 万元，已向其开具增值税专用发票，向桩基专业分包单位预付工程款 109 万元，取得对方开具的增值税专用发票，金额100万元，税额9万元，发票已勾选确认。

2×21年1月15日，业主计量工程量为4 360万元。

2×21年1月31日，业主自前期预付款中扣还2 180万元。

解析：

收到预收款时开具专用发票的当天，发生纳税义务，需要在建筑服务发生地预缴税款。

应预缴增值税为：(3 270－109)÷(1＋9%)×2%＝58（万元）

应预缴附加税费为：58×(5%＋3%＋2%)＝5.8（万元）

（1）收到预收款时：

借：银行存款　　3 270万元

　　贷：预收账款　　3 270万元

借：应交税费——待转销项税额　　270万元

　　贷：应交税费——应交增值税（销项税额）　　270万元

（2）支付预付款时：

借：预付账款　　109万元

　　贷：银行存款　　109万元

借：应交税费——应交增值税（进项税额）　　9万元

　　贷：其他应付款——待转税额　　9万元

（3）预缴税款时：

借：应交税费——预交增值税　　58万元

　　　　　　——应交城建税　　2.9万元

　　　　　　——应交教育费附加　　1.74万元

　　　　　　——应交地方教育附加　　1.16万元

　　贷：银行存款　　63.8万元

（4）验工计价时：

借：应收账款　　4 360万元

　　贷：工程结算　　4 000万元

　　　　应交税费——待转销项税额　　360万元

（5）扣还预收款时：

借：预收账款　　2 180万元

贷：应收账款　　2 180 万元

（6）月末内部结转时：

借：应交税费——应交增值税（销项税额）　　270 万元

　　贷：应交税费——应交增值税（进项税额）　　9 万元

　　　　——预交增值税　　58 万元

　　　　内部往来——结转税款　　203 万元

（7）月末结转附加税费时：

借：税金及附加　　5.8 万元

　　贷：应交税费——应交城建税　　2.9 万元

　　　　——应交教育费附加　　1.74 万元

　　　　——应交地方教育附加　　1.16 万元

第四节　合同收入的税会处理

施工合同签订以后，建筑业企业从发包方获得的各种表现形式的经济利益流入，都构成建造合同收入的组成部分。从资金与收入的对应关系看，对于有预收款的项目，预收款将以工程量计量的形式转为收入；对于没有预收款的项目，通常是先验工计价，确认收入，然后再进行资金支付，工程完工还要进行竣工结算。

预收款的税会处理已在上节阐述，本节主要探讨验工计价、收入确认、款项支付、竣工结算等施工活动开始后各环节的处理。

一、验工计价

验工计价是发包方对承包方已完成工作量的确认，它本身不发生纳税义务，因而不涉及增值税的处理，但为了完全体现价税分离，需要在计量时处理税会差异。总承包企业向业主结算价款，或者分包方向总承包企业结算价款，在确认债权的同时，应按照不含税价款确认工程结算，同时确认待转销项税额。

建筑业企业根据工程量计量单的含税价，借记“应收账款”等科目，根据不含税价款，贷记“工程结算”“合同结算”“主营业务收入”等科目，根据应确认的销项税额或者应纳税额，贷记“应交税费——待转销项税额”科目。

【例6-16】海河建设公司为一般纳税人，适用《小企业会计准则》，所属甲项目为简易计税方法计税，项目所在地与公司机构所在地在同一地级市。2×17年12月15日收到经业主确认的11月工程计量单，含税价款为618万元，不含税价款为600万元，税额为18万元。

解析：

借：应收账款　　618万元

　　贷：主营业务收入　　600万元

　　　　应交税费——待转销项税额　　18万元

实务工作中，有部分工程项目平时没有计量环节，这种情况下，建筑业企业可以实际收款代替验工计价，由于收款时纳税义务即发生，因此，这种方式下不存在税会差异。

【例6-17】淮河建设公司为一般纳税人，适用《企业会计制度》，所属甲项目为一般计税方法计税项目，项目所在地与公司机构所在地在同一地级市。该项目平时没有计量环节，2×19年8月8日收到业主支付的工程进度款545万元，已向业主开具增值税专用发票，金额500万元，税额45万元。

解析：

借：银行存款　　545万元

　　贷：工程结算　　500万元

　　　　应交税费——应交增值税（销项税额）　　45万元

二、收取进度款

从时间序列上看，建筑业企业收取工程进度款，通常发生在验工计价之后，也就是说，收款的时候，相应债权、工程结算和待转销项税额已经确认。根据税收政策的规定，纳税人提供建筑服务收到工程进度款的当天，增值税纳税义务发生，需要确认销项税额或者应纳税额，涉及跨地级行政区施工的，还需要预缴税款。

建筑业企业应根据实际收款的金额，借记“银行存款”等科目，贷记“应收账款”科目。根据应确认的销项税额或应纳税额，借记“应交税费——待转销项税额”科目，贷记“应交税费——应交增值税（销项税额）”科目或“应交税费——简易计税——计提”科目。

【例6－18】 接例6－16，根据总承包合同约定的支付比例，发包方于2×18年1月8日向海河建设公司支付甲项目上年11月计量款的85%，价税合计数为525.3万元，海河建设公司向其开具增值税专用发票1张，金额510万元，税额15.3万元。

解析：

收款时发生纳税义务，应确认应纳税额。

借：银行存款　　525.3万元

　　贷：应收账款　　525.3万元

借：应交税费——待转销项税额　　15.3万元

　　贷：应交税费——简易计税——计提　　15.3万元

11月计量款尚余：618－525.3＝92.7（万元），反映在“应收账款”科目的借方，对应的未来的应纳税额为：92.7÷1.03×3%＝2.7（万元），反映在“应交税费——待转销项税额”科目的贷方。

三、竣工结算

竣工结算可以看成是特殊的验工计价，是指工程项目竣工验收以后，建筑业企业与发包方以及分包方、供应商确认债权债务关系，同时确认合同收入和合同成本。

对发包方的结算总价确定以后，根据含税结算总价与前期累计已确认债权之差，借记“应收账款”等科目，根据不含税结算总价与前期累计已确认不含税工程结算之差，贷记“工程结算”“合同结算”“主营业务收入”等科目，根据借贷差额，贷记“应交税费——待转销项税额”科目。

对劳务分包、专业分包单位的结算总价确定后，根据不含增值税结算总价与前期累计已不含税分包成本之差，借记“工程施工”或“合同履约成本”科目，根据含税结算总价与前期累计已确认债务之差，贷记“应付账款”等科目，根据借贷差额，借记“其他应付款——待转税额”科目。

工程竣工验收，表明完工进度已达100%，合同总收入和合同总成本已经确定，应在结算时确认剩余的合同收入和合同费用。

1. 执行《企业会计制度》的建筑业企业，应根据合同总成本与前期累计已确认成本之差，借记“主营业务成本”科目，根据合同总收入与前期累计已确认收入之差，贷记“主营业务收入”科目，根据借贷差额，借记或贷记“工程施工——合同毛利”科目。竣工结算后，对冲“工程施工”和“工程结算”科目，借记“工程结算”科目，贷记“工程施工——合同成本”，贷记或借记“工程施工——合同毛利”科目”。

2. 执行《企业会计准则》的建筑业企业，应根据合同总收入与前期累计已确认收入之差，借记“合同结算——收入结转”科目，贷记“主营业务收入”科目；根据合同总成本与前期累计已确认成本之差，借记“主营业务成本”科目，贷记“合同履约成本——工程施工”科目。

3. 执行《小企业会计准则》的建筑业企业，应根据合同总收入与前期累计已确认收入之差，借记“应收账款”科目，贷记“主营业务收入”科目；根据合同总成本与前期累计已确认成本之差，借记“主营业务成本”科目，贷记“工程施工”科目。

【例6-19】 环球建设公司为一般纳税人，适用《企业会计制度》，所属甲项目于2×19年5月1日开工，适用一般计税方法计税，合同签订的含税价款为21 800万元，其中不含税价款为20 000万元，税额为1 800万元。工程所在地与机构所在地在同一地级市，该公司按年度确认收入。

（1）截至2×19年12月31日，业主计量含税工程款8 720万元；已发生不含税成本8 550万元，完工进度为45%，确认主营业务收入9 000万元，主营业务成本8 550万元，合同毛利450万元。

（2）2×20年12月1日，甲工程竣工结算，业主同意额外支付奖励收入545万元，经过与分包商、供应商结算，本年发生不含税成本10 450万元。

解析：

（1）含税结算总价为：21 800+545=22 345（万元），已确认债权8 720

（万元），应补登结算价款为：22 345 - 8 720 = 13 625（万元），其中不含税价为：13 625 ÷ 1.09 = 12 500（万元），税额为：12 500 × 9% = 1 125（万元）。

借：应收账款　　13 625 万元

　　贷：工程结算　　12 500 万元

　　　　应交税费——待转销项税额　　1 125 万元

（2）归集合同成本：

借：工程施工——合同成本　　10 450 万元

　　贷：银行存款等　　10 450 万元

（3）确认收入：

合同总收入为：22 345 ÷ 1.09 = 20 500（万元），合同总成本为：8 550 + 10 450 万元 = 19 000（万元），合同总毛利为：20 500 - 19 000 = 1 500（万元）。

本年应确认主营业务收入为：20 500 - 9 000 = 11 500（万元），应确认主营业务成本为：19 000 - 8 550 = 10 450（万元），应确认合同毛利为：11 500 - 10 450 = 1 050（万元）。

借：主营业务成本　　10 450 万元

　　工程施工——合同毛利　　1 050 万元

　　贷：主营业务收入　　11 500 万元

（4）对冲工程施工和工程结算：

借：工程结算　　20 500 万元

　　贷：工程施工——合同成本　　19 000 万元

　　　　　　　　——合同毛利　　1 500 万元

【例 6 - 20】 接例 6 - 19，假定环球建设公司适用《企业会计准则》，其他条件均不变。

解析：

（1）竣工结算：

借：应收账款　　13 625 万元

　　贷：合同结算——价款结算　　12 500 万元

　　　　应交税费——待转销项税额　　1 125 万元

（2）归集合同成本：

借：合同履约成本——工程施工　　10 450 万元
　　贷：银行存款等　　10 450 万元

（3）确认收入：

借：合同结算——收入结转　　11 500 万元
　　贷：主营业务收入　　11 500 万元

（4）确认成本：

借：主营业务成本　　11 500 万元
　　贷：合同履约成本——工程施工　　11 500 万元

在实务中，发包方与承包方竣工结算时，会按照规定在结算款中扣留一部分质保金，考虑到质保金的收回或发生维修通常发生在项目部解体之后，因此，这部分内容放在第七章介绍。

第七章

公司总部税会处理

本章从公司总部的角度介绍企业设立阶段的税会处理，资产和成本费用类进项的抵扣策略，以及建筑业企业除建造合同以外的其他收入的实务操作方式，最后介绍工程质保金的税会处理。

第一节　企业设立的税会处理

一、设立阶段的涉税事项

（一）税务登记

根据《中华人民共和国税收征收管理法》（以下简称《征管法》）的规定，企业，企业在外地设立的分支机构和从事生产、经营的场所，个体工商户和从事生产、经营的事业单位自领取营业执照之日起30日内，持有关证件，向税务机关申报办理税务登记。税务机关应当自收到申报之日起30日内审核并发给税务登记证件。

根据《国家税务总局关于落实“三证合一”登记制度改革的通知》（税总函〔2015〕482 号），新设立企业、农民专业合作社领取由工商行政管理部门核发加载法人和其他组织统一社会信用代码的营业执照后，无须再次进行税务登记，不再领取税务登记证。企业办理涉税事宜时，在完成补充信息采集后，凭加载统一代码的营业执照可代替税务登记证使用。

因此，新设立建筑业企业（含异地分公司等分支机构），且适用“三证合一、一照一码”登记模式的，首次办理涉税事宜时，应提供工商营业执照副本原件，填报“纳税人首次办税补充信息表”，进行税种（基金、费）认定。

（二）一般纳税人登记

根据有关规定，应税行为年应税销售额超过 500 万元的纳税人，应向主管税务机关办理增值税一般纳税人资格登记手续；年应税销售额未超过 500 万元的纳税人，会计核算健全，能够提供准确税务资料的，也可以向主管税务机关办理增值税一般纳税人资格登记。

因此，新设立的建筑业企业，会计核算健全，能够提供准确税务资料的，可向主管税务机关申请一般纳税人登记。

根据《增值税一般纳税人登记管理办法》（国家税务总局令第 43 号）和《国家税务总局关于增值税一般纳税人登记管理若干事项的公告》（国家税务总局公告 2018 年第 6 号）的规定，纳税人在年应税销售额超过 500 万元规定标准的月份（或季度）的所属申报期结束后 15 日内按照规定办理相关手续；未按规定时限办理的，主管税务机关应当在规定时限结束后 5 日内制作《税务事项通知书》，告知纳税人应当在 5 日内向主管税务机关办理相关手续；逾期仍不办理的，次月起按销售额依照增值税税率计算应纳税额，不得抵扣进项税额，直至纳税人办理相关手续为止。

所谓“年应税销售额”是指纳税人在连续不超过 12 个月或 4 个季度的经营期内累计应征增值税销售额，包括纳税申报销售额、稽查查补销售额、纳税评估调整销售额。其中，“纳税申报销售额”是指纳税人自行申报的全部应征增值税销售额，包括免税销售额和税务机关代开发票销售额；“稽查查补销售额”和“纳税评估调整销售额”计入查补税款申报当月（或当季）的销售额，不计入税款所属期销售额。

建筑业企业还要注意的是，销售服务、无形资产或者不动产（以下简称“应税行为”）有扣除项目的纳税人，其应税行为年应税销售额按未扣除之前的销售额计算，也就是说500万元的标准是以扣除分包款之前的口径计算。但是，纳税人偶然发生的销售无形资产、转让不动产的销售额，不计入应税行为年应税销售额。

（三）制度信息报告

1. 存款账户账号报告。《征管法》第十七条规定，从事生产、经营的纳税人应当按照国家有关规定，持税务登记证件，在银行或者其他金融机构开立基本存款账户和其他存款账户，并将其全部账号向税务机关报告。《中华人民共和国税收征收管理法实施细则》（以下简称《征管法实施细则》）第十七条的规定，从事生产、经营的纳税人应当自开立基本存款账户或者其他存款账户之日起15日内，向主管税务机关书面报告其全部账号；发生变化的，应当自发生变化之日起15日内，向主管税务机关书面报告。

根据现行纳税信用等级有关规定，未在规定时限内向主管税务机关报告开立（变更）账号的，扣5分；银行账户设置数大于纳税人向税务机关提供数，扣11分。

2. 财务会计制度及核算软件备案报告。《征管法》第二十条规定，从事生产、经营的纳税人的财务、会计制度或者财务、会计处理办法和会计核算软件，应当报送税务机关备案。《征管法实施细则》第二十四条规定，从事生产、经营的纳税人应当自领取税务登记证件之日起15日内，将其财务、会计制度或者财务、会计处理办法报送主管税务机关备案。纳税人使用计算机记账的，应当在使用前将会计电算化系统的会计核算软件、使用说明书及有关资料报送主管税务机关备案。

根据现行纳税信用等级有关规定，未按规定时限报送财务会计制度或财务处理办法，扣3分（按次计算）。

（四）发票管理

1. 发票票种核定。纳税人办理税务登记后需领用发票的，向主管税务机关申请办理发票领用手续。主管税务机关根据纳税人的经营范围和规模，确认领用发票的种类、数量、开票限额等事宜。

已办理发票票种核定的纳税人，当前领用发票的种类、数量或者开票限额不能满足经营需要的，可以向主管税务机关提出调整。

2. 增值税专用发票最高开票限额审批。纳税人在初次申请使用增值税专用发票以及变更增值税专用发票限额时，向主管税务机关申请办理增值税专用发票（增值税税控系统）最高开票限额审批。

3. 发票领用。纳税人在发票票种核定的范围（发票的种类、领用数量、开票限额）内领用发票。纳税信用A级的纳税人可一次领取不超过3个月的增值税发票用量。纳税信用B级的纳税人可一次领取不超过2个月的增值税发票用量。

4. 发票验旧。纳税人领用发票时，应当按照税务机关的规定报告发票使用情况，税务机关应当按照规定对已开具发票进行验旧。税务机关目前已通过信息化手段实现增值税发票验旧工作。

5. 增值税税控系统专用设备初始发行。纳税人在初次使用或重新领购增值税税控系统专用设备开具发票之前，需要税务机关对增值税税控系统专用设备进行初始化发行，将开票所需的各种信息载入增值税税控系统专用设备。

二、设立阶段的会计处理

（一）接受投资者出资

建筑业企业接受投资者实际缴纳的出资额，通过“实收资本”科目核算，在公司注册资本认缴制下，股东已认缴但尚未到位的注册资本，不做账务处理。

根据《公司法》的规定，股东可以用货币出资，也可以用实物、知识产权、土地使用权等可以用货币估价并可以依法转让的非货币财产作价出资。建筑业企业应根据不同的出资方式进行相应的会计处理。

1. 接受货币资金出资。建筑业企业收到股东投入的货币资金，依据银行进账单等凭证，借记“银行存款”科目；按股东在注册资本或股本中所占份额，贷记“实收资本”或“股本”科目；按两者差额，贷记“资本公积——资本溢价”等科目。

建筑业企业接受货币资金投资，不涉及增值税问题。

2. 接受货物投资。建筑业企业中的一般纳税人，收到股东投入的存货等流动资产，应按货物公允价值的不含税价，借记“原材料”“周转材料”等科目；按照申报抵扣的进项税额，借记“应交税费——应交增值税（进项税额）”科目；按股东在注册资本或股本中所占份额，贷记“实收资本”或“股本”科目；按借贷方差额，贷记“资本公积——资本溢价”等科目。

【例7－1】 2×20年9月1日，甲乙两公司共同出资设立环球建设公司，注册资本10 000万元，甲公司以货币资金9 000万元出资，持股比例为80%；乙公司以所产钢材一批出资，协议作价2 000万元，开具的增值税专用发票上注明的金额1 769.91万元，税额230.09万元，持股比例为20%。环球建设公司已办妥增值税一般纳税人登记手续，进项税额已于10月申报抵扣。

解析：

（1）收到甲公司投资款9 000万元时：

借：银行存款　　9 000万元

　贷：实收资本　　8 000万元

　　资本公积——资本溢价　　1 000万元

（2）收到乙公司投入的钢材时：

借：原材料　　1 769.91万元

　应交税费——应交增值税（进项税额）　　230.09万元

　贷：实收资本　　2 000万元

3. 接受不动产投资。建筑业企业中的一般纳税人，收到股东投入的不动产，不以赚取租金为用途的，应以固定资产核算，按不动产公允价值的不含税价，借记“固定资产”科目；按取得的增值税专用发票注明的税额，借记“应交税费——应交增值税（进项税额）”科目；按股东在注册资本或股本中所占份额，贷记“实收资本”或“股本”科目；按借贷方差额，贷记“资本公积——资本溢价”等科目。

如建筑业企业对股东投入的不动产以对外出租为用途，应通过“投资性房地产”科目核算。

【例7-2】2×20年5月1日，甲乙两公司拟共同出资设立昆仑建设公司，注册资本10 000万元，甲公司以货币资金9 000万元出资，持股比例为80%；乙公司以其取得一栋办公楼出资，协议作价2 000万元，开具的增值税专用发票上注明的金额1 904.76万元，税额95.24万元，持股比例为20%。昆仑建设公司已办妥增值税一般纳税人登记手续，该办公楼拟自用于办公，进项税额已于6月申报抵扣。

解析：

（1）收到甲公司投资款9 000万元时：

借：银行存款　　9 000万元

　　贷：实收资本　　8 000万元

　　　　资本公积——资本溢价　　1 000万元

（2）办妥乙公司投入的不动产过户手续后：

借：固定资产　　1 904.76万元

　　应交税费——应交增值税（进项税额）　　95.24万元

　　贷：实收资本　　2 000万元

4. 接受无形资产投资。建筑业企业中的一般纳税人，收到土地使用权等无形资产投资的，应按无形资产公允价值的不含税价，借记“无形资产”科目；按申报抵扣的进项税额，借记“应交税费——应交增值税（进项税额）”科目；按股东在注册资本或股本中所占份额，贷记“实收资本”或“股本”科目；按借贷方差额，贷记“资本公积——资本溢价”等科目。

【例7-3】2×20年11月1日，甲乙两公司拟共同出资设立长江建设公司，注册资本10 000万元，甲公司以货币资金9 000万元出资，持股比例为80%；乙公司以其所有的土地使用权出资，协议作价2 000万元，开具的增值税专用发票上注明的金额1 834.86万元，税额165.14万元，持股比例为20%。环球建设公司已办妥增值税一般纳税人登记手续，税额已于12月申报抵扣。

解析：

（1）收到甲公司投资款时：

借：银行存款　　9 000万元

　　贷：实收资本　　8 000万元

资本公积——资本溢价　　1 000 万元

（2）办妥土地使用权过户手续时：

借：无形资产　　1 834.86 万元

应交税费——应交增值税（进项税额）　　165.14 万元

贷：实收资本　　2 000 万元

5. 接受股权及债权投资。接受股权投资是指股东以持有对其他企业的股权或债权作为出资对价，出资方以股权或债权投资不属于增值税征收范围。建筑业企业收到股东投入的股权或债权，应在办妥股权交割等手续后，按照投资合同或协议约定的公允价值，借记“长期股权投资”“其他应收款”等科目；按股东在注册资本或股本中所占份额，贷记“实收资本”或“股本”科目；按两者差额，贷记“资本公积——资本溢价”等科目。

6. 债转股。建筑业企业在设立后，可能存在债转股的情形，即债权人以其对建筑业企业的债权，转换为对建筑业企业的股权。债转股亦不属于增值税征收范围，在债务账面价值高于债权人享有的股权份额时，债务人应将差额确认为债务重组利得，计入当期损益。

【例 7－4】 环球建设公司注册资本为 10 000 万元，欠付甲公司材料款 600 万元，2×18 年 1 月，由于环球建设公司发生财务困难，无法偿还该笔欠款，经双方协商，甲公司同意豁免环球建设公司债务 100 万元，剩余债权转为对其股权。

解析：

根据债务重组协议，编制如下会计分录：

借：应付账款　　600 万元

贷：实收资本　　500 万元

营业外收入　　100 万元

（二）开办费的处理

建筑业企业在筹建期间发生的人员工资、办公费、培训费、差旅费、业务招待费等开办费，在实际发生时，应根据有关原始凭证，计入“管理费用”科目。属于一般纳税人取得合规扣税凭证，且允许抵扣的，对应的进项税额计入“应交税费——应交增值税（进项税额）”科目。

开办费通常发生在企业办理税务登记之前，也就是说，筹建期成本费用发生时，企业尚未取得营业执照，不具备开具发票的条件，这些费用通常由股东先行垫付，发票开给股东，企业成立之后再进行偿还。

这种做法带来的一个问题是，建筑业企业承担的开办费，由于取得的发票抬头不合规，导致不能作为税收凭证。为此，建议建筑业企业在筹办期间，发生费用时，可要求销售方先开具收据，待完成税务登记后，再换取符合规定的发票。

（三）税控系统专用设备和技术维护费用抵减增值税税额的处理

1. 建筑业企业初次购买增值税税控系统专用设备。根据《财政部　国家税务总局关于增值税税控系统专用设备和技术维护费用抵减增值税税额有关政策的通知》（财税〔2012〕15号）规定，增值税纳税人初次购买增值税税控系统专用设备（包括分开票机）支付的费用，可凭购买增值税税控系统专用设备取得的增值税专用发票，在增值税应纳税额中全额抵减（抵减额为价税合计额），不足抵减的可结转下期继续抵减。

增值税防伪税控系统的专用设备包括金税卡、IC卡、读卡器、金税盘和报税盘，不包括电脑、打印机等通用设备。

建筑业企业首次购买增值税税控专用设备，应以管理费用核算，依据支付的全部价款，借记“管理费用”科目，贷记“银行存款”等科目；同时，按照相同的金额借记“应交税费——应交增值税（减免税款）”科目（小规模纳税人应借记“应交税费——应交增值税”科目），贷记“管理费用”科目。

建筑业企业首次购买增值税税控设备，支付的费用已经全额抵减的，其增值税专用发票不再作为增值税扣税凭证，对应的进项税额不得从销项税额中抵扣。建筑业企业应对该专票进行勾选确认，但不申报抵扣，或者申报抵扣同时作进项税额转出。

【例7-5】环球建设公司2×20年9月首次购买增值税税控专用设备一套，支付价税合计200元并取得增值税专用发票，发票上注明的金额176.99元，税额23.01元。

解析：

环球建设公司在9月将专票勾选确认，10月申报期申报抵扣进项税额同时作进项税额转出。

（1）购入税控设备时：

借：管理费用　　176.99 元

　　应交税费——应交增值税（进项税额）　　23.01 元

　　贷：银行存款　　200 元

（2）申报后转出时：

借：管理费用　　23.01 元

　　贷：应交税费——应交增值税（进项税额转出）　　23.01 元

（3）全额抵减应纳税额时：

借：应交税费——应交增值税（减免税款）　　200 元

　　贷：管理费用　　200 元

建筑业企业非首次购买增值税税控专用设备支付的费用，由其自行负担，不得在增值税应纳税额中抵减，取得专用发票的，其进项税额可以自销项税额中抵扣。

【例 7－6】 环球建设公司 2×20 年 12 月购买第二套增值税税控专用设备，支付价税合计数 200 元并取得增值税专用发票，发票上注明的金额 176.99 元，税额 23.01 元。

解析：

环球建设公司在 12 月将此发票认证，2×21 年 1 月申报期申报抵扣进项税额。

借：管理费用　　176.99 元

　　应交税费——应交增值税（进项税额）　　23.01 元

　　贷：银行存款　　200 元

2. 缴纳的技术维护费。根据财税〔2012〕15 号的规定，增值税纳税人缴纳的技术维护费，可凭技术维护服务单位开具的技术维护费发票，在增值税应纳税额中全额抵减，不足抵减的可结转下期继续抵减。

建筑业企业缴纳技术维护费时，应按支付的全部价款，借记“管理费用”科目，贷记“银行存款”等科目；同时，按照相同的金额借记“应交税费——应交增值税（减免税款）”科目（小规模纳税人应借记“应交税费——应交增值税”科目），贷记“管理费用”科目。

建筑业企业缴纳的技术维护费，不区分首次和非首次，可据实全额抵减，支付的费用已经全额抵减的，其增值税专用发票不再作为增值税扣税凭证，对应的进项税额不得从销项税额中抵扣。

【例 7 -7】昆仑建设公司 2×20 年 6 月支付税控设备技术维护费共计 280 元，取得增值税普通发票。

解析：

（1）支付费用时：

借：管理费用　　280 元

　　贷：银行存款　　280 元

（2）抵减应纳税额时：

借：应交税费——应交增值税（减免税款）　　280 元

　　贷：管理费用　　280 元

需要注意的是，两项费用抵减应纳税额，应以当期应纳税额为限，如果纳税人当期的应纳税额不足以抵减两项费用，上述分录中抵减的金额应以应纳税额为限。

【例 7 -8】接例 7 -7，假定昆仑建设公司 6 月的应纳税额为 200 元。

解析：

当期只能抵减 200 元，剩余的 80 元可结转下期继续抵减。

借：应交税费——应交增值税（减免税款）　　200 元

　　贷：管理费用　　200 元

第二节　费用类进项的税会处理

纳税人的购进业务可分为两类：一是除固定资产以外的货物、加工和修理修配劳务，以及交通运输等七种服务；二是以固定资产核算的货物、无形资产和不动产。为了表述方便，本书把第一种进项称为“成本费用类进项”，把第二种进项称为“资产类进项”。

一、费用类进项的增值税政策

（一）期间费用

根据《企业会计准则》的规定，费用是企业经济利益的流出，其表现形式为利润表中的费用性项目，主要包括管理费用、财务费用和销售费用三类期间费用。

从增值税政策的角度看，除职工薪酬、折旧与摊销、行政部门规费等费用外，绝大多数都属于增值税的征收范围，建筑业企业可以取得增值税专用发票等扣税凭证（见表7－1）。

表7－1　　常见期间费用抵扣情况一览表

费用明细	是否可抵扣	税率/征收率	备注
职工薪酬	否	*	含社保及公积金
会议费	是	6%、3%	会展服务
土地或不动产租赁费	是	9%、5%、1.5%	个人出租租房1.5%
办公用品	是	13%、3%	
低值易耗品	是	13%、3%	
住宿费	是	6%、3%	
机票、火车票、船票	是	9%、3%	自2019年4月1日起允许抵扣
餐饮费	否	*	餐饮服务不得抵扣
电话费、网络使用费	是	9%、6%、3%	基础电信或增值电信
快递费	是	9%、6%、3%	物流辅助或交通运输
车辆电脑等维修费	是	13%、3%	
电梯维护费	是	6%、3%	其他现代服务
植物养护费	是	6%、3%	其他生活服务
软件升级维护费	是	6%、3%	
油料、电费	是	13%、3%	
停车费	是	9%、5%	
通行费	是	9%、5%、3%	高速路9%或者3%，一、二级公路9%或者5%
过桥、闸费	是	5%、3%	计算抵扣，高速公路为3%，其他为5%

续表

费用明细	是否可抵扣	税率/征收率	备注
财产保险费	是	6%、3%	
业务招待费	否	*	交际应酬不得抵扣
劳动保护费	是	13%、3%	
水费	是	9%、3%	自来水公司销售自来水可以简易
液化石油气、天然气	是	9%、3%	
设备、车辆等租赁费	是	13%、3%	
书报资料费	是	9%、3%	免税除外
仓储保管费	是	6%、3%	
装卸搬运费	是	6%、3%	
职工培训费、招聘费	是	6%、3%	
印刷费	是	13%、3%	
广告费	是	6%、3%	
物料费	是	13%、3%	
审计、评估、咨询费	是	6%、3%	
购置苗木花卉	是	9%、3%、0%	自产免税农产品可以计算抵扣
花卉租摆费	是	13%、3%	
试验检验费	是	6%、3%	
保安费	是	6%、5%	比照劳务派遣，全额6%或差额5%
物业管理费	是	6%、3%	
贷款利息	否	*	贷款利息不得抵扣
保函费用	是	6%	
金融机构手续费	是	6%	
开户费、担保费、结算费	是	6%	

（二）存货

建筑业企业的存货包括原材料、低值易耗品、周转材料等，从税收政策上可把存货分为两类：一是原木、原竹、苗木、花卉等农产品，适用9%的税率；二是其他存货，适用13%的税率。

（三）费用类进项抵扣政策

从会计核算的角度看，建筑业企业的期间费用属于利润表项目，存货属于资产负债表中的流动资产，它们为企业带来经济利益的方式都是短期化的，基本上将在一个会计年度内结转为损益，不具备跨期的持续性。

从增值税的角度看，期间费用和存货对应于增值税征收范围中的货物（固定资产除外）、加工和修理修配劳务以及七种应税服务。根据适用的抵扣政策又可分为四种情形。

1. 可以抵扣。根据购进扣税法，一般纳税人适用一般计税方法计税的，除税收政策规定的天然不得抵扣的四类服务外，所有的进项均可直接抵扣。

2. 不得抵扣。具体又可分为两类：一是现行政策明确列举的贷款服务、餐饮服务、居民日常服务和娱乐服务等四类服务；二是发生时即可明确归属（专用于）简易计税方法计税项目、免税项目、集体福利和个人消费等四种不得抵扣情形的费用。

建筑业企业总部发生餐饮费用、贷款利息，或者用于简易计税方法计税项目的钢材、混凝土等原材料，即便购进时取得合规扣税凭证，对应的进项税额也不得自销项税额中抵扣。

3. 划分抵扣。建筑业企业公司总部发生的成本费用类进项，可以明确受益对象的，即按照受益对象的计税方法进行抵扣，受益对象适用一般计税方法计税的，可以直接抵扣；受益对象为简易计税方法项目和免税项目的，需要按照销售额进行划分，不得抵扣的部分在发生时不允许抵扣，以后也不允许抵扣。

4. 已抵扣后又不得抵扣。包括两种情况，一是购进时已抵扣，以后发生了用途改变；二是购进时已抵扣，后又发生了非正常损失。如购买的货物用于简易计税项目、免税项目、集体福利和个人消费的，购买的存货及相关劳务、服务发生非正常损失，这类费用应在用途转变时，作进项税额转出，之后也不得再次转入抵扣。

（四）费用类进项抵扣策略

建筑业企业应结合企业实际，从费用的类型、用途、管理流程等维度对费用类进项进行梳理，制定出科学、合理的抵扣策略，具体操作时可参照图7－1。

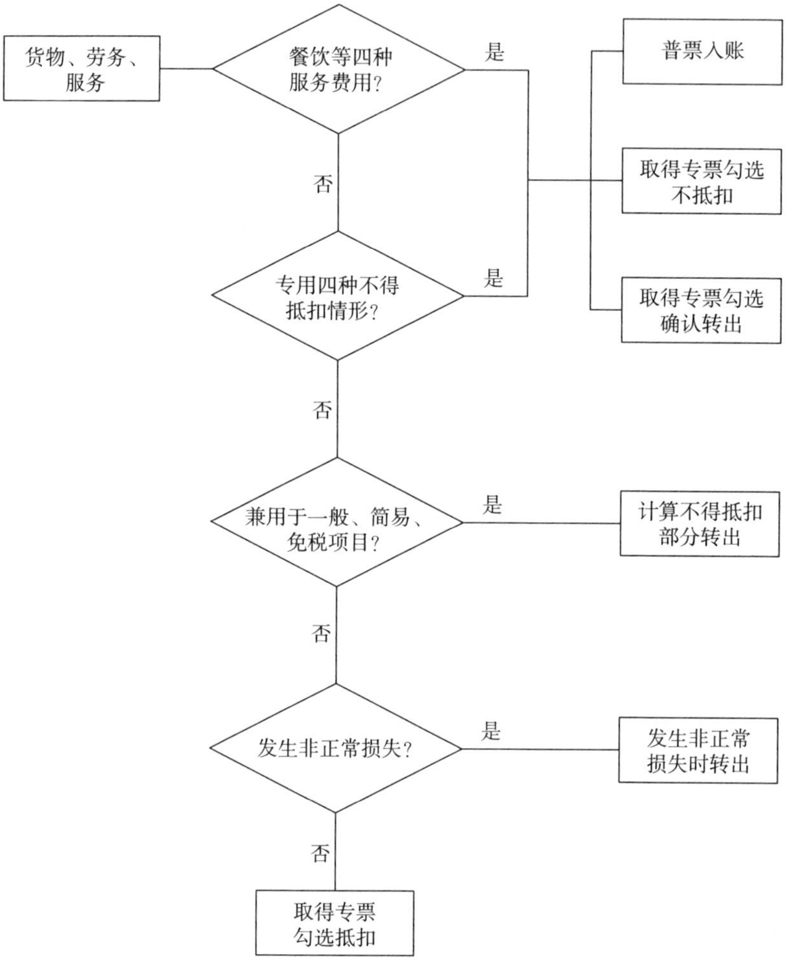

图7－1　费用类进项税额抵扣策略

二、不得抵扣的费用类进项

（一）四类不得抵扣的服务

建筑业企业购进贷款服务、餐饮服务、居民日常服务和娱乐服务，无论其用途为何，也无论是否取得专用发票，其对应的进项税额均不得抵扣。

建筑业企业发生此类费用，建议尽量不要索取专票，可凭取得的增值税普通发票，按照价税合计数计入有关费用科目。如取得增值税专用发票的，建筑业企业可以勾选确认但不申报抵扣，或勾选确认后申报抵扣同时做进项税额转出。

【例 7 –9】淮河建设公司为增值税一般纳税人，其所属工程项目均为一般计税方法计税，2×17 年 6 月 25 日在某酒店举办年中工作会，取得该酒店开具的专用发票一张，发票上分两行注明：会议费金额 20 000 元，税额 1 200 元；餐费金额 5 000 元，税额 300 元，价税合计 26 500 元。

解析：会议费进项可以抵扣，餐饮服务不得抵扣，淮河建设公司应将专用发票认证并申报抵扣进项税额 1 500 元，同时进项税额转出 300 元。

借：管理费用　　25 000 元

　　应交税费——应交增值税（进项税额）　　1 500 元

　　贷：银行存款　　26 500 元

借：管理费用　　300 元

　　贷：应交税费——应交增值税（进项税额转出）　　300 元

根据现行政策的规定，纳税人接受贷款服务支付的与该笔贷款直接相关的投融资顾问费、手续费、咨询费等费用，其进项税额不得从销项税额中抵扣，但上述费用仅限于向“贷款方”支付的费用，向第三方支付的费用，能够取得专用发票的，可以凭票抵扣进项税额。

【例 7 –10】昆仑建设公司为增值税一般纳税人，其所属工程项目均为一般计税方法计税，2×17 年 10 月向 A 银行支付贷款利息 31.8 万元，取得增值税普通发票，向 B 金融服务公司支付融资顾问费 4.24 万元，取得专用发票，金额 4 万元，税额 0.24 万元，专票已勾选确认抵扣。

解析：

支付的贷款利息，以价税合计数作为财务费用核算，向 B 公司支付的融资顾问费，以不含税金额作为财务费用，进项税额可以抵扣。

借：财务费用　　31.8 万元

　　贷：银行存款　　31.8 万元

借：财务费用　　4 万元

应交税费——应交增值税（进项税额）　　　0.24万元
　贷：银行存款　　　　　　　　　　　　　　　　4.24万元

（二）专用于简易计税方法项目和免税项目的费用

具体包括两种情形：一是某工程项目选用简易计税方法或适用免税政策，发生的可直接归属本项目的所有费用；二是建筑业企业某一期间所属工程项目均为简易计税方法计税或适用免税政策，建筑业企业公司总部发生的所有费用。根据现行政策的规定，上述费用对应的进项税额，不得自销项税额中抵扣，不仅当期不可抵扣，以后期间也不得抵扣。

【例7-11】黄山建设公司为增值税一般纳税人，适用《企业会计制度》。2×20年6月只有一个选用简易计税方法计税的甲供项目，公司本部无其他一般计税方法销售额。2×20年6月，公司发生费用，共取得3张专票，其中项目部2张，分别为施工机械修理费2 260元，金额2 000元，税额260元；零星材料款56 500元，金额50 000元，税额6 500元；公司总部1张，为住宿费1 060元，金额1 000元，税额60元。

解析：黄山建设公司应将专票勾选确认后申报抵扣，同时作进项税额转出。

（1）项目部的会计处理，假定材料已领用：

借：工程施工——合同成本——材料费　　　　50 000
　　　　　　　　　　　　　——机械费　　　　2 000
　　应交税费——应交增值税（进项税额）　　　6 760
　　贷：银行存款　　　　　　　　　　　　　　　58 760

借：工程施工——合同成本——材料费　　　　6 500
　　　　　　　　　　　　　——机械费　　　　260
　　贷：应交税费——应交增值税（进项税额转出）　6 760

（2）公司本部的会计处理

借：管理费用　　　　　　　　　　　　　　　1 000
　　应交税费——应交增值税（进项税额）　　　60
　　贷：库存现金等　　　　　　　　　　　　　　1 060

借：管理费用　　　　　　　　　　　　　　　60

贷：应交税费——应交增值税（进项税额转出）　　60

（三）专用于集体福利和个人消费的费用

对于发生时即可以明确用于集体福利和个人消费（含交际应酬消费）的费用，比如租入房屋作为职工宿舍，职工食堂及职工活动中心发生的费用，过节购买食品或其他生活用品发放给职工，接待客户及兄弟单位来访发生的会务费、住宿费、礼品费等，作为奖励发放给职工的物品，工会组织员工外出旅游等，可不用专票而直接以普票入账；如取得专票可勾选确认申报抵扣，同时做进项税额转出。此类费用的税会处理可参照上文所述旅客运输服务等四种费用的处理方法。

三、需要划分抵扣的费用类进项

根据现行政策的规定，一般纳税人提供建筑服务，在特定情形下可以适用简易计税方法计税，工程项目在境外的建筑服务免征增值税，因此，在实际工作中，绝大多数建筑业企业既有一般计税方法计税的项目，又有简易计税方法计税项目和免税项目，这种情况下发生的费用类进项，需要根据税收政策的规定划分抵扣。

（一）划分抵扣的方法

根据财税〔2016〕36号文附件一第29条的规定，适用一般计税方法的纳税人，兼营简易计税方法计税项目、免征增值税项目而无法划分不得抵扣的进项税额，按照下列公式计算不得抵扣的进项税额：

不得抵扣的进项税额＝当期无法划分的全部进项税额×（当期简易计税方法计税项目销售额＋免征增值税项目销售额）÷当期全部销售额

主管税务机关可以按照上述公式依据年度数据对不得抵扣的进项税额进行清算。

理解以上规定，要把握以下几个要点：

第一，购入固定资产、无形资产和不动产三类资产以及租入固定资产和不动产兼用于一般计税项目和简易计税、免税项目时，其对应的进项税额可以全额抵扣，因此，相关长期资产不适用本公式，本公式只适用企业购买的货物、劳务和服务，也就是费用类进项税额的划分。

第二，本公式只适用于受益对象不明确的费用进项税额的划分；对于发生时即可明确归属用途的费用，其进项税额应根据用途抵扣或不抵扣，不需要按照本公式计算划分。如建筑业企业一般计税方法计税的项目部购进的原材料，其进项税额可以直接抵扣；简易计税方法计税的项目部租入的机械设备，其进项税额不得抵扣。

建筑业企业全部不得抵扣的进项税额应按照下列公式计算：

纳税人全部不得抵扣的进项税额 = 当期可以直接划分的不得抵扣的进项税额 + 当期无法划分的全部进项税额 ×（当期简易计税方法计税项目销售额 + 免税增值税项目销售额）÷ 当期全部销售额

第三，公式中的“销售额”，从内涵上看，是税法概念而非会计概念，体现在纳税申报表的相关栏次；从外延上看，包含纳税人所有内部单位所产生的销售额，不能只针对部分单位销售额计算；从时间上看，是当期概念，一般纳税人应对应于“月”。

第四，对于纳税人而言，进项税额转出是按月进行的，但由于年度内取得进项税额以及发生的销售额均具备不均衡性，有可能会造成按月计算的进项转出与按年度计算的进项转出产生差异，主管税务机关可在年度终了对纳税人进项转出计算公式进行清算，并对相关差异进行调整。

（二）划分抵扣的策略

建筑业企业兼有不同计税方法项目，发生相关费用时，应分具体情况采取不同的处理策略。

第一，对于发生时即可明确用途为简易计税或免税项目的费用，如选用简易计税方法的工程项目发生的各类费用类进项；出租“老”不动产选用简易计税方法，发生的维修改造费、水电费、物业费等进项；适用免税的境外工程项目发生的各类费用等。此类费用属于能够准确划分的进项税额，发生时即不得抵扣，以后也不得抵扣。建筑业企业可直接以普票入账，如取得专票可勾选确认并申报抵扣，同时做进项税额转出。

第二，对于发生时用途不明，难以直接归属到不同计税方法项目的费用，如建筑业企业既有一般计税方法项目，又有简易计税、免税项目，公司总部发生的差旅费、房租费、水电费等，对应的税额就属于当期无法划分的进项税额。建筑业企业发生此类费用应取得专用发票，并勾选确认申报抵扣，按照政策规定的公式计算不得抵扣的进项税额，根据计算结果，做进项税额转出处理。

【例 7－12】 黄河建设公司为一般纳税人，2×20 年 11 月份简易计税方法项目含税销售额 1 030 万元，不含税销售额 1 000 万元；免税项目销售额 500 万元；一般计税方法项目销售额 3 270 万元，不含税销售额 3 000 万元。

公司总部本月发生水电费、电话费、修理费、低值易耗品等用途不可划分的费用 168 万元，取得专用发票，金额合计 150 万元，税额合计 18 万元。

解析：

黄河建设公司 11 月不得抵扣的进项税额 =18×（1 000 +500）÷（1 000 +500 +3 000）=6（万元），应将专用发票勾选确认后，申报抵扣进项税额 18 万元，同时作进项税额转出 6 万元。

借：管理费用等　　150 万元
　　应交税费——应交增值税（进项税额）　　18 万元
　　贷：银行存款　　168 万元

借：管理费用　　6 万元
　　贷：应交税费——应交增值税（进项税额转出）　　6 万元

四、已抵扣后又不得抵扣的费用类进项

（一）用途转变

对于发生时用途不明，已申报抵扣的费用类进项，后续发生用途改变，用于集体福利和个人消费的，则应在发生不得抵扣情形的当月，将对应的进项税额做转出处理，无法确定对应进项税额的，按照当期实际成本计算应扣减的进项税额。

【例 7－13】 海河建设公司为增值税一般纳税人，2×20 年 8 月采购钢材

3 000吨，每吨不含税价格2 500元，税额325元，取得专票1张，金额750万元，税额97.5万元，拟用于该公司承揽的某工程项目，该工程适用一般计税方法，专票已于9月申报期勾选确认申报抵扣。11月，该公司总部将已采购钢材中的1 000吨用于单位职工活动中心建设。

解析：

已抵扣的进项税额发生用途转变，用于集体福利的，应按照实际成本计算应扣减的进项税额。

海河建设公司应在11月税款所属期转出进项税额：97.5 ÷ 3 000 × 1 000 = 32.5（万元）。

（1）购入钢材并申报抵扣时：

借：原材料　　750万元

　　应交税费——应交增值税（进项税额）　　97.5万元

　　贷：银行存款　　847.5万元

（2）改变用途时：

借：在建工程　　282.5万元

　　贷：原材料　　250万元

　　　　应交税费——应交增值税（进项税额转出）　　32.5万元

（二）非正常损失

纳税人购进的货物及相关的加工修理修配劳务、交通运输服务以及纳税人的在产品和产成品所耗用的货物、加工修理修配劳务和交通运输服务，发生非正常损失时，其进项税额不得抵扣。

非正常损失，是指因管理不善造成货物被盗、丢失、霉烂变质，以及因违反法律法规造成货物或者不动产被依法没收、销毁、拆除的情形。自然灾害等不可抗力导致的损失，建筑物及临时设施的正常拆除，以及鲜活产品自然变质导致的损失，不属于税收政策中的非正常损失，对应的进项税额无须转出。

已抵扣进项税额的购进货物（不含固定资产）、劳务、服务，发生非正常损失的，应当将该进项税额从当期进项税额中扣减；无法确定该进项税额的，按照当期实际成本计算应扣减的进项税额。

建筑业企业费用类进项的非正常损失，主要针对有形动产及其相关的劳务和服务，如原材料、周转材料、低值易耗品等。非正常损失发生在勾选确认前的，应不予申报抵扣直接将税额计入费用，或申报抵扣同时做进项税额转出；非正常损失发生在申报抵扣后的，应在发生非正常损失的当期将对应的进项税额转出。

【例 7－14】 昆仑建设公司为一般纳税人，2×21 年 8 月购入零散材料一批，取得专用发票 1 张，金额 10 万元，税额 1.3 万元。专用发票已在当月勾选确认并抵扣，2×21 年 12 月上述货物因管理不善导致被盗。

解析：

（1）8 月购入时，申报抵扣进项税额：

借：原材料　　10 万元
　　应交税费——应交增值税（进项税额）　　1.3 万元
　　贷：银行存款　　11.3 万元

（2）12 月发生非正常损失时：

借：营业外支出　　11.3 万元
　　贷：原材料　　10 万元
　　　　应交税费——应交增值税（进项税额转出）　　1.3 万元

第三节　资产类进项的税会处理

一、资产类进项的增值税政策

（一）资产类进项的界定

根据《企业会计准则》的规定，资产是能够为企业带来经济利益流入的资源，除本章第二节已经涉及的存货类资产外，其余资产大多属于长期资产。长期资产一般要通过摊销、折旧等方式逐步转换为费用，包括固定资产、无形资产、投资性房地产等。

增值税税收政策中的固定资产、无形资产和不动产三类资产，在口径上与《企业会计准则》大体一致，但略有区别。

增值税政策中的固定资产是指使用期限超过 12 个月的有形动产，如机器、机械、运输工具、设备、工具、器具等，对应于会计系统中的不动产以外的固定资产。

增值税政策中的无形资产对应于会计系统中的无形资产和投资性房地产（出租的土地使用权）。

增值税政策中的不动产，对应于会计系统中的固定资产或投资性房地产（出租的不动产）。

（二）资产类进项的抵扣政策

固定资产、无形资产以及不动产等三类资产均属于长期资产，为企业带来经济利益的方式是长期的，持续的，因而税收政策对其进项税额的抵扣限制较少，且允许转出（非正常损失原因转出除外）之后再次转入，即三类资产在用于不得抵扣用途时，对应期间的进项税额不得抵扣，此后期间转用于可抵扣用途时，对应期间的进项税额又可按照净值比例重新转入抵扣。

1. 可以抵扣的三类资产。根据税收政策的规定，用于一般计税方法计税项目的三类资产，以及兼用于一般计税方法计税项目和简易计税项目、免税项目、集体福利和个人消费的三类资产，可以全额抵扣进项税额，不需要像费用类进项那样按照销售额进行划分。这一方面是由于三类资产兼用情形较为常见，划分比例难以确定；另一方面是为了鼓励纳税人加大对三类资产更新的投入，促进社会投资和技术进步。

2. 不得抵扣的三类资产。不得抵扣的三类资产，仅指专用于简易计税项目、免税项目、集体福利和个人消费等四种情形的三类资产，以及发生非正常损失的三类资产。

3. 用途改变的三类资产。有些资产取得时符合抵扣条件，但之后又有可能用于不得抵扣的用途，或者发生了非正常损失，还有些资产取得时不符合抵扣条件，但之后又用于允许抵扣情形。根据现行政策的规定，发生用途改变的三类资产的进项税额既可以转出，也可以转入。

（三）资产类进项的抵扣策略

根据现行政策的规定，纳税人购进三类资产时不得抵扣且未抵扣进项税额的，发生用途改变，用于允许抵扣进项税额的应税项目时，可以计算抵扣进项税额，但必须在购进时取得合法、有效的增值税扣税凭证。因此，建筑业企业应加强对三类资产的管理，购置三类资产必须取得专用发票等合规扣税凭证，同时要建立用途台账，根据税收政策的规定，制定符合企业实际的抵扣策略。具体见图7－2。

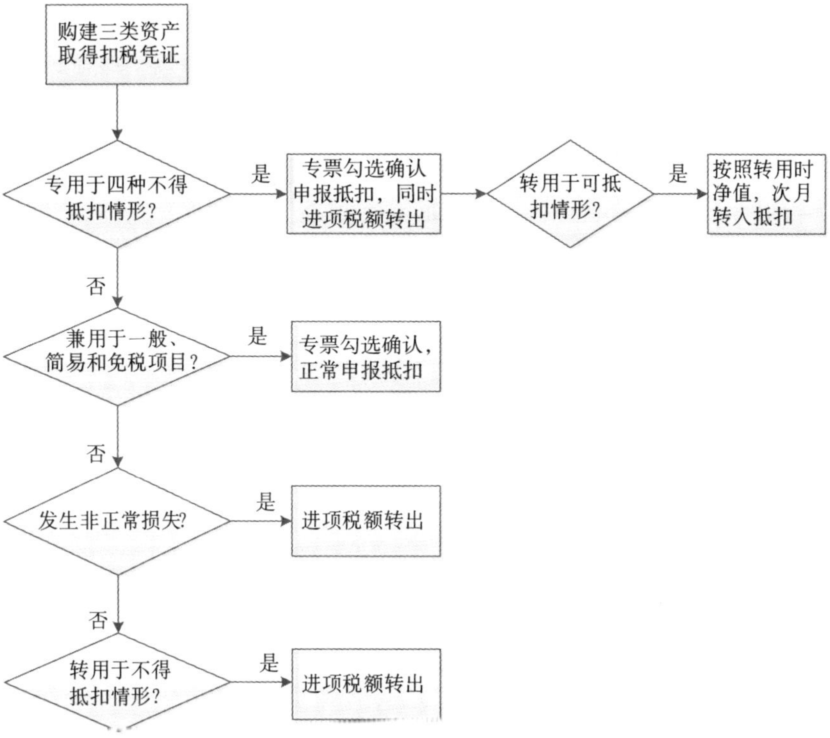

图7－2　资产类进项的抵扣策略

二、可以抵扣的三类资产

三类资产仅在专用于简易计税、免税、集体福利和个人消费等情形时不得抵扣，只要兼用于一般计税项目的，其相应的进项税额均可全额抵扣。

【例7-15】 长江建设公司为一般纳税人，2×20年11月下属5个项目，其中4个为简易计税方法计税，1个为一般计税方法计税。本月公司总部购入一辆机动车用于公务，取得机动车销售统一发票1张，金额50万元，税额6.5万元。发票已勾选确认，并申报抵扣。

解析： 机动车属于固定资产，兼用于一般计税项目和简易计税项目的固定资产，进项税额6.5万元可以全额抵扣。

借：固定资产　　50万元

　　应交税费——应交增值税（进项税额）　　6.5万元

　　贷：银行存款　　56.5万元

【例7-16】 黄山建设公司为一般纳税人，所属项目均为一般计税方法计税项目，2×21年11月公司总部购入一栋不动产，取得增值税专用发票1张，金额200万元，税额10万元。该不动产共5层，1—3层用于办公，4—5层用于职工宿舍。发票已勾选确认，并申报抵扣。

解析： 兼用于一般计税项目和集体福利的不动产，进项税额可以全额抵扣。

11月购入时：

借：固定资产　　200万元

　　应交税费——应交增值税（进项税额）　　10万元

　　贷：银行存款　　210万元

三、不得抵扣的三类资产

三类资产取得时如能明确划分、直接归属专用于四种不可抵扣情形的，如专用于简易计税方法计税项目的机器设备；专用于境外免税工程的工具器具；公司购买笔记本电脑、移动电话等作为职工福利；公司购建不动产专用于职工食堂或集体宿舍等，建筑业企业应将专用发票勾选确认并申报抵扣进项税额，同时作进项税额转出。

【例7-17】 长江建设公司为一般纳税人，所属工程项目均为选用简易计税方法计税的老项目，2×20年9月公司购置一台盾构机，取得专票1张，金额 2 000 万元，税额 260 万元。

解析：

盾构机属于专用于简易计税方法计税项目的固定资产，长江建设公司应将该专票勾选确认，申报抵扣进项税额，同时作进项税额转出。

借：固定资产　2 000 万元
　应交税费——应交增值税（进项税额）　260 万元
　贷：银行存款　2 260 万元

借：固定资产　260 万元
　贷：应交税费——应交增值税（进项税额转出）　260 万元

【例 7－18】黄河建设公司为一般纳税人，2×21 年 2 月购入 5 台电视机，取得增值税专用发票，金额 3 万元，税额 0.39 万元，电视机放在职工宿舍用于改善职工文化生活。

解析：

专用于集体福利的固定资产不得抵扣。

借：固定资产　3 万元
　应交税费——应交增值税（进项税额）　0.39 万元
　贷：银行存款　3.39 万元

借：固定资产　0.39 万元
　贷：应交税费——应交增值税（进项税额转出）　0.39 万元

四、用途改变的三类资产

（一）已抵扣后又发生不得抵扣情形

已抵扣进项税额的固定资产、无形资产或者不动产，以后期间用途转变，用于简易计税方法计税项目、免税项目、集体福利和个人消费的，或者发生非正常损失的，按照下列公式计算不得抵扣的进项税额：

不得抵扣的进项税额＝固定资产、无形资产或者不动产净值×适用税率

固定资产、无形资产或者不动产净值，是指纳税人根据财务会计制度计提折旧或摊销后的余额。

建筑业企业购买三类资产时符合抵扣规定，且已认证抵扣，之后又专用于不得抵扣用途的，以及发生非正常损失的，应在发生不得抵扣情形的当期，按照上述规定的方法，将不可抵扣的进项税额从当期进项税额中转出。

【例7-19】 淮河建设公司为一般纳税人，2×20年11月既有一般计税方法计税项目，又有简易计税方法项目，本月公司购置盾构机1台，取得专票1张，金额2 000万元，税额260万元，该盾构机兼用于上述两类计税方法项目，进项税额340万元已于2×20年11月按规定全部抵扣。

淮河公司对此盾构机以固定资产核算，自2×20年12月开始按照直线法分10年计提折旧，预计无残值。2×22年12月15日，淮河建设公司将该盾构机移至外埠，专用于某选用简易计税方法的工程项目。

解析：

淮河公司应在移送当月计算不得抵扣的进项税额，并做进项税额转出。

盾构机移送时已计提折旧：（2 000÷10÷12）×24=400（万元）

移送时净值为：2 000-400=1 600（万元）

不得抵扣的进项税额为：1 600×13%=208（万元）

（1）转出的进项税额208万元，应于2022年12月计入盾构机原值，作为当月及以后各期计提折旧的基数。

借：固定资产　　208万元

　　贷：应交税费——应交增值税（进项税额转出）　　208万元

（2）2022年12月该盾构机应计提折旧：（1 600+208）÷8÷12=18.83（万元）

借：工程施工——合同成本——机械费　　18.83万元

　　贷：累计折旧　　18.83万元

（二）购进时不得抵扣、后续改变用途可抵扣

根据2016年36号文附件2第一条第（四）项第2点的规定，按照《试点实施办法》第27条第（一）项规定不得抵扣且未抵扣进项税额的固定资产、无形资产、不动产，发生用途改变，用于允许抵扣进项税额的应税项目，可在用途改变的次月按照下列公式计算可以抵扣的进项税额：

可以抵扣的进项税额=固定资产、无形资产、不动产净值/（1+适用税率）×

适用税率

上述可以抵扣的进项税额应取得合法有效的增值税扣税凭证。

根据《国家税务总局关于深化增值税改革有关事项的公告》（国家税务总局公告2019年第14号）第七条的规定，按照规定不得抵扣进项税额的不动产，发生用途改变，用于允许抵扣进项税额项目的，按照下列公式在改变用途的次月计算可抵扣进项税额。

可抵扣进项税额＝增值税扣税凭证注明或计算的进项税额×不动产净值率

建筑业企业取得三类资产时，按政策规定不允许抵扣且未抵扣的，后续期间发生用途转变，用于允许抵扣进项税额的应税项目时，建筑业应在用途改变的次月按照上述规定的方法计算可以抵扣的进项税额，并在纳税申报时进行抵扣。

【例7－20】珠江建设公司为一般纳税人，2×20年11月所属项目部全为选用简易计税方法的甲供项目，本月公司购置施工设备一台，取得专票1张，金额200万元，税额26万元，公司对此设备以固定资产核算，自2×20年12月开始按照直线法分10年计提折旧，预计无残值。公司已于当期将专票勾选确认申报抵扣，并将34万元进项税额转出。

2×21年11月，珠江建设公司新中标一工程项目，适用一般计税方法计税，该设备兼用于该工程项目。

解析：

施工设备自2×21年11月用于一般计税项目，珠江公司可在用途发生改变的次月（2×21年12月）计算抵扣进项税额。

2×21年12月，设备已计提折旧：(226÷10÷12)×12＝22.6（万元）

施工设备的净值为：226－22.6＝203.4（万元）

可以抵扣的进项税额为：203.4÷(1＋13%)×13%＝23.4（万元）

转入的进项税额23.4万元，应于2×21年12月自施工设备原值中扣减，当月作为计提折旧的基数。

借：应交税费——应交增值税（进项税额）　　　　23.4万元

　　贷：固定资产　　　　　　　　　　　　　　　　23.4万元

2×21年12月及此后各月，该施工设备月度应计提折旧为(203.4－23.4)÷9÷12＝1.67（万元）。

第四节　销项业务的税会处理

除提供建筑服务以外，建筑业企业还会有其他形式的收入来源，不同性质的业务税收政策的规定不同，会计处理的方法也有所不同。增值税下建造合同的收入已在第六章阐述，本节主要介绍建筑业企业其他销项业务的税会处理，包括销售货物、不动产、无形资产、租赁收入以及利息收入等。

一、销售货物

建筑业企业销售材料物资，属于销售货物，应适用货物的增值税政策。建筑业企业要正确把握销售的含义，即只有货物的购买方与销售方是不同的纳税主体时，才需要在税务上做销售处理。同一建筑业企业不同项目部之间、不同事业部之间互相调拨材料物资，销售尚未实现，无须做纳税处理，只做内部会计核算即可。

（一）销售材料物资

建筑业企业销售材料物资，包括原材料、周转材料、废旧物资、下脚料、低值易耗品等，适用货物税目，一般适用13%的税率，对于前期已经计入相关成本科目的材料物资，销售收入应冲减合同成本中的材料费用等科目；未计入相关成本科目的，应计入“其他业务收入”科目。现行政策对一般纳税人销售材料物资等货物，没有简易计税方法的规定。

【例7－21】环球建设公司为一般纳税人，2×20年11月该公司下属租赁中心对外销售钢模板一批，取得收入20万元，钢模板账面价值为33.9万元。

解析：

对外销售钢模板，适用13%税率，应确认销项税额为：20÷（1＋13%）×17%＝2.30（万元）。在向对方开具发票时，应选择货物对应的编码。

借：银行存款　　　　　　　　　　　　　　　20万元

贷：其他业务收入　　　　　　　　　　　　　　　　17.70 万元

　　应交税费——应交增值税（销项税额）　　　　　2.30 万元

借：其他业务成本　　　　　　　　　　　　　　33.9 万元

　　贷：周转材料　　　　　　　　　　　　　　　　33.9 万元

（二）销售使用过的固定资产

“使用过的固定资产”是增值税政策体系中的特有术语。所谓“固定资产”，是指使用期限超过 12 个月的机器、机械、运输工具以及其他与生产经营有关的设备、工具、器具等有形动产；所谓“使用过”是指根据财务会计制度已经计提折旧。

从税务处理的角度看，建筑业企业销售使用过的固定资产包括两种情况，一是 2016 年 5 月 1 日以后新购进或自制的固定资产，此类固定资产对应的进项税额无论是否已经抵扣，对外销售时，均应按照货物适应税率按照一般计税方法计交增值税，具体操作可参照前文销售材料物资方法处理。二是 2016 年 4 月 30 日之前购进或自制的固定资产，对外销售时，可以按照简易办法依照 3% 征收率减按 2% 征收增值税，但不得开具增值税专用发票；纳税人也可以放弃减税，按照简易办法依照 3% 征收率缴纳增值税，可以开具增值税专用发票。

从会计处理的角度看，对外销售固定资产属于企业非经常性事项，应通过“固定资产清理”科目核算，处置利得或损失计入“资产处置损益”“营业外收入”或“营业外支出”科目。确认应纳税额时，按照 3% 征收率计算的应纳税额计入“应交税费——简易计税——计提”科目的贷方，选择减按 2% 征收增值税，1% 减税部分计入“应交税费——简易计税——计提”科目的借方，同时将减免的税款计入相关损益科目。

【例 7－22】长江建设公司为一般纳税人，适用《企业会计制度》，2×20 年 6 月销售一台塔吊，取得销售价款 20.6 万元。该塔吊购置于营改增之前，原值 70 万元，已计提折旧 50 万元，计提减值准备 2 万元。

解析：

（1）固定资产转入清理时：

借：固定资产清理　　　　　　　　　　　　　　　18 万元

累计折旧　　50万元

资产减值准备　　2万元

贷：固定资产　　70万元

（2）如按照简易办法依照3%征收率减按2%征收增值税，长江公司只能向购买方开具增值税普通发票。应纳税额＝20.6÷（1＋3%）×3%＝0.6（万元），增值税减免税额＝20.6÷（1＋3%）×1%＝0.2（万元）。

借：银行存款　　20.6万元

　　贷：固定资产清理　　20万元

　　　　应交税费——简易计税——计提　　0.6万元

将减免税款部分确认为利得：

借：应交税费——简易计税——计提　　0.2万元

　　贷：营业外收入　　0.2万元

确认固定资产处置利得：

借：固定资产清理　　2万元

　　贷：营业外收入　　2万元

缴纳增值税0.4万元：

借：应交税费——简易计税——计提　　0.4万元

　　贷：银行存款　　0.4万元

（3）如长江公司放弃1%的减税，可向购买方开具增值税专用发票，应纳税额＝20.6÷（1＋3%）×3%＝0.6（万元）。

借：银行存款　　20.6万元

　　贷：固定资产清理　　20万元

　　　　应交税费——简易计税——计提　　0.6万元

确认固定资产处置利得：

借：固定资产清理　　2万元

　　贷：营业外收入　　2万元

缴纳增值税0.6万元：

借：应交税费——简易计税——计提　　0.6万元

　　贷：银行存款　　0.6万元

二、销售不动产

（一）税收政策

1. 计税方法。建筑业企业中的小规模纳税人转让其取得的不动产，不区分不动产取得的时间，一律按照简易计税方法计税，适用5%的征收率。

建筑业企业中的一般纳税人转让其2016年4月30日前取得的不动产，可以选择适用简易计税方法计税，征收率为5%；转让其2016年5月1日后取得的不动产，只能适用一般计税方法计税，税率为9%。

2. 销售额。

（1）全额销售额。全额销售额是指纳税人以取得的全部价款和价外费用作为销售额，不得扣除任何项目。具体包括两种情形：一是纳税人销售其自建的不动产，无论适用哪种计税方法，都应以全部价款和价外费用为销售额；二是一般纳税人销售取得的不动产，适用一般计税方法计税的，无论是自建还是外购，都应以全部价款和价外费用为销售额。

（2）差额销售额。差额销售额是指纳税人以取得的全部价款和价外费用扣除不动产购置原价或者取得不动产时的作价后的余额为销售额。特指纳税人销售其自建以外方式取得的不动产，且适用简易计税方法计税的。

自建以外方式取得的不动产包括直接购买、接受捐赠、接受投资入股、抵债等方式取得的不动产。

纳税人按规定从取得的全部价款和价外费用中扣除不动产购置原价或者取得不动产时的作价的，应当取得符合法律、行政法规和国家税务总局规定的合法有效凭证，否则，不得扣除。合法有效凭证包括发票，法院判决书、裁定书、调解书，以及仲裁裁决书、公证债权文书等。

根据《国家税务总局关于纳税人转让不动产缴纳增值税差额扣除有关问题的公告》（国家税务总局公告2016年第73号），纳税人转让不动产，按照有关规定差额缴纳增值税的，如因丢失等原因无法提供取得不动产时的发票，可向税务机关提供其他能证明契税计税金额的完税凭证等资料，进行差额扣除。

纳税人以契税计税金额进行差额扣除的，按照下列公式计算增值税应纳税额：

①2016年4月30日及以前缴纳契税的：

增值税应纳税额 =［全部交易价格（含增值税）－契税计税金额（含营业税）］÷（1＋5%）×5%

②2016年5月1日及以后缴纳契税的：

增值税应纳税额 =［全部交易价格（含增值税）÷（1＋5%）－契税计税金额（不含增值税）］×5%

纳税人同时保留取得不动产时的发票和其他能证明契税计税金额的完税凭证等资料的，应当凭发票进行差额扣除。

3. 预缴税款。建筑业企业销售不动产，无论适用简易计税方法还是一般计税方法，无论企业机构所在地与不动产所在地是否在同一县（市、区），均应区分不同情形计算应向不动产所在地主管税务机关预缴的税款。

（1）全额预缴。纳税人销售其自建的不动产，应以全部价款和价外费用作为预缴税款的计算依据，计算公式为：

应预缴税款 = 全部价款和价外费用 ÷（1＋5%）×5%

（2）差额预缴。纳税人销售其自建以外方式取得的不动产，应以取得的全部价款和价外费用扣除不动产购置原价或者取得不动产时的作价后的余额作为预缴税款的计算依据，计算公式为：

应预缴税款 =（全部价款和价外费用－不动产购置原价或者取得不动产时的作价）÷（1＋5%）×5%

建筑业企业转让其取得的不动产，向不动产所在地主管税务机关预缴的增值税税款，可以在当期增值税应纳税额中抵减，抵减不完的，结转下期继续抵减。纳税人以预缴税款抵减应纳税额，应以完税凭证作为合法有效凭证。

4. 转让异地不动产预缴流程。根据2016年106号文，转让异地不动产业务不适用外出经营活动税收管理相关制度规定。因此，纳税人转让异地不动产，无须办理外管证或填报“跨区域涉税事项报告表”。纳税义务发生时，直接填报“增值税预缴税款表”，向不动产所在地主管税务机关预缴税款即可。

5. 发票开具。纳税人销售不动产，无论是以全额作为销售额还是以差额作为销售额，在开具专用发票时，均可按照全额开具，下游纳税人可以凭票抵扣进项税额。

根据2016年23号公告的规定，纳税人销售不动产，自行开具或者税务机关代开增值税发票时，应在发票“货物或应税劳务、服务名称”栏填写不动产名称及房屋产权证书号码（无房屋产权证书的可不填写），“单位”栏填写面积单位，备注栏注明不动产的详细地址。

（二）会计处理

建筑业企业销售以固定资产核算的不动产应通过“固定资产清理”科目核算，处置利得或损失计入“资产处置损益”“营业外收入”或“营业外支出”科目。销售投资性房地产通过“其他业务收入”和“其他业务成本”科目核算。销售不动产实际预缴的增值税税款，按照一般计税方法计税的通过“应交税费——预交增值税”科目核算，按照简易计税方法计税的通过“应交税费——简易计税——预交”科目核算，实际预缴的城建税等附加税费，通过“应交税费——应交城建税”等科目核算。

（三）举例

1. 一般纳税人销售外购的不动产，适用简易计税方法计税。

【例7－23】环球建设公司为一般纳税人，该公司在外省市拥有一处不动产，该不动产系营改增试点前购置，取得的发票上记载的购价为2 000万元，购置后即将该不动产对外出租，采用成本模式进行后续计量。

2×20年9月，环球建设公司决定将该不动产对外出售，取得转让收入10 000万元，处置时该不动产对应的“投资性房地产累计折旧”科目贷方余额300万元，未计提资产减值准备。

环球建设公司对此业务选用简易计税方法计税。不考虑除增值税及其附加外的其他税种。

解析：

（1）在增值税发票开具系统，选择5%的征收率，全额录入含税销售额10 000万元，开具增值税专用发票金额9 523.81万元，税额476.19万元。

（2）9月收款时发生纳税义务，向不动产所在地主管税务机关预缴增值税，填报“增值税预缴税款表”，并取得完税凭证。

应预缴增值税 = (10 000 - 2 000) ÷ (1 + 5%) × 5% = 380.95（万元）

应预缴城建税 = 380.95 × 7% = 26.67（万元）

应预缴教育费附加 = 380.95 × 3% = 11.43（万元）

应预缴地方教育附加 = 380.95 × 2% = 7.62（万元）。

（3）预缴税款时：

借：应交税费——简易计税——预交　　380.95 万元
　　　　　　——应交城建税　　26.67 万元
　　　　　　——应交教育费附加　　11.43 万元
　　　　　　——应交地方教育附加　　7.62 万元
　贷：银行存款　　426.67 万元

（4）确认转让损益及应纳税额时：

借：银行存款　　10 000 万元
　贷：其他业务收入　　9 619.05 万元
　　　应交税费——简易计税——计提　　380.95 万元
借：其他业务成本　　1 700 万元
　　投资性房地产累计折旧　　300 万元
　贷：投资性房地产　　2 000 万元

（5）预缴税款抵减应纳税额：

应纳税额和预缴税额数量上一致，“应交税费——简易计税”明细科目余额为零，可对冲三级明细科目。

借：应交税费——简易计税——计提　　380.95 万元
　贷：应交税费——简易计税——预交　　380.95 万元

（6）结转预缴附加税费：

借：税金及附加　　45.72 万元
　贷：应交税费——应交城建税　　26.67 万元
　　　　　　——应交教育费附加　　11.43 万元
　　　　　　——应交地方教育附加　　7.62 万元

2. 一般纳税人销售自建的不动产，适用简易计税方法计税。

【例7－24】 长江建设公司为一般纳税人，该公司在机构所在地拥有一处不动产，该不动产系营改增试点前自建，在会计上以固定资产核算，原值为800万元。

2×21年11月，长江建设公司决定将该不动产对外出售，取得转让收入5 250万元，处置时该不动产已计提折旧200万元，未计提资产减值准备。

长江建设公司对此业务选用简易计税方法计税。不考虑除增值税及其附加外的其他税种。

解析：

（1）在增值税发票开具系统，选择5%的征收率，全额录入含税销售额5 250万元，开具增值税专用发票金额5 000万元，税额250万元。

（2）11月收款时发生纳税义务，向不动产所在地主管税务机关预缴增值税，填报“增值税预缴税款表”，并取得完税凭证。

应预缴增值税＝5 250÷（1＋5%）×5%＝250（万元）

应预缴城建税＝250×7%＝17.5（万元）

应预缴教育费附加＝250×3%＝7.5（万元）

应预缴地方教育附加＝250×2%＝5（万元）

（3）预缴税款时：

借：应交税费——简易计税——预交	250万元	
——应交城建税	17.5万元	
——应交教育费附加	7.5万元	
——应交地方教育附加	5万元	
贷：银行存款		280万元

（4）确认转让损益及应纳税额时：

借：银行存款	5 250万元	
贷：固定资产清理		5 000万元
应交税费——简易计税——计提		250万元
借：固定资产清理	600万元	
累计折旧	200万元	
贷：固定资产		800万元

（5）预缴税款抵减应纳税额：

应纳税额和预缴税额数量上一致，“应交税费——简易计税”明细科目余额为零，可对冲三级明细科目。

借：应交税费——简易计税——计提　　250 万元

　贷：应交税费——简易计税——预交　　250 万元

（6）结转预缴附加税费：

借：税金及附加　　30 万元

　贷：应交税费——应交城建税　　17.5 万元

　　　　　　——应交教育费附加　　7.5 万元

　　　　　　——应交地方教育附加　　5 万元

3. 一般纳税人销售外购的不动产，适用一般计税方法计税。

【例 7－25】昆仑建设公司 2×21 年 12 月销售一处不动产，该不动产系"营改增"试点后购置，购买发票上记载的价款为 670 万元，在会计上以固定资产核算，处置时累计折旧 30 万元，未计提减值准备。12 月 18 日取得转让收入 1 090 万元，已向购买方开具增值税专用发票。昆仑建设公司 12 月税款所属期留抵税额为 60 万元，本月无其他进销项业务。不考虑除增值税及其附加外的其他税种。

解析：

（1）在增值税发票开具系统选择 9% 的税率，录入含税销售额 1 090 万元，开具增值税专用发票金额 1 000 万元，税额 90 万元。

（2）12 月收款时发生纳税义务，向不动产所在地主管税务机关预缴增值税，填报"增值税预缴税款表"，并取得完税凭证。

应预缴增值税＝(1 090－670)÷(1＋5%)×5%＝20（万元）

应预缴城建税＝20×7%＝1.4（万元）

应预缴教育费附加＝20×3%＝0.6（万元）

应预缴地方教育附加＝20×2%＝0.4（万元）

（3）预缴税款时：

借：应交税费——预交增值税　　20 万元

　　　　——应交城建税　　1.4 万元

　　　　——应交教育费附加　　0.6 万元

　　　　——应交地方教育附加　　0.4 万元

　贷：银行存款　　22.4 万元

(4) 固定资产转入清理：

借：固定资产清理　　640 万元
　　累计折旧　　30 万元
　　贷：固定资产　　670 万元

(5) 确认转让损益：

借：银行存款　　1 090 万元
　　贷：固定资产清理　　1 000 万元
　　　　应交税费——应交增值税（销项税额）　　90 万元

借：固定资产清理　　360 万元
　　贷：营业外收入　　360 万元

(6) 期末结转本月应纳税额：

借：应交税费——应交增值税（转出未交增值税）　　30 万元
　　贷：应交税费——未交增值税　　30 万元

(7) 预缴税款抵减应纳税额：

借：应交税费——未交增值税　　20 万元
　　贷：应交税费——预交增值税　　20 万元

(8) 申报后缴纳：

借：应交税费——未交增值税　　10 万元
　　贷：银行存款　　10 万元

(9) 结转预缴附加税费：

借：税金及附加　　2.4 万元
　　贷：应交税费——应交城建税　　1.4 万元
　　　　　　　　——应交教育费附加　　0.6 万元
　　　　　　　　——应交地方教育附加　　0.4 万元

三、销售无形资产

（一）增值税政策

增值税政策中的无形资产，是指不具实物形态，但能带来经济利益的资产，包括技术、商标、著作权、商誉、自然资源使用权和其他权益性无形资产。一般纳税人销售土地使用权以外的无形资产，适用6%的税率，转让土地使用权适用9%的税率。

建筑业企业无形资产销售收入，较为常见的是转让土地使用权。根据《财政部　国家税务总局关于进一步明确全面推开营改增试点有关劳务派遣服务、收费公路通行费抵扣等政策的通知》（财税〔2016〕47号），建筑业企业转让2016年4月30日前取得的土地使用权，可以选择适用简易计税方法，以取得的全部价款和价外费用减去取得该土地使用权的原价后的余额为销售额，按照5%的征收率计算缴纳增值税。

建筑业企业中的一般纳税人转让2016年5月1日之后取得的土地使用权，只能适用一般计税方法，以取得的全部价款和价外费用为销售额，按照9%的税率计算销项税额。

转让土地使用权没有预缴增值税的规定，纳税人根据适用的计税方法计算出应纳税额，在机构所在地申报缴纳。

（二）会计处理

建筑业企业应按实际收到的转让款项，借记“银行存款”等科目；按已计提的累计摊销额，借记“累计摊销”科目；按已计提的减值准备，借记“无形资产减值准备”科目；按计算的应纳税额或销项税额，贷记“应交税费——简易计税——计提”或“应交税费——应交增值税（销项税额）”科目；按土地使用权账面原值，贷记“无形资产”科目，按其差额，贷记“营业外收入”或借记“营业外支出”科目。

对于已出租的土地使用权以及持有并准备增值后转让的土地使用权，按照企业会计准则的规定，应通过“投资性房地产”科目核算，符合公允价值计量条件的，可以公允价值模式对其进行后续计量，建筑业企业转让以投资性房地产核算的土地使用权，应按照企业会计准则的规定进行会计处理。

四、经营租赁收入

（一）有形动产经营租赁

1. 税目。有形动产租赁属于现代服务税目，对于纳税人将建筑施工设备出租给他人使用并配备操作人员的，根据2016年140号文的规定，按照“建筑服务”税目缴纳增值税。

2. 计税方法。建筑业企业出租周转材料、机械设备等，应根据第三章第二节所述内容，比较标的资产的购入时间与机构所在地所在省市有形动产租赁服务纳入营改增的时间，选择适用计税方法。

3. 纳税义务。提供有形动产租赁服务，采取预收款方式的，收到预收款的当天发生纳税义务，需要在次月申报期进行纳税申报。有形动产租赁没有就地预缴的规定，统一向机构所在地申报缴纳增值税。

4. 会计处理。建筑业企业提供有形动产租赁属于让渡资产使用权，应通过“其他业务收入”和“其他业务成本”核算，对于预收款发生纳税义务，会计尚未达到收入确认时点而产生的税会差异，通过“应交税费——待转销项税额”科目进行核算。

【例7－26】海河建设公司为一般纳税人，2×20年10月与客户新签一份经营租赁合同，对外出租施工设备一台，未配备操作人员，租期一年，每月含税租金11.3万元，该施工设备购置发票记载的购买日期在该公司机构所在地有形动产租赁服务纳入营改增之后。

2×20年10月15日取得季付租金33.9万元，同日向承租方开具增值税专用发票。

解析：

（1）未配备操作人员的设备出租，属于有形动产租赁服务，租赁标的物的购置日期在营改增试点时间之后，此笔租赁业务只能适用一般计税方法，不含税销售额为33.9÷（1＋13%）＝30（万元），销项税额为30×13%＝3.9（万元）。

（2）2×20年10月15日收到预收款时，发生纳税义务，应于11月申报期填报增值税申报表，确认销项税额3.9万元，根据权责发生制原则，会计收入尚未实现，存在税会差异。

（3）收取租金时：

借：银行存款　　33.9万元

　　贷：预收账款　　33.9万元

借：应交税费——待转销项税额　　3.9万元

　　贷：应交税费——应交增值税（销项税额）　　3.9万元

（4）2×16年第四季度各月确认收入：

借：预收账款　　11.3万元

　　贷：其他业务收入　　10万元

　　　　应交税费——待转销项税额　　1.3万元

（二）不动产经营租赁

1. 税目。不动产经营租赁属于现代服务税目，适用一般计税方法计税的，税率为9%；适用简易计税方法计税的，征收率为5%。

纳税人以经营租赁方式将土地出租给他人使用，按照不动产经营租赁服务缴纳增值税。

2. 计税方法。

（1）小规模纳税人出租不动产，适用简易计税方法计税，以收到的全部价款和价外费用作为销售额，按照5%的征收率计算应纳税额。

（2）一般纳税人出租其2016年4月30日前取得的不动产，可以选择适用简易计税方法计税，以收到的全部价款和价外费用作为销售额，按照5%的征收率计算应纳税额。

（3）一般纳税人出租其2016年5月1日后取得的不动产，适用一般计税方法计税，以收到的全部价款和价外费用作为销售额，按照9%的税率计算缴纳增值税。

3. 转租业务的特殊规定。出租不动产的计税方法取决于不动产的取得时间，“取得”既包括自建、直接购买、接受捐赠、接受投资入股、抵债等方式，也包括租入方式。也就是说，建筑业企业自其他纳税人租入不动产，然后再对外出租的，如果租入的时间是在2016年5月1日之后，也必须按照一般计税方法计税。

4. 预缴税款。根据《纳税人提供不动产经营租赁服务增值税征收管理暂行办法》（国家税务总局公告2016年第16号发布）的规定，除提供道路通行服务外，纳税人以经营租赁方式出租不动产，不动产所在地与机构所在地不在同一县（市、区）的，应在取得租金的次月纳税申报期或不动产所在地主管税务机关核定的纳税期限向不动产所在地主管税务机关预缴税款，向机构所在地主管税务机关申报纳税。

（1）纳税人出租不动产适用一般计税方法计税的，按照以下公式计算应预缴税款：

应预缴税款 = 含税销售额 ÷（1 + 9%）× 3%

（2）纳税人出租不动产适用简易计税方法计税的，除个人出租住房外，按照以下公式计算应预缴税款：

应预缴税款 = 含税销售额 ÷（1 + 5%）× 5%

5. 预缴税款除外情形。根据现行政策的规定，纳税人出租的不动产所在地与其机构所在地在同一直辖市或计划单列市但不在同一县（市、区）的，由直辖市或计划单列市税务局决定是否在不动产所在地预缴税款。

6. 会计处理。根据企业会计准则的规定，对外出租的不动产应以“投资性房地产”进行核算，并选择成本模式或者公允价值模式进行后续计量，取得的租金应通过“其他业务收入”核算，以成本模式进行后续计量的，折旧费用以“其他业务成本”核算，对于预收款发生纳税义务，会计尚未达到收入确认时点而产生的税会差异，应通过“应交税费——待转销项税额”科目进行处理。

【例7－27】 泰山建设公司为一般纳税人，该公司在外省拥有一处不动产，该不动产系营改增试点前购置，2×21年10月泰山建设公司将该不动产对外出租，选用简易计税方法计税。

10月15日取得季付租金189万元，同日向承租方开具增值税专用发票，金额180万元，税额9万元。泰山建设公司对此不动产以“投资性房地产”核算，并选择以公允价值模式进行计量。不考虑该公司其他业务，以及该不动产处置业务除增值税及其附加税费之外的其他税种。

解析：

（1）2×21年10月15日取得租金，发生纳税义务，应在取得租金的次月，即11月向不动产所在地主管税务机关预缴增值税，填报“增值税预缴税款表”，并取得完税凭证。

应预缴增值税 = 189 ÷ (1 + 5%) × 5% = 9（万元）

应预缴城建税 = 9 × 7% = 0.63（万元）

应预缴教育费附加 = 9 × 3% = 0.27（万元）

应预缴地方教育附加 = 9 × 2% = 0.18（万元）

(2) 预缴增值税及其附加时：

借：应交税费——简易计税——预交　　9 万元

　　　　　——应交城建税　　0.63 万元

　　　　　——应交教育费附加　　0.27 万元

　　　　　——应交地方教育附加　　0.18 万元

　贷：银行存款　　10.08 万元

(3) 收取租金时：

借：银行存款　　189 万元

　贷：预收账款　　189 万元

借：应交税费——待转销项税额　　9 万元

　贷：应交税费——简易计税——计提　　9 万元

(4) 本季度各月确认收入时：

借：预收账款　　63 万元

　贷：其他业务收入　　60 万元

　　应交税费——待转销项税额　　3 万元

(5) 以预缴税款抵减应纳税额：

借：应交税费——简易计税——计提　　9 万元

　贷：应交税费——简易计税——预交　　9 万元

(6) 结转已交附加税：

借：税金及附加　　1.08 万元

　贷：应交税费——应交城建税　　0.63 万元

　　　　　——应交教育费附加　　0.27 万元

　　　　　——应交地方教育附加　　0.18 万元

通过上述税会处理，泰山建设公司异地出租不动产业务10月份发生纳税义务9万元，已于当期在不动产所在地主管税务机关完税，机构所在地主管税务机关应补税额为零。会计处理和税务处理相一致，收入按照权责发生制和价税分离原则进行确认，每月60万元。税务与会计时间上的差异，通过“应交税费——待转销项税额”科目协调解决。

五、利息收入

（一）存款利息收入

根据现行政策规定，建筑业企业取得存款利息不征收增值税，其中的存款利息仅指按照《中华人民共和国商业银行法》的规定，经国务院银行业监督管理机构审查批准，具有吸收公众存款业务的金融机构支付的存款利息。非金融企业之间，以及企业与个人之间的借贷取得利息，不属于不征税的存款利息收入。

建筑业企业应根据银行出具的结息单据等，将存款利息冲减当期财务费用。

（二）贷款利息收入

1. 税目和计税方法。建筑业企业将资金出借给其他单位或个人而收取的利息收入，属于金融服务中的贷款服务税目，以提供贷款服务取得的全部利息及利息性质的收入为销售额，一般纳税人适用6%的税率，小规模纳税人适用3%的征收率。

各种占用、拆借资金取得的收入，包括金融商品持有期间（含到期）利息（保本收益、报酬、资金占用费、补偿金等）收入、信用卡透支利息收入、买入返售金融商品利息收入、融资融券收取的利息收入，以及融资性售后回租、押汇、罚息、票据贴现、转贷等业务取得的利息及利息性质的收入，按照贷款服务缴纳增值税。

2. 征收范围。“保本收益、报酬、资金占用费、补偿金”，是指合同中明确承诺到期本金可全部收回的投资收益。金融商品持有期间（含到期）取得的非保本的上述收益，不属于利息或利息性质的收入，不征收增值税。

以货币资金投资收取的固定利润或者保底利润，按照贷款服务缴纳增值税。

3. 视同销售。根据2016年36号文的规定，单位或者个体工商户向其他单位或者个人无偿提供服务，除用于公益事业或者以社会公众为对象的以外，均需视同销售服务。

根据《财政部　税务总局关于明确养老机构免征增值税等政策的通知》（财税〔2019〕20号）的规定，自2019年2月1日至2020年12月31日，对企业集团内单位（含企业集团）之间的资金无偿借贷行为，免征增值税。

因此，建筑业企业将资金无偿交付给其他单位或个人使用，除对方属于集团内单位外，税务机关有权按照规定的方法确定其销售额，作为计算缴纳增值税的依据。

4. 会计处理。建筑业企业将资金出借给其他单位或个人，或购买债券、保本类理财产品时，借记“其他应收款”“交易性金融资产”“持有至到期投资”等科目，贷记“银行存款”等科目。按照实际收取或应收的利息收入，借记“银行存款”“应收利息”等科目，按照增值税的应纳税额或销项税额，贷记“应交税费——简易计税——计提”或“应交税费——应交增值税（销项税额）”科目，按照借贷差额，贷记“财务费用”科目。

第五节　工程质保金的税会处理

一、工程质保金管理规定

（一）定义及范围

根据《建设工程质量保证金管理办法》（建质〔2017〕138号，以下简称《管理办法》）的规定，建设工程质量保证金是指发包人与承包人在建设工程承包合同中约定，从应付的工程款中预留，用以保证承包人在缺陷责任期内对建设工程出现的缺陷进行维修的资金。

缺陷是指建设工程质量不符合工程建设强制性标准、设计文件，以及承包合同的约定。缺陷责任期一般为1年，最长不超过2年，由发、承包双方在合同中约定。

建设工程实行工程总承包的，总承包单位与分包单位有关保证金的权利与义务的约定，适用《管理办法》关于发包人与承包人相应权利与义务的约定执行。

（二）约定事项

发包人应当在招标文件中明确保证金预留、返还等内容，并与承包人在合同条款中对涉及保证金的下列事项进行约定：

1. 保证金预留、返还方式；
2. 保证金预留比例、期限；
3. 保证金是否计付利息，如计付利息，利息的计算方式；
4. 缺陷责任期的期限及计算方式；
5. 保证金预留、返还及工程维修质量、费用等争议的处理程序；
6. 缺陷责任期内出现缺陷的索赔方式；
7. 逾期返还保证金的违约金支付办法及违约责任。

（三）保证方式及质保金限额

1. 国家推行银行保函制度，承包人可以银行保函替代预留保证金。

2. 在工程项目竣工前，已经缴纳履约保证金的，发包人不得同时预留工程质量保证金。

3. 采用工程质量保证担保、工程质量保险等其他保证方式的，发包人不得再预留保证金。

4. 发包人应按照合同约定方式预留保证金，保证金总预留比例不得高于工程价款结算总额的3%。合同约定由承包人以银行保函替代预留保证金的，保函金额不得高于工程价款结算总额的3%。

（四）缺陷责任期及质保金返还

1. 缺陷责任期从工程通过竣工验收之日起计。由于承包人原因导致工程无法按规定期限进行竣工验收的，缺陷责任期从实际通过竣工验收之日起计。由于发包人原因导致工程无法按规定期限进行竣工验收的，在承包人提交竣工验收报告90天后，工程自动进入缺陷责任期。

2. 缺陷责任期内，由承包人原因造成的缺陷，承包人应负责维修，并承担鉴定及维修费用。如承包人不维修也不承担费用，发包人可按合同约定从保证金或银行保函中扣除，费用超出保证金额的，发包人可按合同约定向承包人进行索赔。承包人维修并承担相应费用后，不免除对工程的损失赔偿责任。

由他人原因造成的缺陷，发包人负责组织维修，承包人不承担费用，且发包人不得从保证金中扣除费用。

3. 缺陷责任期内，承包人认真履行合同约定的责任，到期后，承包人向发包人申请返还保证金。

发包人在接到承包人返还保证金申请后，应于14天内会同承包人按照合同约定的内容进行核实。如无异议，发包人应当按照约定将保证金返还给承包人。对返还期限没有约定或者约定不明确的，发包人应当在核实后14天内将保证金返还承包人，逾期未返还的，依法承担违约责任。发包人在接到承包人返还保证金申请后14天内不予答复，经催告后14天内仍不予答复，视同认可承包人的返还保证金申请。

二、工程质保金税会处理

（一）业务流程

工程竣工结算之后，建筑业企业与发包方签订的工程结算书，通常会约定质保金的预留比例，以及出现缺陷的保修或者缺陷期满的返还方式。因此，承包人被扣留的质保金是否能够收回，具备一定的不确定性。

第一，如果在最长不超过2年的缺陷责任期内，工程没有出现缺陷，质保金将被退回给承包人，约定计付利息的，除收回本金外，还有可能收回利息。

第二，如果在缺陷责任期内，由承包人原因造成的缺陷，承包人应负责维修，并承担鉴定及维修费用，否则，发包人可按合同约定从保证金或银行保函中扣除，费用超出保证金额的，发包人可按合同约定向承包人进行索赔。

（二）增值税政策

根据2016年69号公告的规定，纳税人提供建筑服务，被工程发包方从应支付的工程款中扣押的质押金、保证金，未开具发票的，以纳税人实际收到质押金、保证金的当天为纳税义务发生时间。

1. 缺陷责任期内未发生质量缺陷，承包人如期收到质保金的当天，增值税纳税义务发生，涉及计付利息的，收取的利息作为建筑服务的价外费用，按照建筑服务税目申报纳税，选择建筑服务编码向发包方开具发票。涉及跨地级行政区施工的，还需要预缴增值税及其附加。

2. 缺陷责任期内工程发生质量缺陷，且应由承包人承担维修责任的，具体分以下几种情况：

（1）承包人承担维修责任后，发包方验收合格后，全额支付预留的保证金，则承包人在收到保证金的当天发生纳税义务，其维修支出对应的进项税额，符合规定的，可以抵扣进项税额。

（2）承包人未承担维修责任，被发包人扣除部分质保金的，承包人应就实际收到的质保金发生纳税义务，开具发票，已向发包人开具发票的，应按照“销售折让”向其开具红字发票。

（3）承包人未承担维修责任，被发包人扣除全部质保金的，承包人不应发生纳税义务，已向发包人开具发票的，应按照“销售折让”向承包方开具红字发票。

（4）承包人未承担维修责任，被发包方超额索赔部分，不属于增值税征收范围，不涉及纳税申报和发票开具。

（三）会计核算

质保金在本质上属于承包人对发包人的债权，是承包人已确认收入的组成部分，建议在“应收账款”科目下设置“质保金”明细科目，并按照发包方进行辅助核算。

1. 预留质保金。结算时，根据结算书上约定的质保金金额，借记“应收账款——质保金”科目，根据不含税结算价，贷记“工程结算”“合同结算”“主营业务收入”等科目，已向发包方开具发票的，根据税额贷记“应交税费——简易计税”或“应交税费——应交增值税（销项税额）”科目，未向发包方开具发票的，根据税额贷记“应交税费——待转销项税额”科目。

2. 确认预计负债。建筑业企业总部根据历史数据确定出产品质量保证产生的预计负债，借记“销售费用”科目，贷记“预计负债——产品质量保证”科目。

缺陷责任期内发生缺陷，建筑业企业发生维修支出时，借记“预计负债”科目，贷记“银行存款”科目。

工程项目缺陷责任期满，未发生缺陷，应将对应的预计负债冲回，借记“预计负债——产品质量保证”科目，贷记“销售费用”科目。

3. 全额收回质保金。缺陷责任期满，未发生缺陷，全额收到质保金时，根据实际收回的质保金，借记“银行存款”科目，贷记“应收账款——质保金”科目；预留质保金时未向发包方开具发票的，还需要将待转销项税额转为现实纳税义务，借记“应交税费——待转销项税额”科目，贷记“应交税费——简易计税——计提”或“应交税费——应交增值税（销项税额）”科目。

4. 维修后全额收回。缺陷责任期内发生缺陷，建筑业企业承担维修责任时，发生的维修支出，借记“预计负债”“销售费用”“应交税费——应交增值税（销项税额）”等科目，贷记“银行存款”等科目。

5. 未承担维修，被部分扣除质保金。缺陷责任期内发生缺陷，建筑业企业未承担维修责任，被发包方扣除部分保证金时，根据被扣除的部分，借记“预计负债”“销售费用”等科目，贷记“应收账款——质保金”科目。

预留质保金时已向发包方全额开具发票的，应根据被扣除的质保金，向发包方开具红字发票，红字借记“预计负债”“销售费用”等科目，红字贷记“应交税费——简易计税——计提”或“应交税费——应交增值税（销项税额）”科目。

6. 未承担维修，被全部扣除质保金。缺陷责任期内发生缺陷，建筑业企业未承担维修责任，被发包方扣除全部保证金时，根据被扣除金额，借记“预计负债”“销售费用”等科目，贷记“应收账款——质保金”科目。

预留质保金时已向发包方全额开具发票的，应根据被扣除的质保金全额，向发包方开具红字发票，红字借记“预计负债”“销售费用”等科目，红字贷记“应交税费——简易计税——计提”或“应交税费——应交增值税（销项税额）”科目。

7. 未承担维修，被全部扣除质保金后又被超额索赔。缺陷责任期内发生缺陷，建筑业企业未承担维修责任，被发包方扣除全部保证金之后，又被超额索赔时，除需按照上文第 6 点进行处理外，还应根据被索赔的金额，借记“营业外支出”科目，贷记“银行存款”科目。

三、工程质保金案例

【例 7－28】环球建设公司为一般纳税人，2×19 年 5 月与某房地产公司签订了甲工程合同，适用一般计税方法计税，工程所在地与机构所在地在同一地级行政区。2×20 年 6 月工程竣工，与发包方签订的工程结算书显示，工程含税结算款为 10 900 万元，发包方预留 3% 的质保金，即 327 万元，缺陷责任期为 1 年，环球建设公司除质保金外其余款项均已收到，已向甲公司开具增值税专用发票，金额 9 700 万元，税额 873 万元。

2×21 年 6 月 15 日，环球建设公司收到质保金 327 万元，向发包方开具增值税专用发票。

解析：

环球建设公司 2×20 年 6 月经过竣工结算账务处理，“应收账款——质保金”明细科目借方余额为 327 万元，“应交税费——待转销项税额”科目贷方余额为：300×9%＝27（万元）。

（1）环球建设公司经过合理估计，认为本工程出现返修的概率不足 50%，因而未确认预计负债。

（2）缺陷责任期满，工程未发生质量缺陷，环球建设公司全额收到质保金，纳税义务发生。

借：银行存款　　327万元

　　贷：应收账款——质保金　　327万元

借：应交税费——待转销项税额　　27万元

　　贷：应交税费——应交增值税（销项税额）　　27万元

本例中，如缺陷责任期满，发包方应支付但未如期支付质保金，根据2016年69号公告的规定，环球建设公司缺陷责任期满之日不发生增值税纳税义务，直到实际收到质保金才发生。

【例7-29】 接例7-28，假定缺陷责任期内，发生质量缺陷，环球建设公司负责维修，发生支出109万元，取得专票注明的税额为9万元。返修后经发包方确认，全额退还质保金327万元。

解析：

环球建设公司发生的支出可以抵扣进项税额，收到质保金确认销项税额。

（1）发生维修支出时：

借：销售费用等　　100万元

　　应交税费——应交增值税（进项税额）　　9万元

　　贷：应付账款等　　109万元

（2）维修后，甲公司退还质保金时：

借：银行存款　　327万元

　　贷：应收账款——质保金　　327万元

借：应交税费——待转销项税额　　27万元

　　贷：应交税费——应交增值税（销项税额）　　27万元

【例7-30】 接例7-28，假定缺陷责任期内，发生质量缺陷，环球建设公司未履行维修义务，发包方自行委托第三方维修，发生支出109万元，发包方将此部分支出自质保金扣除后，支付环球建设公司剩余质保金218万元。

解析：

环球建设公司根据发包方的扣款通知书，计入销售费用，实际收到的质保金，确认销项税额。

（1）扣款时：

借：营业外支出　　109

　　贷：应收账款——质保金　　109

（2）收款时：

借：银行存款　　218 万元

　　贷：应收账款——质保金　　218 万元

借：应交税费——待转销项税额　　18 万元

　　贷：应交税费——应交增值税（销项税额）　　18 万元

【例 7－31】接例 7－28，假定缺陷责任期内，发生质量缺陷，环球建设公司未履行维修义务，发包方自行委托第三方维修，发生支出 436 万元，发包方将全部质保金扣除后，向环球建设公司索赔 109 万元。

解析：

环球建设公司不确认增值税纳税义务，根据发包方的扣款通知书，将质保金计入“销售费用”，超额被索赔部分根据发包方开具的收据，计入“营业外支出”。

（1）扣款时：

借：销售费用　　327 万元

　　贷：应收账款——质保金　　327 万元

（2）被索赔时：

借：营业外支出　　109 万元

　　贷：其他应付款等　　109 万元

第八章

特殊业务的税会处理

本章对建筑业企业常见的特殊业务提出探索性观点，包括以物抵债、PPP模式、EPC模式、园林绿化等业务的税会处理。同时考虑到我国增值税税率调整对建筑业企业的影响较为深远，在第五节介绍了税率调整的对策。

第一节　以物抵债的税会处理

在建筑施工领域，由于发包方资金紧张等原因，经常会有以实物（如存货、固定资产、不动产以及股票、债券等金融资产）抵偿工程款的情形。以物抵债既有可能是两方的，也有可能是多方的，建设方将实物抵偿给建筑业企业，就是两方抵债；建筑业企业再将抵来的实物抵偿给分包企业，就属于三方抵债。

从经济实质上看，以物抵债可分为两笔业务：一是作为债务方的发包方向承包方销售实物，以销售所得偿还所欠承包方债务；二是作为债权方的承包方自发包方收取工程款，以工程款购买实物。

从增值税政策上看，作为抵债对象的实物，无论是机器设备等固定资产，还是存货等货物，抑或是房屋等不动产，股票、债券等金融商品，都属于增值税的征收范围，销售方（债务方）需要确认应纳税额或销项税额，购买方（债权方）符合条件的，可以抵扣进项税额。

一、会计处理的基本模式

从会计处理的角度看，以物抵债确认和计量的关键问题是标的物含税公允价值的确定，通常情况下，实物的含税公允价值会小于或等于应支付债务的账面价值，如果两者相等，交易双方在以物抵债环节都不确认损益；如果前者小于后者，则说明债权人作出了让步，应当确认损益。

【例8－1】甲公司和昆仑建设公司均为一般纳税人，甲公司欠付昆仑建设公司某工程项目尾款226万元，该工程适用一般计税方法计税。2×21年12月，经双方协商，昆仑建设公司同意甲公司以其生产的一批产品抵偿欠付的工程尾款，该产品不含税的公允价值为200万元，适用的增值税税率为13%，实际成本为180万元。昆仑建设公司收到该产品以原材料核算。

解析：

甲公司应付账款账面余额为226万元，用以抵债的产品含税公允价值为：200×(1＋13%)＝226（万元），两者相等，甲公司属于以特殊方式销售货物，此笔业务实现的销售利润为200－180＝20（万元）。

甲公司应向昆仑建设公司开具品名为货物的增值税专用发票，金额200万元，税额26万元；昆仑建设公司应向甲公司开具品名为建筑服务的增值税专用发票，金额为：226÷(1＋9%)＝207.34（万元），税额为：207.34×9%＝18.66（万元）。

（1）甲公司的账务处理：

借：应付账款　　226万元

　　贷：主营业务收入　　200万元

　　　　应交税费——应交增值税（销项税额）　　26万元

借：主营业务成本　　180万元

　　贷：库存商品　　180万元

（2）昆仑建设公司的账务处理：

借：原材料　　　　　　　　　　　　　　　　　　200万元

　　应交税费——应交增值税（进项税额）　　　　　26万元

　　贷：应收账款　　　　　　　　　　　　　　　　　226万元

借：应交税费——待转销项税额　　　　　　　　18.66万元

　　贷：应交税费——应交增值税（销项税额）　　　18.66万元

昆仑建设公司在抵债完成后，发生增值税纳税义务，需要申报缴纳增值税，涉及跨地级行政区施工的，还需要在项目所在地主管税务机关预缴增值税及其附加。

二、以房屋抵偿工程款

鉴于建筑业企业之间以房抵债较为普遍，本部分重点探讨房地产开发企业、工程总承包企业、分包企业三方以房抵债的税会处理。以房屋以外的实物资产抵债的，参照处理。

在建设方、总包方、分包方等三方（以下分别简称为甲、乙、丙）存在债权债务关系的前提下，为了减少不动产交易环节，节省乙方的契税和土地增值税以及相关各方的印花税，建议首先由甲、乙、丙三方签订抵债协议，将债权债务关系归于甲方和丙方，乙方出清，再由甲方和丙方签订售房合同，直接将房产销售给丙方。

（一）甲方税会处理

1. 税务处理。抵债协议签订生效后，甲方与乙方之间债权债务消灭，视同向乙方付款，乙方应向甲方开具品名为建筑服务的增值税发票。

甲方与丙方建立直接的债权债务关系，与丙方之间的以房抵债行为完成后，甲方应向丙方开具品名为不动产的增值税发票。

甲方为一般计税方法计税的，其销项为销售不动产，进项为乙方提供的建筑服务。

2. 会计处理。抵债协议签订生效后，根据抵偿的含税金额，借记“应付账款——应付工程款”科目，贷记“其他应付款”等科目。

一般计税方法下，取得乙方开具的增值税专用发票，申报抵扣后，借记

“应交税费——应交增值税（进项税额）”科目，贷记“其他应付款——待转税额”等科目。

销售实现后，借记“其他应付款“等科目，根据抵偿的不含税金额，贷记“主营业务收入”科目，根据销项税额或应纳税额，贷记“应交税费——应交增值税（销项税额）”或“应交税费——简易计税——计提”科目。

（二）乙方税会处理

1. 税务处理。抵债协议签订生效后，乙方与甲方债权债务关系消灭，视同自甲方收款，应向甲方开具增值税发票，同时与丙方债权债务关系消灭，视同向丙方付款，丙方应向乙方开具增值税发票。

乙方适用一般计税方法计税的，其销项为向甲方提供建筑服务，进项为丙方向其提供建筑服务；适用简易计税方法计税的，可以按照应收应付之差计算应纳税额。

2. 会计处理。抵债协议签订生效后，根据抵偿的含税金额，借记“应付账款”科目，贷记“应收账款”科目。

一般计税方法下，取得丙方开具的增值税专用发票，申报抵扣后，借记“应交税费——应交增值税（进项税额）”科目，贷记“其他应付款——待转税额”等科目。

简易计税方法下，取得丙方开具的增值税发票，申报扣除后，借记“应交税费——简易计税——扣除”科目，贷记“其他应付款——待转税额”等科目。

向甲方开具发票的当天，纳税义务发生，根据发票上注明的税额，借记“应交税费——待转销项税额”科目，贷记“应交税费——应交增值税（销项税额）”或“应交税费——简易计税——计提”科目。

（三）丙方税会处理

1. 税务处理。抵账协议签订生效后，丙方与乙方债权债务关系消灭，视同自乙方收款，应向乙方开具品名为建筑服务的增值税发票，同时与甲方建立直接债权债务关系；房屋交付后，取得甲方开具的品名为不动产的增值税发票。

丙方为一般计税方法计税的，取得甲方开具的增值税专用发票，可以抵扣进项税额。

2. 会计处理。抵债协议签订生效后，根据抵偿的含税金额借记“其他应收款”等科目，贷记“应收账款”科目。

一般计税方法下，根据不动产的不含税公允价值，借记“固定资产”“投资性房地产”等科目，根据申报抵扣的进项税额，借记“应交税费——应交增值税（进项税额）”科目，贷记“其他应收款”等科目。

【例8-2】甲房地产公司、黄山建设公司、淮河建设公司均为一般纳税人。甲房地产公司开发的某房地产项目适用一般计税方法计税，黄山建设公司为总承包单位，对此工程项目选用一般计税方法计税，淮河建设公司为劳务分包单位，对此工程项目选用简易计税方法计税。工程已竣工结算。

甲房地产公司尚欠黄山建设公司工程款2 000万元，黄山建设公司尚欠淮河建设公司工程款600万元。

2×20年12月，甲公司拟以其开发的两套商品房抵偿欠付黄山建设公司工程款，双方商议的抵偿金额为600万元（含增值税）。

黄山建设公司决定将商品房直接抵偿给淮河建设公司，含税作价600万元。

不考虑甲房地产公司可以差额扣除的土地成本，增值税费的预缴，以及不动产交易中的除增值税外的其他税种。

解析：

首先三方签订抵债协议，黄山建设公司将其对甲房地产公司600万元的债权转让给淮河建设公司。

（1）甲公司处理。

①抵债协议生效后：

借：应付账款——应付工程款——黄山建设公司　　600万元

　　贷：其他应付款——淮河建设公司　　600万元

②取得黄山建设公司开具的增值税专用发票，金额为：600÷（1+9%）=550.45（万元），税额为：550.45×9%=49.55（万元）。申报抵扣后。

借：应交税费——应交增值税（进项税额）　　49.55万元

　　贷：其他应付款——待转税额　　49.55万元

③实际交房给淮河建设公司，向其开具增值税专用发票，金额为：600 ÷（1 +9%）=550.45（万元），税额为：550.45 ×9% =49.55（万元）。

借：其他应付款——淮河建设公司　600 万元

　贷：主营业务收入　550.45 万元

　　应交税费——应交增值税（销项税额）　49.55 万元

（2）黄山建设公司处理。

①抵债协议生效后：

借：应付账款——应付工程款——淮河建设公司　600 万元

　贷：应收账款——应收工程款——甲房地产公司　600 万元

②向甲房地产公司开具增值税专用发票，金额 550.45 万元，税额为 49.55 万元。

借：应交税费——待转销项税额　49.55 万元

　贷：应交税费——应交增值税（销项税额）　49.55 万元

③取得淮河建设公司开具的增值税专用发票，金额为：600 ÷（1 +3%）= 582.52（万元），税额为：582.52 ×3% =17.48（万元）。申报抵扣后：

借：应交税费——应交增值税（进项税额）　17.48 万元

　贷：其他应付款——待转税额　17.48 万元

（3）淮河建设公司处理。

①抵债协议生效后：

借：其他应收款——甲房地产公司　600 万元

　贷：应收账款——应收工程款——黄山建设公司　600 万元

②向黄山建设公司开具增值税专用发票，金额为：600 ÷（1 +3%）= 582.52（万元），税额为：582.52 ×3% =17.48（万元）。

借：应交税费——待转销项税额　17.48 万元

　贷：应交税费——简易计税——计提　17.48 万元

③实际交房后，取得甲房地产公司开具的增值税专用发票，金额 550.45 万元，税额为 49.55 万元。

借：固定资产　550.45 万元

　应交税费——应交增值税（进项税额）　49.55 万元

　贷：其他应收款——甲房地产公司　600 万元

第二节 PPP模式的税会处理

PPP是英文“Public - Private Partnership”首字母的缩写，直译为“公私伙伴关系”，在我国官方的文件里被称为“政府和社会资本合作模式”。

根据《关于推广运用政府和社会资本合作模式有关问题的通知》（财金〔2014〕76号）的规定，“政府和社会资本合作模式是在基础设施及公共服务领域建立的一种长期合作关系。通常模式是由社会资本承担设计、建设、运营、维护基础设施的大部分工作，并通过‘使用者付费’及必要的‘政府付费’获得合理投资回报；政府部门负责基础设施及公共服务价格和质量监管，以保证公共利益最大化。”

根据《关于在公共服务领域推广政府和社会资本合作模式的指导意见》（国办发〔2015〕42号）的规定，“政府和社会资本合作模式是公共服务供给机制的重大创新，即政府采取竞争性方式择优选择具有投资、运营管理能力的社会资本，双方按照平等协商原则订立合同，明确责权利关系，由社会资本提供公共服务，政府依据公共服务绩效评价结果向社会资本支付相应对价，保证社会资本获得合理收益。政府和社会资本合作模式有利于充分发挥市场机制作用，提升公共服务的供给质量和效率，实现公共利益最大化。”

PPP在我国起步较晚，目前尚无统一的财税政策。鉴于PPP已经成为建筑业企业承揽工程项目的一种新模式，本节主要围绕BT和BOT这两种最常见的PPP模式探讨其增值税和会计处理。

一、BT模式下的税会处理

BT是Build - Transfer英文首字母的缩写，即“建设转让模式”，一般是指政府部门利用非政府资金建造非经营性基础设施，并在建造完成之后进行回购的一种融资模式。在BT模式下，政府通过合同将项目委托给合格的投资人进行融资建设，投资人在项目建成后将资产移交给政府，政府向投资人支付项目的总投资加合理回报，实现借助社会资本完成基础设施建造的目标。

根据《关于制止地方政府违法违规融资行为的通知》（财预〔2012〕463号）的规定，除法律和国务院另有规定外，地方各级政府及所属机关事业单位、社会团体等不得以委托单位建设并承担逐年回购（BT）责任等方式举借政府性债务。因此，BT模式的发展空间受到了一定程度的限制。

（一）交易结构与分类

政府对项目立项之后，通过竞争性招标的形式确定投融资人，建筑业企业中标以后，作为投融资人与政府签订BT项目合同，明确双方的权利义务。依BT项目合同的内容约定和交易结构，可将BT模式分为两种类型。

1. 不成立项目公司。建筑业企业不针对BT项目成立专门的项目公司，直接以本企业的名义对外开展规划、融资、施工等工作。竣工验收合格，进入回购期后，政府依照合同约定的总价直接向建筑业企业回购基础设施，建筑业企业收讫回购款，项目即告结束。这种类型的BT交易结构可用图8－1所示。

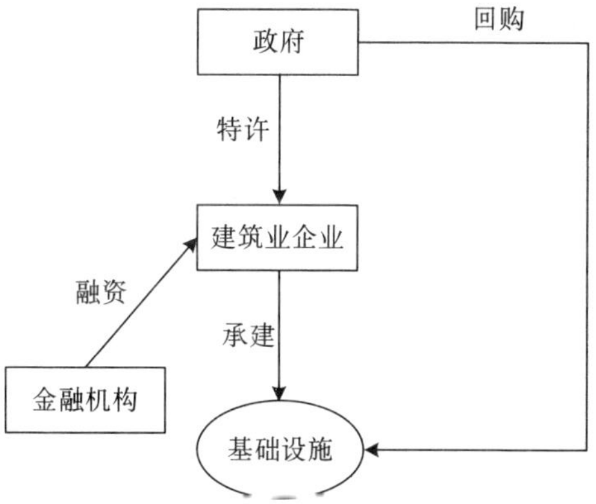

图8－1　BT模式交易结构：不成立项目公司

2. 成立项目公司。这种模式下，建筑业企业自行或联合其他投资人共同组建项目公司。BT项目公司成立以后，以其名义对外开展规划、设计、融资等工作。融资时通常由作为母公司的建筑业企业提供担保。由于新成立的项目公司不具备施工资质，为完成基础设施的建造，需要对工程施工进行招标。

根据《中华人民共和国招标投标法实施条例》第九条的规定："已通过招标方式选定的特许经营项目投资人依法能够自行建设、生产或者提供的项目可以不进行招标。"作为母公司的建筑业企业符合条件的，可以优先成为承包方。

竣工验收合格，进入回购期后，政府依照合同约定的总价向项目公司回购基础设施，或通过向建筑业企业收购项目公司的股权实现回购。这种类型的 BT 交易结构如图 8－2 所示。

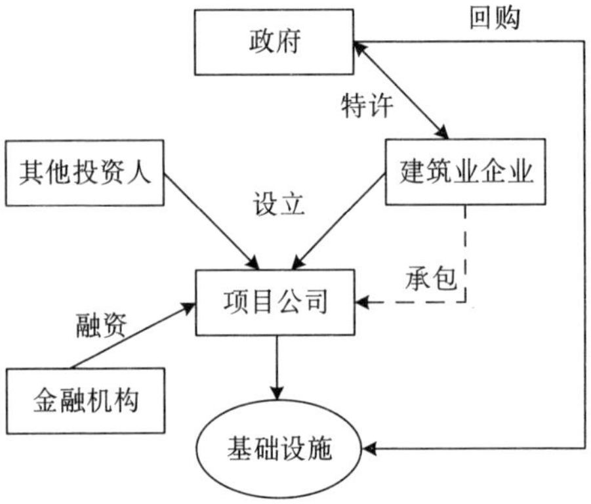

图 8－2　BT 模式交易结构：成立项目公司

（二）增值税处理

由于 BT 项目是基础设施领域中融资模式的创新，并不是新增的交易类型，它更多是已有交易结构的组合，对其增值税的处理，目前尚无全国性的政策规定。

1. 地方口径。

（1）湖北省口径（发布日期 2018 年 1 月 1 日）。

《湖北省营改增问题集》：

"11. BT 项目如何计算缴纳增值税的问题

BT 即'建设—移交'，主要指政府利用非政府资金来进行基础非经营性设施建设项目的一种融资模式。

①以投融资人的名义立项建设（B），工程完工后转让给业主（T）的，在项目的不同阶段，分别按以下方法计税：

在建设阶段，投融资人建设期间发生的支出为取得该项目（一般为不动产）所有权的成本，所取得的进项税额可以抵扣。投融资人将建筑工程承包给其他施工企业的，该施工企业为建筑业增值税纳税人，按‘建筑业’税目征收增值税，其销售额为工程承包总额。

在转让阶段，就所取得收入按照‘销售不动产’征收增值税，其销售额为取得的全部回购价款（包括工程建设费用、融资费用、管理费用和合理回报等收入，下同）。

②以项目业主的名义立项建设（B），工程完工后交付（T）业主的，在项目的各个阶段，按以下方法计税：

在建设阶段，投融资人建设期间发生的支出工程建设成本，所取得的进项税额可以按规定抵扣。投融资人将建筑工程承包给其他施工企业的，该施工企业为建筑业增值税纳税人，按‘建筑业’税目征收增值税，其销售额为工程承包总额。

在交付阶段，就所取得收入按照提供‘建筑服务’征收增值税，其销售额为取得的全部回购价款。

按 BT 方式建设的项目，建设方（或投资方）纳税义务发生时间为按 BT 合同确定的分次付款时间。合同未明确付款日期的，其纳税义务发生时间为建设方（或投资方）收讫款项或者取得索取款项凭据以及应税行为完成的当天。”

（2）河南省口径（发布日期 2016 年 12 月 15 日）。

《营改增问题快速处理机制 专期十七》：

“问题三 纳税人以投融资建设模式开展的建设项目，如 BT（建设—移交）、BOT（建设—经营—移交或转让）、PPP（政府和社会资本合作）项目，应如何缴纳增值税？

答复：暂按以下要求办理：

（一）BT 是政府利用非政府资金来进行非经营性基础设施建设项目的一种融资模式，指一个项目的运作通过项目公司总承包，融资、建设、验收合格后移交给业主，业主向投资方支付项目总投资加上合理回报的过程。

目前，BT 项目的推进模式主要有两类，一是投资方参与建设，承担项目的融资、投资和施工等职责，但不成立单独的项目公司；二是投资方不参与建设，通常为单独成立的项目公司，承担项目的融资、投资等职责，并与施工方签订施工合同。

对于 BT 项目，如果合同中对工程投资金额和投资回报分别进行明确约定的，投资方和业主方共同确认的工程投资金额由投资方按照‘建筑业’计算缴纳增值税，取得的回报收入按照‘利息收入’缴纳增值税。如果合同中对工程投资金额和投资回报没有分别进行明确约定的，投资方取得的全部收入按照‘建筑业’缴纳增值税。”

2. 本书观点。本着增值税的基本原理，笔者探索性地提出以下观点（如果国家后续出台相关政策，应以政策规定为准）。

（1）不成立项目公司。不成立项目公司的情况下，建筑业企业参与 BT 项目，只有一种身份，也就是向政府提供建筑服务，除资金回笼期较长以外，与以其他方式提供建筑服务没有本质上的区别。

政府支付的回购价款中包含的管理费用和合理回报等，本身就属于工程造价的组成部分，理应按照建筑服务征收增值税，至于融资费用，笔者主张作为工程价款的价外费用进行处理。

也就是说，不成立项目公司的 BT 模式下，建筑业企业自政府收取的回购款，不再区分具体税目，统一按照“建筑服务”缴纳增值税。适用一般计税方法计税的，可以抵扣进项税额。

纳税义务的发生时间，参照本书第三章第二节相关内容，按发票开具时间、实际收款时间、BT 合同约定的分次付款时间以及应税行为完成的时间进行确定。

（2）成立项目公司。

①建筑业企业。成立项目公司的情况下，建筑业企业具备双重身份，一是作为项目公司的投资方，以货币投资不涉及增值税，如果政府以股权方式收购 BT 项目的，非上市公司的股权转让也不属于增值税的征收范围；二是作为项目公司的承包方，是在为项目公司提供建筑服务，按照现行建筑服务的政策计算缴纳增值税。

②项目公司。BT 项目公司是独立的增值税纳税人，建议在设立时即登记为一般纳税人，接受投资时，如果不存在非货币性资产出资，就不涉及增值税；向银行等金融机构融资时，支付的贷款利息以及向贷款方支付的与该笔

贷款直接相关的投融资顾问费、手续费、咨询费等费用，进项税额不得抵扣；项目的设计费用，项目建设期间发生的构成不动产实体的货物成本，以及向建筑业企业支付的工程建造费用，进项税额按现行政策抵扣；项目移交时，以自政府收取的全部回购款，统一按照“销售不动产”缴纳增值税。

（三）会计处理

1. 政策规定。财政部会计司曾于2011年以财会便〔2011〕72号发布了《关于征求〈企业会计准则解释第5号（征求意见稿）〉意见的函》，就BT项目的会计处理做了原则性规定，但是正式发布的《企业会计准则解释第5号》却删除了相应内容，也就是说，目前关于BT项目的会计处理处于空白状态。

中国证监会会计部发布的《上市公司执行企业会计准则监管问题解答(2011年第1期，总第5期)》作出如下解答：

“问题3：部分上市公司采用BT（建设—移交）模式参与公共基础设施建设，合同授予方是政府（包括政府有关部门或政府授权的企业），BT项目公司负责该项目的投融资和建设，项目完工后移交给政府，政府根据回购协议在规定的期限内支付回购资金（含占用资金的投资回报）。对于此类BT业务，应如何进行会计处理?

解答：对于符合上述条件的BT业务，应参照企业会计准则对BOT业务的相关会计处理规定进行核算：项目公司同时提供建造服务的，建造期间，对于所提供的建造服务按照《企业会计准则第15号——建造合同》确认相关的收入和成本，建造合同收入按应收取对价的公允价值计量，同时确认长期应收款；项目公司未提供建造服务的，应按照建造过程中支付的工程价款等考虑合同规定，确认长期应收款。其中，长期应收款应采用摊余成本计量并按期确认利息收入，实际利率在长期应收款存续期间内一般保持不变。

本问题解答发布前相关BT业务未按上述规定进行处理的，应当进行追溯调整，追溯调整不切实可行的除外。”

2. 本书观点。笔者认为，BT项目的交易结构不同，涉及多个会计主体，应以一般会计原则为依据，结合增值税政策，区分不同的情况进行会计处理。

成立项目公司模式下，项目公司接受投资的处理，参照本书第七章第一节相关内容。项目的建造涉及两个会计主体，即作为建设单位的项目公司和作为施工单位的建筑业企业，前者属于自建不动产，后者属于提供建筑服务。项目的移交又分两种情况，一是政府直接向项目公司回购基础设施，之后项目公司注销；二是政府向建筑业企业收购其持有项目公司的股权，项目公司仍然存续。

不成立项目公司，意味着建筑业企业直接参与 BT 项目建设，对于所提供的建筑服务按照建造合同准则确认相应的收入和成本，根据合同的类型（固定造价合同和成本加成合同）判断建造合同的结果是否能够可靠估计，并采用不同的处理方法。具体处理方式，参见本书第四章、第五章相关内容。

建造完成以后，建筑业企业应将经政府审定的回购款计入“长期应收款”科目，建造期间已确认债权与政府审定的回购款之间的差额，确认为“未实现融资收益”，并采用实际利率法摊销，不含税部分计入当期损益，同时确认销项税额。

【例 8－3】淮河建设公司为一般纳税人，2×19 年 5 月与某市市政府签订了甲 BT 项目合同。合同约定，淮河建设公司负责该工程的融资、建造等工作，项目完成后，工程投资总额经审计部门审定后，政府按照审定投资总额上浮 30% 分 5 年等额支付回购款，其中合理利润率为 12%，资金利率为 18%。

工程于 2×19 年 7 月开工，适用一般计税方法计税，甲项目建造期间共发生含税建造成本 8 200 万元，取得扣税凭证并申报抵扣进项税额 540 万元。

工程于 2×20 年 12 月 31 日完工并移交政府，政府审定的含税投资总额为 8 000 万元，其中对应的进项税额为 500 万元，政府同意支付的含税回购款为：(8 000－500)×(1＋30%)×(1＋9%)＝10 627.5（万元）。

淮河建设公司自 2×21 年 12 月 31 日至 2×25 年 12 月 31 日，每年如期收取回购款 10 627.5÷5＝2 125.5（万元）。

解析：

本合同为典型的成本加成合同，由于政府信誉较好，且淮河建设公司对实际发生的合同成本能够清楚地区分和可靠地计量，因此应适用完工百分比法确认合同收入。建造期间各年数据如表 8－1 所示。

表 8－1　　淮河建设公司甲 BT 项目建造合同计算表　　单位：万元

项目	编号	2×19 年	2×20 年
累计已发生成本	1	2 298	7 660
尚需发生成本	2	5 362	0
合同总成本	3＝1＋2	7 660	
完工进度	4＝1÷3	30%	100%
合同总收入	5＝3×（1＋12%）	8 579.2	
合同总税金	6＝5×9%	772.13	
合同含税价款	7＝5＋6	9 351.33	
本年合同收入	8＝5×4	2 573.76	6 005.44
本年待转销项税额	9＝6×4	231.64	540.49
本年含税价款	10＝7×4	2 805.40	6 545.93
本年合同成本	11＝3×4	2 298	5 362
本年合同毛利	12＝8－11	275.76	643.44

（1）归集合同成本。

借：工程施工——合同成本　　7 660 万元

　　应交税费——应交增值税（进项税额）　　540 万元

　　贷：应付账款等　　8 200 万元

（2）2×19 年 12 月 31 日，确认工程量。

借：长期应收款——计量金额　　2 805.40 万元

　　贷：工程结算　　2 573.76 万元

　　　　应交税费——待转销项税额　　231.64 万元

（3）2×19 年 12 月 31 日，确认合同收入和合同成本。

借：主营业务成本　　2 298 万元

　　工程施工——合同毛利　　275.76 万元

　　贷：主营业务收入　　2 573.76 万元

（4）2×20 年 12 月 31 日，确认工程量。

借：长期应收款——计量金额　　6 545.93 万元

　　贷：工程结算　　6 005.44 万元

　　　　应交税费——待转销项税额　　540.49 万元

（5）2×20 年 12 月 31 日，确认合同收入和合同成本。

借：主营业务成本　　5 362 万元
　　工程施工——合同毛利　　643.44 万元
　　贷：主营业务收入　　6 005.44 万元

（6）对冲工程施工和工程结算

借：工程结算　　8 579.2 万元
　　贷：工程施工——合同成本　　7 660 万元
　　　　　　　——合同毛利　　919.2 万元

（7）政府审定投资总额以后，确认金融资产。

借：长期应收款——审定金额　　10 627.5 万元
　　贷：长期应收款——计量金额　　9 351.33 万元
　　　　未实现融资收益　　1 276.17 万元

（8）计算出实际利率为4.42%，2×21年12月31日收回年度回购款2 125.5万元，应摊销未实现融资收益为：（10 627.5 - 1 276.17）×4.42% = 413.33（万元）。收款应确认的销项税额为2 125.5÷（1+9%）×9% =175.5（万元），其中包含未确认融资收益对应的销项税额为413.33÷（1+9%）×9% =34.13（万元）。

借：银行存款　　2 125.5 万元
　　贷：长期应收款——审定金额　　2 125.5 万元
借：未实现融资收益　　413.33 万元
　　贷：财务费用　　413.33 万元
借：应交税费——待转销项税额　　141.37 万元
　　财务费用　　34.13 万元
　　贷：应交税费——应交增值税（销项税额）　　175.5 万元

（9）2×22年12月31日至2×25年12月31日，比照上文处理。

二、BOT模式下的税会处理

（一）交易结构

与BT模式相比，BOT模式多了一个“运营”环节（见图8-3），也就是说，BOT 模式下都需要成立项目公司。特许权协议签订后，由政府或代表政府的企业与建筑业企业共同组建项目公司，负责基础设施的规划、设计、融资、施工、运营等环节，协议约定的运营期满之后，基础设施一般是无偿移交给政府。

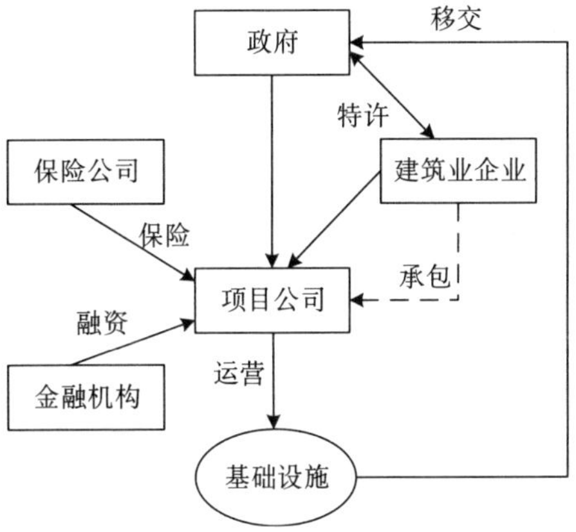

图 8－3　BOT 模式交易结构

根据《关于在公共服务领域深入推进政府和社会资本合作工作的通知》（财金〔2016〕90 号）第九条的规定，对于涉及工程建设、设备采购或服务外包的 PPP 项目，已经依据政府采购法选定社会资本合作方的，合作方依法能够自行建设、生产或者提供服务的，按照《招标投标法实施条例》第九条规定，合作方可以不再进行招标。

（二）增值税处理

1. 地方口径。

（1）湖北省口径（发布日期 2018 年 1 月 1 日）。

《湖北省营改增问题集》：

“12. BOT 项目如何计算缴纳增值税的问题

BOT 即建设——经营——转让，主要指私营企业参与基础设施建设，向社会提供公共服务的一种方式。

我国一般称之为‘特许权’，是指政府部门就某个基础设施项目与私人企业（项目公司）签订特许权协议，授予签约方的私人企业（包括外国企业）

来承担该项目的投资、融资、建设和维护，在协议规定的特许期限内，许可其融资建设和经营特定的公用基础设施，并准许其通过向用户收取费用或出售产品以清偿贷款，回收投资并赚取利润。政府对这一基础设施有监督权、调控权，特许期满，签约方的私人企业将该基础设施无偿或有偿移交给政府部门。

①以投融资人的名义立项建设（B），工程完工后经营（O）一段时间，再转让业主（T）的，在项目的各个阶段，按以下方法计税：

在建设阶段，投融资人建设期间发生的支出为取得该项目（一般为不动产）所有权的成本，所取得的进项税额可以抵扣。投融资人将建筑工程承包给其他施工企业的，该施工企业为建筑业增值税纳税人，按‘建筑业’税目征收增值税，其销售额为工程承包总额。

在经营阶段，投融资人对所取得的收入按照其销售的货物、服务适用的税率计税。

在转让阶段，就所取得收入按照‘销售不动产’税目征收增值税，其销售额为实际取得的全部回购价款（包括工程建设费用、融资费用、管理费用和合理回报等收入）。

②以项目业主的名义立项建设（B），工程完工后经营（O）一段时间，再交付业主（T）的，在项目的各个阶段，按以下方法计税：

在建设阶段，投融资人建设期间发生的支出为取得该项目（一般为不动产）经营权的成本，作为‘其他权益性无形资产——基础设施资产经营权’核算，所取得的进项税额可以抵扣。投融资人将建筑工程承包给其他施工企业的，该施工企业为建筑业增值税纳税人，按‘建筑业’税目征收增值税，其销售额为工程承包总额。

在经营阶段，投融资人对所取得的收入按照其销售的货物、服务适用的税率计税。

在交付阶段，就所取得收入按照‘销售无形资产’税目征收增值税，其销售额为实际取得的全部回购价款。”

（2）河南省口径（发布日期2016年12月15日）。

《营改增问题快速处理机制 专期十七》：

“问题三 纳税人以投融资建设模式开展的建设项目，如BT（即建设—

移交)、BOT（即建设—经营—移交或转让)、PPP（政府和社会资本合作）项目，应如何缴纳增值税?

答复：暂按以下要求办理：

（二）BOT是指政府部门就某个基础设施项目与私人企业（项目公司）签订特许权协议，授予签约方的私人企业（项目公司）来承担该项目的投资、融资、建设和维护，在协议规定的特许期限内，许可其融资建设和经营特定的公用基础设施，并准许其通过向用户收取费用或出售产品以清偿贷款，回收投资并赚取利润。政府对这一基础设施有监督权、调控权，特许期满，签约方的私人企业将该基础设施无偿或有偿移交给政府部门。

纳税人投资BOT项目，以项目建成后实际运营中取得的全部价款和价外费用，根据实际提供的服务项目所对应的征收率或者税率计算缴纳增值税。纳税人未分别准确核算各服务项目收入的，一律从高适用征收率或者税率。

（三）PPP模式，从广义看是政府与社会资本合作，让非公共部门所掌握的资源参与提供公共产品和服务的一种项目融资模式。从狭义看，与BOT相比，政府对项目中后期建设管理运营过程参与更深。

BT、BOT、PPP项目建成以后，纳税人为项目资产提供管理和维护等服务取得的全部价款和价外费用，分别准确核算各服务项目收入的，按照各服务项目所对应的征收率或者税率计算缴纳增值税。纳税人未分别准确核算各服务项目收入的，一律从高适用征收率或者税率。”

2. 本书观点。

（1）项目公司设立。项目公司设立阶段，建筑业企业作为投资方，项目公司作为被投资方，如果以货币出资，双方都不涉及增值税的问题；如果以非货币性资产出资，建筑业企业属于销售资产，项目公司属于购买资产，双方按照现行政策计算缴纳增值税或者抵扣进项税额。

（2）基础设施建造阶段。建筑业企业作为基础设施的承包方，属于向项目公司提供建筑服务，按照现行政策计算缴纳增值税。

项目公司作为基础设施的建设方，建造过程中进项税额的抵扣应考虑两个因素：一是，如果项目公司将建造成本以金融资产或无形资产核算，其进项税额可以一次性抵扣；二是，如果基础设施投入运营以后，全部运营收入适用免税政策或选用简易计税方法计税的，已抵扣的进项税额需要转出。

（3）运营阶段。项目公司投入运营以后，使用者付费部分以及自政府收取的年度运营成本补偿部分，统一按照应税行为的适用税目计算缴纳增值税；自政府收取的项目建设成本补偿部分（含融资费用），统一按照“销售不动产”计算缴纳增值税。

运营期间发生的维护成本，符合条件的进项税额可以抵扣。

运营期间建筑业企业自项目公司分回的投资收益，不属于增值税的征收范围。

（4）移交阶段。运营期满，项目的移交方式有两种，一是项目公司整体移交，也就是建筑业企业将所持有项目公司的股权移交给政府，项目公司继续存在，这种情况下，项目公司只是被移交的标的，本身没有发生任何应税行为，不涉及增值税。建筑业企业作为项目公司的股东，相当于无偿转让项目公司的股权，而非上市公司的股权转让，不属于增值税的征收范围。二是项目设施移交，也就是项目公司将项目设施无偿移交给政府，之后项目公司进入清算环节，这种情况下，项目公司移交的以实物形式表现的资产，其所有权并不属于项目公司，也就是说项目公司未发生增值税上的销售行为，因而无须缴纳增值税。项目公司清算之后，向建筑业企业分配的非货币性资产，属于增值税征收范围的，需要计算缴纳增值税。

（三）会计处理

1. 政策规定

《企业会计准则解释第2号》（财会〔2008〕11号，以下简称“2号解释”）规定：

“五、企业采用建设经营移交方式（BOT）参与公共基础设施建设业务应当如何处理？

答：企业采用建设经营移交方式（BOT）参与公共基础设施建设业务，应当按照以下规定进行处理：

（一）本规定涉及的BOT业务应当同时满足以下条件：

1. 合同授予方为政府及其有关部门或政府授权进行招标的企业。

2. 合同投资方为按照有关程序取得该特许经营权合同的企业（以下简称合同投资方）。合同投资方按照规定设立项目公司（以下简称项目公司）进行项目建设和运营。项目公司除取得建造有关基础设施的权利以外，在基础设施建造完成以后的一定期间内负责提供后续经营服务。

3. 特许经营权合同中对所建造基础设施的质量标准、工期、开始经营后提供服务的对象、收费标准及后续调整作出约定，同时在合同期满，合同投资方负有将有关基础设施移交给合同授予方的义务，并对基础设施在移交时的性能、状态等作出明确规定。

（二）与 BOT 业务相关收入的确认。

1. 建造期间，项目公司对于所提供的建造服务应当按照《企业会计准则第 15 号——建造合同》确认相关的收入和费用。基础设施建成后，项目公司应当按照《企业会计准则第 14 号——收入》确认与后续经营服务相关的收入。

建造合同收入应当按照收取或应收对价的公允价值计量，并区分以下情况在确认收入的同时，确认金融资产或无形资产：

（1）合同规定基础设施建成后的一定期间内，项目公司可以无条件地自合同授予方收取确定金额的货币资金或其他金融资产的；或在项目公司提供经营服务的收费低于某一限定金额的情况下，合同授予方按照合同规定负责将有关差价补偿给项目公司的，应当在确认收入的同时确认金融资产，并按照《企业会计准则第 22 号——金融工具确认和计量》的规定处理。

（2）合同规定项目公司在有关基础设施建成后，从事经营的一定期间内有权利向获取服务的对象收取费用，但收费金额不确定的，该权利不构成一项无条件收取现金的权利，项目公司应当在确认收入的同时确认无形资产。

建造过程如发生借款利息，应当按照《企业会计准则第 17 号——借款费用》的规定处理。

2. 项目公司未提供实际建造服务，将基础设施建造发包给其他方的，不应确认建造服务收入，应当按照建造过程中支付的工程价款等考虑合同规定，分别确认为金融资产或无形资产。

（三）按照合同规定，企业为使有关基础设施保持一定的服务能力或在移交给合同授予方之前保持一定的使用状态，预计将发生的支出，应当按照《企业会计准则第 13 号——或有事项》的规定处理。

（四）按照特许经营权合同规定，项目公司应提供不止一项服务（如既提供基础设施建造服务又提供建成后经营服务）的，各项服务能够单独区分时，其收取或应收的对价应当按照各项服务的相对公允价值比例分配给所提供的各项服务。

（五）BOT 业务所建造基础设施不应作为项目公司的固定资产。

（六）在 BOT 业务中，授予方可能向项目公司提供除基础设施以外的其他资产，如果该资产构成授予方应付合同价款的一部分，不应作为政府补助处理。项目公司自授予方取得资产时，应以其公允价值确认，未提供与获取该资产相关的服务前应确认为一项负债。

本规定发布前，企业已经进行的 BOT 项目，应当进行追溯调整；进行追溯调整不切实可行的，应以与 BOT 业务相关的资产、负债在所列报最早期间期初的账面价值为基础重新分类，作为无形资产或是金融资产，同时进行减值测试；在列报的最早期间期初进行减值测试不切实可行的，应在当期期初进行减值测试。”

2. 实操要点。理解 2 号解释要把握以下几个要点：

（1）前提条件。满足三个条件的 BOT 业务才可适用 2 号解释进行会计处理。一是合同授予方必须是政府及其部门或者政府授权的企业。二是合同投资方必须获得特许经营权，并成立项目公司。三是特许经营权合同必须对所建造基础设施作出约定，期满将有关基础设施移交给合同授予方。

根据我国目前发布的相关规范文件，建筑业企业参与的多数 PPP 项目均可满足以上三个条件。

（2）相关收入的确认。2 号解释分两种情形阐述了项目公司的收入确认方法，一是项目公司直接提供建造服务；二是项目公司不提供建造服务，直接将基础设施建造发包给其他方。从我国目前的 PPP 项目实践来看，第一种情形几乎没有，因此要重点理解第二种情形。

项目公司将基础设施发包给其他方，建筑业企业作为合同投资方，通常具备项目的优先承揽权。这样，项目公司属于发包方，而建筑业企业则属于承包方。

项目建造期间，项目公司发生的各项成本，包括规划设计费用、融资费用、材料设备采购费用、建安费用等，需要单独归集，建议在“在建工程”

科目下设置若干明细科目进行核算。发生建造成本时，借记“在建工程”科目，根据申报抵扣的进项税额借记“应交税费——应交增值税”科目，贷记“应付账款”等科目。

项目建造完工后，根据付费机制的不同，作不同的账务处理。

①如果合同规定基础设施建成后的一定期间内，项目公司可以无条件地自合同授予方收取确定金额的货币资金或其他金融资产；或在项目公司提供经营服务的收费低于某一限定金额的情况下，合同授予方按照合同规定负责将有关差价补偿给项目公司，项目公司应当根据政府同意支付的可用性付费金额的现值，借记“长期应收款”科目，根据实际发生的成本贷记“在建工程”科目，根据两者之差的不含税金额贷记“未实现融资收益”科目，根据应确认的销项税额或者应纳税额，贷记“应交税费——待转销项税额”科目。

实际取得收入时，根据自政府或者使用者收取的款项，借记“银行存款”科目，贷记“长期应收款”科目；按照实际利率法摊销“未实现融资收益”，借记“未确认融资收益”科目，贷记“财务费用”科目；根据收款对应的税额，借记“应交税费——待转销项税额”科目，贷记“应交税费——应交增值税（销项税额）”等科目。

②如果合同规定项目公司在有关基础设施建成后，从事经营的一定期间内有权利向获取服务的对象收取费用，但收费金额不确定的，项目公司应根据实际发生的成本借记“无形资产”科目，贷记“在建工程”科目。

实际取得收入时，借记“银行存款”等科目，贷记“主营业务收入”科目，贷记“应交税费——应交增值税（销项税额）”科目。

同时，以特许经营期间作为特许经营权摊销的期限，根据应摊销的金额，借记“主营业务成本”科目，贷记“累计摊销”科目。

（3）预计支出。项目公司应根据项目设施的状况和合同约定的移交条款，根据或有事项准则的规定，预计将要发生的支出，借记相关资产或费用科目，贷记“预计负债”科目。

（4）分配单项服务。项目公司提供多项服务的，各项服务可以单独区分的，应将收取的对价按照公允价值比例进行分配。

（5）基础设施不应作为项目公司的固定资产。2 号解释明确指出，BOT 业务所建造基础设施不应作为项目公司的固定资产。也就是说，尽管这些基础设施通常表现为固定资产或不动产，但按照合同约定，经营期满项目基础设施将无偿移交给政府，项目公司获取的是一定期间的收款权以及受益权，因此，应以金融资产或者无形资产核算。

既然基础设施不应作为项目公司的固定资产，说明其建造过程的进项税额无须分两年抵扣，一次性抵扣即可。

第三节　EPC的税会处理

EPC是Engineering Procurement Construction英文首字母的缩写，意思为设计、采购和施工。它的基本模式是，业主将工程项目的设计、材料和设备采购、施工等任务一次性发包给建筑业企业，由建筑业企业根据合同约定，最后向业主交出一个达到运营条件的工程项目，因而又被称为“交钥匙工程”。其交易结构如图8－4所示。

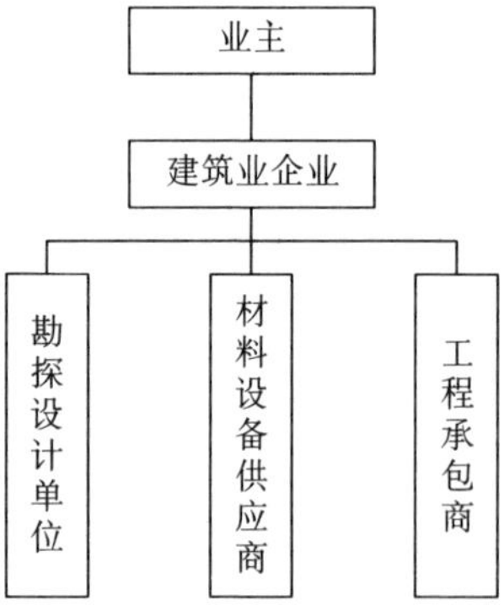

图8－4　EPC模式交易结构

一、EPC与工程总承包、PPP的关系

根据《住房城乡建设部关于进一步推进工程总承包发展的若干意见》（建市〔2016〕93号）的规定，工程总承包是指从事工程总承包的企业按照与建

设单位签订的合同，对工程项目的设计、采购、施工等实行全过程的承包，并对工程的质量、安全、工期和造价等全面负责的承包方式。工程总承包一般采用设计——采购——施工总承包或者设计——施工总承包模式。建设单位也可以根据项目特点和实际需要，按照风险合理分担原则和承包工作内容采用其他工程总承包模式。

可见，EPC 和工程总承包都属于工程承包模式，与施工总承包模式相比，增加了一个设计环节。PPP 模式下，项目授予方通常为政府部门或者政府委托的企业，不具备工程管理的经验，为了提高项目运作效率，目前多数 PPP 项目的建造均采用了工程总承包模式。

二、EPC 模式的税会处理

（一）增值税政策

1. 政策规定。根据 2016 年 36 号文第三十九条的规定，纳税人兼营销售货物、劳务、服务、无形资产或者不动产，适用不同税率或者征收率的，应当分别核算适用不同税率或者征收率的销售额；未分别核算的，从高适用税率。

第四十条规定，一项销售行为如果既涉及服务又涉及货物，为混合销售。从事货物的生产、批发或者零售的单位和个体工商户的混合销售行为，按照销售货物缴纳增值税；其他单位和个体工商户的混合销售行为，按照销售服务缴纳增值税。

2. 地方口径。

（1）《河南国税营改增问题快速处理机制 专期十六》。

“问题四 EPC（Engineering Procurement Construction）是指公司受业主委托，按照合同约定对工程建设项目的设计、采购、施工、试运行等实行全过程或若干阶段的承包。通常公司在总价合同条件下，对其所承包工程的质量、安全、费用和进度进行负责。请问 EPC 业务是否属于混合销售？

答复：EPC 业务不属于混合销售行为，属于兼营行为，纳税人需要针对 EPC 合同中不同的业务分别进行核算，即按各业务适用的不同税率分别计提销项税额。”

（2）深圳国税。建筑企业受业主委托，按照合同约定承包工程项目的设计、采购、施工、试运行等全过程或若干阶段的EPC工程项目，应按建筑服务缴纳增值税。

（3）广东国税。营改增试点后，纳税人销售货物、劳务、服务、无形资产或者不动产适用不同税率或征收率的，如EPC总承包工程，应分别核算适用不同税率或征收率的销售额，未分别核算的应从高适用税率或征收率。

3. 本书观点。EPC模式下增值税的核心问题是税目的确定，也就是说，是按照混合销售原则统一以建筑服务税目计算缴纳增值税，还是按照兼营原则分别以货物、建筑服务、设计服务税目计算缴纳增值税。从以上地方口径可以看出，各地执行政策不一。

根据增值税的基本原理，处于价值链中间环节的纳税人，本身不承担税负，其销项税额是自业主收取的，其进项税额是代供应商垫付的。因此，对于政策不明朗的业务，具体税目的确定不重要，重要的是在投招标工作中贯彻价税分离的原则。

因此，笔者认为，建筑业企业牵头的EPC项目，如果统一按照建筑服务缴纳增值税，一般计税方法下，建筑业企业的含税报价应为：货物、建安、设计不含税报价×(1+9%)；如果按照兼营原则缴纳增值税，含税报价应为：货物不含税报价×(1+13%)+建安不含税报价×(1+9%)+设计不含税报价×(1+6%)。

（二）会计处理

EPC模式下的会计处理没有特殊之处，合同收入和成本确认按照建造合同准则执行。

第四节　园林绿化业务税会处理

园林绿化工程作业属于“其他建筑服务”税目，其计税方法、纳税义务发生时间、预缴税款等涉税环节与一般建筑服务无异，但从成本构成上看，绿化工程包含的材料费多为苗木花卉等农产品，而农产品的进项税额抵扣政策则有特殊之处。

一、苗木花卉的抵扣政策

（一）建筑业企业自有苗圃

“购进扣税法”强调的是“购进”才能抵扣，也就是说，纳税人抵扣进项税额的前提是上游纳税人已经缴纳增值税。《增值税暂行条例》及其实施细则、2016 年 36 号文以及《财政部　税务总局关于简并增值税税率有关政策的通知》（财税〔2017〕37 号）等农产品抵扣政策，针对的均是“购进”的农产品。

建筑业企业自有苗圃、农场等生产的苗木花卉直接对外销售时，适用免税政策，其种植环节所耗费的成本费用，如有机肥、农膜、种子、种苗、农药等，根据《财政部　国家税务总局关于有机肥产品免征增值税的通知》（财税〔2008〕56 号）、《财政部　国家税务总局关于若干农业生产资料征免增值税政策的通知》（财税〔2001〕113 号）等文件的规定，均适用免征增值税政策。

因此，如果建筑业企业将自产的苗木花卉作为原材料直接用于其施工的绿化工程，苗木花卉由于适用免税政策且没有经过“购销”环节，建筑业企业无法抵扣进项税额。

（二）建筑业企业外购苗木花卉

建筑业企业自其他纳税人外购苗木花卉用于绿化工程，工程项目适用一般计税方法计税的，其进项税额可以按照规定抵扣。具体抵扣方式参见下文第二部分。

（三）机构分立

在支出金额一定的情况下，抵扣的进项税额会相应减少成本费用，提高收益水平。建议建筑业企业将自有的苗圃、农场等业务剥离出来，独立进行纳税登记，单独核算，向总机构及其他纳税人销售时，开具免税的普通发票，购买方可按照规定抵扣进项税额。

二、苗木花卉抵扣方式

（一）凭票抵扣

凭票抵扣适用于纳入核定扣除体系之外的纳税人，其购进农产品应当取得合规的扣税凭证，根据采购来源的不同，可分为五种情况。

1. 自农业生产者个人采购自产农产品。农业生产者销售自产农产品适用免税政策，建筑业企业取得的扣税凭证又可分为两种：一是农业生产者个人去税务机关凭自产证明代开的免税增值税普通发票，即财税〔2017〕37号文所称的“销售发票”；二是建筑业企业经主管税务机关批准或备案后，通过新系统向销售方开具的左上角自动打印“收购”字样的增值税普通发票，即财税〔2017〕37号文所称的“收购发票”。

建筑业企业取得这两种发票，票面税额显示“***”，无须勾选确认，直接根据票面价税合计数和9%的扣除率计算扣除，申报时填在纳税申报表附列资料（二）的第6栏。

2. 自农业生产单位采购自产农产品。建筑业企业自农民专业合作社、农场等农业生产单位采购其自产的农产品，适用免税政策，销售方办理了税务登记，可以向建筑业企业开具免税增值税普通发票，建筑业企业可以凭票计算抵扣，具体抵扣方式与自农业生产者个人采购自产农产品相同。

以上两种情形，均属于“上免下扣”，国家对农业生产环节实行免税，但允许下游纳税人凭票计算抵扣，因此监管力度较大，建筑业企业应采取风险防范措施，如要求对方提供自产证明等，以保证所采购的农产品属于自产免税农产品。

3. 自流通领域的一般纳税人采购农产品。流通领域的一般纳税人外购农产品，再向建筑业企业销售时，建筑业企业必须取得对方开具增值税专用发票才可抵扣，具体操作与一般货物的专票没有差别，也就是要勾选确认，申报抵扣时将票载税额填在附列资料（二）第2栏。

4. 自流通领域的小规模纳税人采购农产品。建筑业企业自流通领域的小规模纳税人采购农产品，应取得对方代开的专用发票，在申报抵扣时有特殊规定，即不是按照票面税额抵扣，而是根据票面金额和9%的扣除率计算抵扣。

建筑业企业取得小规模纳税人代开的农产品专票，应勾选确认并申报抵扣同时转出，然后再根据专票票面金额和9%的扣除率计算出可抵扣税额，填在附列资料（二）的第6栏。

【例8－4】 黄山建设公司为一般纳税人，所属甲项目为一般计税方法计税，2×20年11月自小规模纳税人购进苗木一批，取得对方代开的增值税专用发票，金额20万元，税额0.6万元。

解析：

黄山建设公司应将专票勾选确认，将税额0.6万元同时填报在附列资料（二）的第2栏和第23栏，然后再在附列资料（二）的第6栏填报：20×9%＝1.8万元。

5. 进口农产品。自境外进口农产品，凭取得的海关进口增值税专用缴款书抵扣进项税额。

（二）核定扣除

2012年5月2日，财政部和国家税务总局发布了《关于在部分行业试行农产品增值税进项税额核定扣除办法的通知》（财税〔2012〕38号），自2012年7月1日起，将购进农产品为原料生产销售液体乳及乳制品、酒及酒精、植物油的增值税一般纳税人，纳入农产品进项税额核定扣除试点范围，试点纳税人农产品进项税额的抵扣不再与扣税凭证挂钩。

核定扣除体系下，纳税人购进农产品，不再凭扣税凭证抵扣增值税进项税额，而是根据规定的方法，核定出当期可抵扣的进项税额。与凭票扣除体系相比，核定扣除体系有以下几点特征：

第一，购进环节无论取得何种凭证，均以外购金额的价税合计数计入原材料成本。也就是说，购进农产品取得专票或者海关进口增值税缴款书的，按照价税合计数计入原材料成本；取得销售发票或者收购发票的，按照买价计入原材料成本。

第二，进项税额抵扣的时间后移至耗用或销售环节。也就是说，购进的农产品，用于生产经营的（无论是否构成货物实体），只有在耗用以后才可以核定进项税额；直接销售的，只有在本期销售实现后才可以核定进项税额。

第三，扣除率和销售货物、服务的适用税率基本一致，纳税人提供建筑服务适用农产品核定扣除的，其扣除率为9%，与建筑服务税率一致。

第四，纳税人当期进项税额核定扣除的金额取决于当期农产品扣税成本与扣除率两个因素，用公式表示为：

当期允许抵扣农产品增值税进项税额 = 农产品扣税成本 × 扣除率 ÷（1 + 扣除率）

其中，农产品的扣税成本可以按照投入产出法、成本法、参照法等三种方法确定，具体可参见财税〔2012〕38号文的相关规定。

三、绿化工程的会计处理

绿化工程属于专业工程的一种，其收入和成本的确认应当遵循建造合同的核算方法，但对苗木花卉等农产品的进项税额的处理需要特别关注。

无论是凭票抵扣还是核定扣除，建筑业企业均应将可抵扣的进项税额自材料成本中剔除，根据申报抵扣的进项税额，借记“应交税费——应交增值税（进项税额）”科目，根据不含税的成本，借记“原材料”“工程施工”等科目，根据实际支付或应付的金额，贷记“银行存款”“应付账款”等科目。

【例8-5】淮河建设公司为一般纳税人，所属甲项目为一般计税方法计税，2×20年5月发生购进苗木花卉材料如下：

（1）自农民专业合作社购进其自产的苗木一批，支付款项30万元，取得对方开具的免税增值税普通发票，苗木已种植。

（2）自某商贸公司购进花卉一批，取得对方代开的增值税专用发票1张，金额10万元，税额0.3万元，花卉已种植。

解析：

淮河建设公司可抵扣进项税额为：30×9% +10×9% =3.6（万元）。

（1）购进苗木时：

借：原材料　　30万元

　　贷：银行存款　　30万元

（2）申报抵扣时：

借：应交税费——应交增值税（进项税额）　　2.7 万元

　　贷：原材料　　2.7 万元

（3）领用种植苗木时：

借：工程施工——合同成本——材料费　　27.3 万元

　　贷：原材料　　27.3 万元

（4）购进花卉时：

借：原材料　　10.3 万元

　　贷：银行存款　　10.3 万元

（5）申报抵扣时：

借：应交税费——应交增值税（进项税额）　　0.3 万元

　　贷：应交税费——应交增值税（进项税额转出）　　0.3 万元

借：应交税费——应交增值税（进项税额）　　0.9 万元

　　贷：原材料　　0.9 万元

（6）领用种植花卉时：

借：工程施工——合同成本——材料费　　9.4 万元

　　贷：原材料　　9.4 万元

第五节　税率调整的税会处理

截至目前，我国增值税税率已经经过了两次调整，建筑服务的税率在 2018 年 5 月 1 日由 11% 调整为 10%，又从 2019 年 4 月 1 日由 10% 调整为 9%。增值税税率的调整不仅会影响建筑业企业的纳税申报、发票开具和会计核算，也会影响到工程造价的调整以及合同的变更。

一、基本原则

税率调整应以建筑业企业的纳税义务发生时间为准，纳税义务发生在原税率时期的，应按原税率申报纳税和开具发票；纳税义务发生在新税率时期的，应按新税率申报纳税和开具发票。提供建筑服务纳税义务发生时间的把握至关重要，具体参见本书第二章第三节相关内容。

【例8－6】长江建设公司所属某项目为一般计税方法计税，合同签订于2017年11月5日，含税价6 000万元。自开工至2018年4月30日收取工程款2 000万元，自2018年5月1日至2019年3月31日收取工程款3 000万元，自2019年4月1日至2020年1月收取剩余的1 000万元。

解析：

长江建设公司所属该项目跨了三个不同税率的时期，假定长江建设公司在收款前未向业主开具发票，且收款均在合同约定的付款时间之前，则该项目纳税义务发生和税率对应的情况为：

（1）2 000万元收款，税率为11%。

（2）3 000万元收款，税率为10%。

（3）1 000万元收款，税率为9%。

二、纳税申报及发票开具

纳税义务发生之后，需要按照规定进行纳税申报，即填报增值税纳税申报表附列资料（一）相关栏次。具体包括三种情形：

1. 当期收款，当期开票。如果在收款当期已经按照适用税率向业主开具发票，则应在次月申报期填报增值税纳税申报表附列资料（一）的第1列和第2列或者第3列和第4列。

2. 先开票，后收款。如果在收款之前已经按照适用税率向业主开具发票，则应在开票之后的次月申报期填报增值税纳税申报表附列资料（一）的第1列和第2列或者第3列和第4列。

后期收取已开具发票对应的款项时无需再做纳税申报。

3. 先收款，后开票。如果在开票之前先收款，则应在收款之后的次月申报期填报增值税纳税申报表附列资料（一）的第5列和第6列。

后期开具已收取款项对应的发票时，无论是什么时候开具，届时税率是多少，都应该按照纳税申报时的税率开具。

根据2019年31号公告的规定，自2019年9月20日起，纳税人需要通过增值税发票管理系统开具17%、16%、11%、10%税率蓝字发票的，应向主管税务机关提交《开具原适用税率发票承诺书》，办理临时开票权限。临时开票权限有效期限为24小时，纳税人应在获取临时开票权限的规定期限内开具原适用税率发票。纳税人办理临时开票权限，应保留交易合同、红字发票、收讫款项证明等相关材料，以备查验。

【例8－7】 黄河建设公司所属某项目为一般计税方法计税，合同签订于2019年2月5日，工程尚未完工。

解析：

（1）如2019年3月18日收取工程进度款110万元，2019年3月31日之前，按照10%税率向业主开具专用发票110万元，则应在2019年4月申报期申报纳税。填报增值税纳税申报表附列资料（一）对应税率行次第1列填报100万元、第2列填报10万元。

（2）如2019年3月18日未收款向业主开具增值税普通发票110万元，则应在2019年4月申报期申报纳税。填报增值税纳税申报表附列资料（一）对应税率行次第3列填报100万元、第4列填报10万元。

2020年3月18日收取已开具发票的工程进度款110万元时，不再发生纳税义务。

（3）如2019年3月18日收取工程款110万元，当时未向业主开具发票，仍应在2019年4月申报期申报纳税。填报增值税纳税申报表附列资料（一）对应税率行次第5列填报100万元、第6列填报10万元。

2020年3月18日向业主补开已报税工程款110万元专用发票时，应向主管税务机关提交《开具原适用税率发票承诺书》，办理临时开票权限，开具税率为10%。

需要注意的是，根据增值税票表比对规则，黄河建设公司2020年4月申报期还需要做纳税申报。在增值税纳税申报表附列资料（一）对应税率行次第1列填报100万元，第2列填报10万元，同时在第5列填报－100万元、第6列填报－10万元。

三、未发生纳税义务工程量的调整

由于建设工程施工合同工期较长，很多项目工期都存在跨税率调整期情形，建筑业企业要高度关注未发生纳税义务工程量的调整方法和策略。

1. 已结算未发生纳税义务。具体包括两种情形，一是工程已竣工结算，剩余尾款和质保金尚未到达纳税义务发生时间；二是工程尚在施工过程，阶段性价款已经结算，但尚未支付、尚未达到合同约定的付款日期因而尚未达到纳税义务发生时间。

对于此类款项，纳税义务尚未发生，发票开具不能按照原税率，只能等以后纳税义务发生时，再按照新税率开具。但这种情形下，业主有可能会要求建筑业企业按照原税率开具发票，从而引发争议。

【例8-8】长城建设公司所属某项目为一般计税方法计税，2018年6月签订的合同总价为1 100万元，税率为10%。2019年3月业主验工计价550万元，款项尚未支付，发票未开具，也尚未达到合同约定的付款日期。2019年4月15日支付款项550万元。该公司适用《小企业会计准则》。

解析：

（1）长城建设公司在收到业主验工计价单时，账务处理为：

借：应收账款　　550万元

　　贷：主营业务收入　　500万元

　　　　应交税费——待转销项税额　　50万元

（2）长城建设公司4月15日发生纳税义务，应按照此时的9%的税率向业主开票，即发票金额550÷1.09=504.59（万元），税额=504.59×9%=45.41（万元）。如果业主同意，则做账务处理为：

借：银行存款　　550万元

　　贷：应收账款　　550万元

借：应交税费——待转销项税额　　45.41万元

　　贷：应交税费——应交增值税（销项税额）　　45.41万元

“应交税费—待转销项税额”科目贷方余额为50-45.41=4.59（万元），属于建筑业企业享受的降税红利，应转入损益：

借：应交税费—待转销项税额　　　　　　　　　　4.59 万元

　　贷：主营业务收入　　　　　　　　　　　　　　4.59 万元

（3）业主很可能以验工计价按照10%税率组价为由，要求长城建设公司必须按照10%税率开具发票，这种情况下长城建设公司可以与业主谈判，将550万元的验工计价金额调整为：550÷（1+10%）×（1+9%）=545（万元），即业主只需要支付545万元，长城建设公司向其开具9%的专票。长城公司此时需要进行账务处理，调减前期确认的债权和待转销项税额。

借：应收账款　　　　　　　　　　　　　　　　-5 万元

　　贷：应交税费——待转销项税额　　　　　　　　-5 万元

2. 未结算未发生纳税义务。这种情形是指，截至税率变动期，建筑业企业尚未开始施工的工程量对应的造价。其处理原则和策略与前文“已结算未发生纳税义务”相同，即开票按照新税率，如果业主有异议，则可采取“调税不调价”策略。

【例8-9】黄山建设公司所属某项目为一般计税方法计税，合同签订于2018年6月5日，含税价6 600万元，税率为10%。截至2019年3月31日收取工程款2 200万元，已向业主开具专用发票2 200万元。

解析：

黄山建设公司该项目剩余未发生纳税义务工程量为6 600-2 200=4 400（万元），在后续施工期间发生纳税义务时，应当向业主按照9%的税率开票，如果业主不同意，则可按照“调税不调价”策略，将含税价调整为：4 400÷（1+10%）×（1+9%）=4 360万元。

四、对分供商的调整

以上讨论过程，均以建筑业企业为乙方。实际工作中，建筑业企业也应当对供应商、分包商采取相同的原则和策略。比如，为贯彻“调税不调价”策略，可在分包分供合同中增加类似条款：本合同及补充协议执行期间，遇国家税收政策调整，影响本合同或补充协议价款的，由甲乙双方根据税收政策的规定，本着“不含税价不变，含税价按照国家税收政策进行调整”的原则进行友好协商。

参 考 文 献

1. 财政部会计司编写组．企业会计准则讲解．北京：人民出版社，2008

2. 全国人大常委会预算工作委员会．增值税法律制度比较研究．北京：中国民主法制出版社，2010

3. Alan Schenk, Victor Thuronyi and Wei Cui, Value added tax：a comparative approach. Cambridge：Cambridge University Press，2015.

4. 国家税务总局全面推开营改增督促落实领导小组办公室．全面推开营改增业务操作指引．北京：中国税务出版社，2016.

5. 中华人民共和国财政部税政司．消费课税趋势（2012 年版）．北京：中国财政经济出版社，2014.

6. 财政部会计司编写组．《〈企业会计准则第 14 号——收入〉应用指南 2018》．北京：中国财政经济出版社，2018.

7. 财政部会计司编写组．《小企业会计准则释义 2011》．北京：中国财政经济出版社，2011.